THE
DIARY
OF MA YAN

马燕日记

马燕 著

江苏凤凰文艺出版社
JIANGSU PHOENIX LITERATURE AND
ART PUBLISHING, LTD

妈妈，不上学，我一辈子的眼泪流不干。 > > > > >

2001年，韩石采访马燕

在爱与被爱的包围下，我将继续着脚下的路，继续我在巴黎的研究生生活。 > > > >

2015年，马燕在法国巴黎留学

2001年，一本来自宁夏山区的中国农村女孩私人日记，落在一个来自巴黎的法国记者手中，犹如装有求救信息的漂流瓶顺利到达了彼岸。 > > > >

《马燕日记》：一个先苦后甜的出版故事

何明星

北京外国语大学中国海外汉学研究中心副教授

中国作家莫言获得2012年诺贝尔文学奖后，一位西方读者想买一本莫言的书看，因为不太清楚具体书名，就按照作者名字在亚马逊网站搜索。花15.99美元买回来一看，作者却不是莫言，而是中国宁夏一个小姑娘马燕。这也难怪，英语世界里把莫言（Moyan）当成马燕（Mayan）的人一定不少。这个读者没有大发雷霆，读完全书后反而十分高兴，认为自己犯了一个“幸运的错误”！

奇特的来历

宁夏西海固，1972年就被联合国粮食开发署认定为不适宜人类生存的地方。这里有一个女孩，用稚嫩的肩头承受着贫困的压力，从小学四年级起就坚持不懈地写日记，将自己对上学的渴望、对辍学的担心都写到了日记中，到小学毕业时已经攒了6本，其中3本还被粗心的父亲卷烟抽了。这个女孩就是马燕。

家里供不起马燕和两个弟弟都上学。她考上初中，妈妈要她退学。为了打动母亲坚硬的心，她把日记和一封“我要上学”的信塞给妈妈，让弟弟读给不识字的妈妈听。当听到“妈妈，如果我上不了学，我的眼泪一辈子都流不干”时，母亲白菊花终于决定借钱让女儿上学。

就在这时，马燕的命运出现了转机。法国《解放报》驻中国记者彼埃尔·阿斯基（中文名韩石）一行来到了小山村。白菊花将女儿的信和日记交到了他们手里，彼埃尔被马燕稚嫩的文字震撼了。2002年1月14日，《解放报》以两个整版发表了他撰写的《我要上学》的长篇通讯。

马燕的故事一经刊出，立即引起法国民众的关注。3天后，曾出版《密特朗夫人回忆录》的法国拉姆赛出版社打来越洋电话，表示愿意出版马燕的日记。

马燕轰动欧洲

一年后，定价为20.5欧元的法文版《马燕日记》在巴黎出版，很快登上法国的畅销书榜第一名，销售超过了20万册。

“当我读完马燕的故事后，好几个同学都哭了。一个学生问道：‘老师，我们应当怎么做来帮助她？’”巴黎一位中学老师说。“我觉得她很勇敢，现在很多年轻人没有认识到，他们能去上学有多么幸运。”一位14岁的法国中学生说。

随着法文版热销，荷兰文版、西班牙文版、英文版等相继推出。荷兰文版名叫《一个中国女孩的日记》，今天能在荷兰58家各类图书馆中找到这本书，这在国土面积不大的荷兰，传播范围已经十分广泛了。英文版《马燕日记——一个中国女学生的日常生活》，2004年出版后2005年再版，好评如潮。

笔者依据世界图书馆联机书目（OCLC）的检索，截至2013年底，《马燕日记》的文种版本已经超过20个，其中影响最广泛的当属美国哈珀·柯林斯出版社2005年推出的美国版《马燕日记——一个中国女孩子的挣扎和期望》。据媒体报道，该书在美国销售近100万册。OCLC数据显示，全美2000多家图书馆收藏了《马燕日记》，比例超过了OCLC图书馆总数的10%，而且80%以上是美国初中、高中图书馆。

《马燕日记》连续几年成为西方舆论界持续关注的重大事件。笔者注意到，在一贯以批评和谴责态度对待中国的西方主流媒体笔下，《马燕日记》是少有的获得正面评价的图书之一。西方读者和主流媒体对马燕这个中国女孩子积极向上的精神的阐发，远远超过了对书中中国西北地区贫穷生活的关注。中国传统文化中知识改变命运的信念坚守，对于西方优越物质生活环境中的青少年具有生动的教育价值，因此主流媒体超乎寻常地鼓励和号召更多的西方青少年读这本书。

2004年3月24日，《纽约时报》刊发了署名埃伦·莱丁的《一个中国女孩日记成为农村脱贫的桥梁》，介绍《马燕日记》的前因后果，还感谢这本日记的出版帮助马燕一家摆脱了贫穷的生活，还帮助了那么多中国青少年重新回到学校读书。

2005年6月12日，《华盛顿邮报》刊发了署名伊丽莎白·沃德的文章，题为《致年轻的读者》，号召读者不要过多责问中国致力于经济发展而忽视了教育的投入、地区发展不平衡导致的贫富巨大差距，不要停留在议论、评价上面，而是期望更多的成人、孩子们阅读这本小书，并有所行动。

中华文化的世界价值

无疑，这是一个成功感动了西方世界的中国故事。笔者认真梳理了这本书的书评、读后感，发现《马燕日记》获得认可最多的，是书中充盈的积极向上的力量、顽强的奋斗精神，马燕成为西方发达社会那些身处优越教育环境却沉湎在网络、游戏等青少年励志学习的中国榜样。

名为Becky的读者于2005年8月8日在亚马逊网站留言："这是令人难以置信和令人难忘的一本书……马燕是一个女孩子，她知道接受教育、学习知识是摆脱贫穷生活的唯一出路，因此坚持与各种困难作斗争。马燕最后成功了，她的精神令人鼓舞。"住在美国加州的一位名为Quazz & Blapp的读者留言："这令人揪心的日记，充满了勇气和决心，是所有具有梦想的女孩子都应该阅读的一本书。我们全家都很喜欢这本书，特别是我12岁的女儿！"

美国佛蒙特州的Dale Blanchard留言："我怎么能不喜欢这本书呢？这个13岁的女孩让我哭，她是如此坚定、顽强，决心要取得成功……我记不得还有哪本书让我如此感动了。人们能不能在这种贫穷和困苦中坚持下去？马燕的回答是不仅能而且也做到了，还让更多的人受益。"

其实，这正是中华文化的世界价值。《马燕日记》所体现出的对于知识、对于教育的渴望，来自于源远流长的中华文化传统，中国自古就有"书中自有黄金屋"的古训，"天行健，君子以自强不息"也已成为每一个华夏儿女的精神基因。《马燕日记》在西方世界十多年热度不减，倒是给国人提供了一个重新认识中华文化世界价值的机会，那就是如何用世界听得懂的语言和传播方式，向世界传播中华文化的精髓，如何从那些浸透在中国人血液中而又习焉不察的东西里发现普遍的世界意义，这恐怕是中国图书出版界迫在眉睫的重任！

求知改变命运

该书不仅改变了马燕本人的命运，也改变了当地许多女童的命运，甚至改变了当地人一些根深蒂固的观念。

《马燕日记》出版后，马燕的稿酬暂由韩石代为管理，等马燕满18岁后再转交给她。韩石每月给马燕寄去500元生活费，家中若有其他开支，韩石也会寄钱过来。马燕家里买了彩电和摩托车，马燕说："我妈妈会笑了！"

韩石利用欧洲寄来的捐款成立了"阿斯基—马燕基金会"，马燕也捐出了2/3的稿酬，用来资助预旺乡的孩子们。资助的标准是高中每学期700元，初中每学期500元，小学每学期200元，到目前为止，这笔钱已经使63个孩子重新回到了校园，其中大部分是女生。

如今，马燕依靠基金会的帮助，在法国读大学。马燕的故事也使故乡的家长重新考虑孩子的出路，学校里女生的比例大大增加。去年预旺中学只有137个女生，今年已达到400个。"学校的前五名全是女生。"马燕自豪地说。

《人民日报海外版》（2014年11月7日第7版）

马燕日记

马燕　著
[法]韩石　解读　王征　摄影

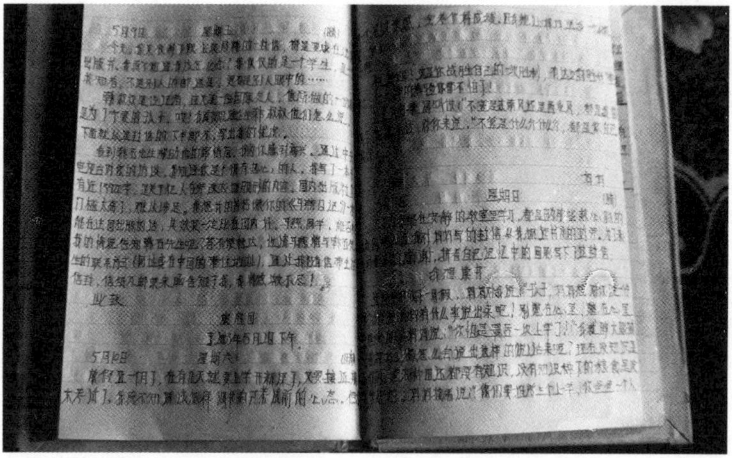

马燕的日记本

我想读书

这回我们放了一周假，妈妈对我说，孩子，妈妈想对你说一件事。我就说，妈妈有什么事你就说出来吧！别憋在心里，憋在心里会难受的。妈妈说，你怕这是最后一次上学了。我就睁大眼睛望着妈妈，您怎么会说出这样的话来呢？现在没有知识是不行的。老农种田都要有知识，没有知识种下的粮食是没有收获的。妈妈接着说，你们姐弟三个上学，你爸爸一个人在外地打工，是辜（顾）不过来的啊！妈妈你这么一说，看来我是必须回家了。妈妈说是啊！那我俩（两）个弟弟呢？妈妈就说你俩(两)个弟弟还必须念书。我就问妈妈为什么男孩儿能念书，女孩儿就不能念书呢？妈妈就说你还小，不懂这些，等你长大了就会明白。

今年我上不起学了，我回来种田，公（供）养弟弟上学。我一想起校园的欢笑声，就像在学校里读书一样。我多么想读书啊！可是我家没钱。

我想上学。妈妈，我不想回家。我想一直待在校园里那该多好啊！

五年级学生　马燕

2000年5月2日

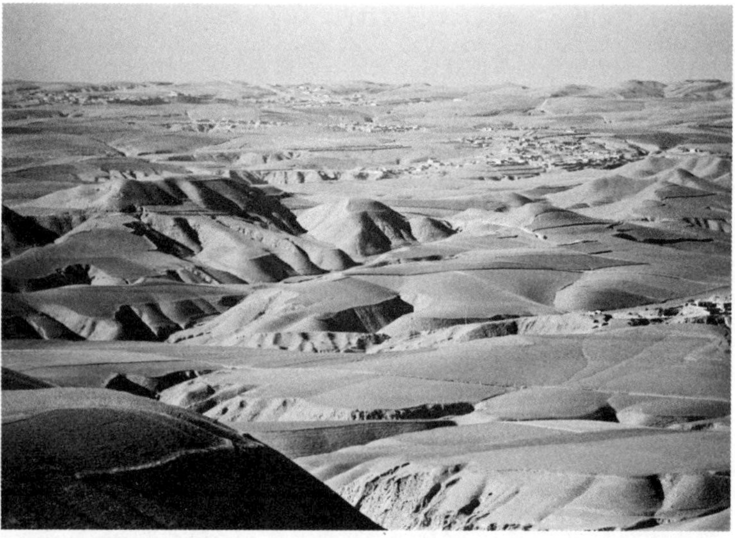

宁静的西海固。马燕的家乡张家树村坐落在同样的地貌上
宁夏·同心·窑山

马燕日记，一个中国学生的日常生活

韩石（彼埃尔·阿斯基）

法国《解放报》驻北京记者

2001年5月，张家树村。

我们一行人即将离开，正在同村里的阿訇道别，阿訇刚刚在自己的家里热情接待了我们。村里的孩子们簇拥着我们，在中国这个非常偏僻的村庄，难得见到外国人，面对如此热闹的场面，孩子们异常兴奋。一位官员曾经对我说过："在美国记者埃德加·斯诺之后，你是第一个到达这里的外国记者。"司机已经等得有点不耐烦了，因为回银川的路还很长，很难走。

就是在这个时候，一位头上戴着穆斯林白帽子的农村妇女，同我们中间的一个人搭话，并把我们这个朋友带到自己的家中。她的家就在几十米开外。萨拉·奈日是我们从北京带来的一个朋友，也是这次旅行的策划者。萨拉接受了这位妇女交给她的一封信和三本小册子，蓝色的封面上，写着整整齐齐的汉字。萨拉很是惊奇，村妇坚持要她收下这些东西，好像事关她的生死。几分钟以后，我们带着这件神秘又似乎很珍贵的礼物出发了。

回到北京以后，我们先对这几本小册子进行了简单的翻译，文中的内容令人惊异，文字的作者也显露出来：马燕，一个十三岁的女孩，面临着人生的悲剧。我们手中的这封信，实际上是年少的女孩写给她母亲的——那个交给我们信件的妇女。马燕在信中道出她的愤怒。马燕得知，她将不能再返回校园，家里没有能力再支付她的学费，这里连续五年都是干旱。

“我想读书”，马燕在信的标题中写道，信纸的背面是豆子种植说明书。这张纸不少地方有涂抹的痕迹，好像作者满腔愤怒，无法自控。后来，我们从她的日记中得知，她写信用的这杆圆珠笔，是她攒了两个星期的零花钱买来的。

这声从心底发出的呼喊表达了不仅是中国也是世界上其他国家的失学儿童的心愿，这是渴望接受教育，相信社会进步的声音。这个声音应当被这个中国小村庄之外的人们听到。这也使我们意识到，在21世纪初，一些孩子的未来被贫穷的经济环境所毁灭。

马燕知道她父母的决定必将使她遭受与他们同样的贫困，而她不能接受。她更加不能接受的是，她的两个弟弟将继续上学。在中国乡村，不管是不是穆斯林，女孩子都不如男孩子受重视。她的母亲所能解释的只是：“长大你就会明白……”

同这封信一起的，还有那三个蓝皮小本子，里面是马燕的私人日记。这个独一无二的资料，使我们明白了一个中国女孩的生活，肯定和农村中几百万其他的女孩的生活没有什么区别。她们无比向往读书，以便同家人一起脱离贫困；她们又无时无刻不在担心自己的愿望不能实现。在这样的苦难中，她们同饥饿、同凶险的人际关系进行着持久的战斗，她们的人数一定不在少数吧？

马燕知道他们只能靠自己来拯救自己。在今日的中国，经济改革时期的中国，西北地区的农民是穷人中的穷人。不过，在马燕和她的父母身上，我们看不到一点苦涩，甚至看不到他们羡慕一部分已经腾飞的中国人。他们似乎接受自己的命运，没有提出疑问：他们所有的能量都用来求生。

对中国偏僻乡村的艰苦生活的见证，到达了我们手中。并且，这份见证来自于一个少女，她用真切的词汇一页一页地记述了她的真情实感。2000年——她只有十三岁，她用简洁的笔调记述了她的学生生活。但是，我们很快看到马燕在生活这所艰苦的学校中成熟起来：她写得越来越长，更加个人化，就像对第三者掏出心底的话，这个第三者成为她的生活伴侣，陪伴着她缺吃少穿的生活、她的痛苦，或者她的快乐和希望。这本日记是不完整的，我们很久以后才得知，马燕的爸爸习惯于用孩子们的旧作业本卷纸烟，马燕的好几个本子就这样化为灰烬……因此，马燕的日记能够到我们的手中也是个奇迹。

为了更好地明白这封信和这几本日记怎么会到了我们的手中，我们应该见到这个女孩和她的母亲。一个月后，我们又返回张家树，这个地处宁夏南部的小村庄。前一次的行程已经为我们打开了这个平常处于封闭的世界。我们向着未知出发，因为没有办法通知任何人，这里的通讯条件远远落后于中国其他地方。在那些地方，通讯正在以惊人的速度发展。

张家树就像处在世界的尽头，但我们并不是偶然到达那里的。从北京到银川——宁夏现代化的省会，仅仅用了一个小时。王征，一个摄影师朋友在机场等我们，然后我们坐了几乎一整天的汽车。汽车行驶在崎岖不平的山路上，主要的公路正在施工当中。漫长的路途经过了黄河边上的农业地带，然后道路蜿蜒在更加荒凉的半沙漠地区，这其间点缀着不少村镇，它们的颜色几乎和沙土融为一体。有一个村子被称为"寡妇村"，因为村里的很多男人都因贩毒而被判了死刑。

到张家树村的旅行更像是时间上而非空间上的倒退。村子里的房屋分布得漫山遍野，房屋用砖砌就，屋顶铺着传统的瓦片。这个村子远离中国喧闹的城市，过着自己的生活。相对于中国在二十年中经历的深刻变革，张家树这个小村庄获得的主要是平静的生活。集体主义乌托邦不再干扰农村，农民分到了田地，电终于通到了村里。商品经济社会里，张家树抛到了被人遗忘的境地，张家树要自己掌握自己的命运。村民听说我们用了不到一天一夜就从北京来到了这里，他们掩饰不住自己的惊奇。对他们来说，首都是在多少光年以外……

我们到了以后很失望。马燕和她母亲都不在村里，他们的家里没人。我们最终找到了她父亲，一个结实的农民，不善言语，头发剪得像盖子。他请我们进了他的家，一幢不大的灰砖房，立在一座山丘上，远处是望不到头的贫瘠的山谷。他见到我们没有表现出过多的惊讶，只是为自家的寒酸和简单的接待而难堪。

他对我们说，马燕在预旺中学上学，村子的上一级就是预旺乡，离这里二十公里。看出我们的惊讶，他解释说，她的妻子和他读了马燕的信，很受震动，于是借了一笔钱——70块，让孩子读完这一年。这笔钱在今日的中国城市里不算大数目，但是在这里就是一大笔钱，大到使马燕能重新踏上上学的路，同时脸上也重新有了开心的微笑。而她的母亲，则出门到宁夏北部去采摘发菜，挣一点钱还债。

我们于是循着一条崎岖不平的路，去马燕的学校找她，她在日记中写到过这条路。周末，她基本上步行回家，需要走四五个小时，和她一起的还有其他同学，他们都是没钱人家的孩子。比较“富有”的孩子，可以花上一元钱坐手扶拖拉机。拖拉机从预旺赶集回来，在路上把他们带回来，预旺的集市是当地农民都要赶的。

出现在我们面前的是一个光彩照人、很有主意的女孩，活泼而聪明，她很高兴能够重新回到学校。这个中国小女孩梳着短头发，穿着一件朴素的带花边领子的白衬衫，一条红布裤子，身上所有的装饰物就是一条塑料的心形项链，两个银耳环。她一定是个很有个性的女孩。

她知道了我的助手何岩萍和我本人是专程为她而来，掩饰不住自己的兴奋。

我们很快和她一起返回村子。在阿訇的家里，人们自发地聚集起来参加讨论。阿訇是张家树村里有影响的人。村长也来了，还有当地的党支部书记和另外两个负责人。大家都挤在阿訇的客厅里，墙上挂着麦加的彩色照片，并且还挂着一张热带椰子树下海滩的大照片。茶斟了一杯又一杯，当马燕开始说起话来的时候，大家都安静下来。

这个女孩一点也不胆怯，她说当自己知道以后再也不能上学时，心里非常地悲伤。她感谢自己的母亲，因为母亲明白她的悲伤，为了她而奉献自己，再一次到四百多里以外的地方去从事艰难的工作。马燕也讲到她的家庭对自己寄托了多少希望，她是家里的长女，第一个有可能打破年复一年的愁苦生活的人，只要努力学习，就能够不用靠着这块贫瘠的土地生活，摆脱极为传统的社会给人的压力。夜晚降临了，马燕还在不停地说着，周围的人都很感动，虽然他们同她的命运没有什么不同。

大家激动的情绪过去以后，正打算各自回各自的家，一个弱小的身影在黑暗中出现了：白菊花，马燕的妈妈。她突然回到了村子里。刚刚外出打了两个星期的工，她的脸上还带着旅途后的疲惫。她的长头发被裹在一顶白帽子里。她马上就弄清楚了眼前的情形：她明白她扔到海里的瓶子，到达了正确的岸边。泪水流在她的脸上。

白菊花对待马燕的态度很温和，看得出这两个生命之间有着一条强大的纽带。她喉咙哽咽地说："我是一个母亲，可是我的心里非常苦。我知道我没能力让女儿读完五年级。她把这封信给我，但是我不认字。她坚持说，读吧，你会知道我多么伤心。我让她弟弟给我读了信，我明白了。"在阿訇的客厅里，最严肃的人的脸上也滚下了泪水。这天晚上，宁夏的一个偏僻小村庄里的人都在哭泣。

这个女人，由于艰苦和拮据的生活，虽然只有三十三岁，却好像五十多岁了。她没有受过任何教育，不会看书写字，但是她明白女儿的幸福以及整个家庭的幸福都取决于教育，而在贫困的农村地区，教育已经成为了奢侈品。好几次，她都在困难面前退缩了，接受命运对女孩子的不公：当个文盲，等着嫁人。有一次，报名考试要三块五毛钱，而她只有三块钱……"每一次，马燕都闹得很厉害，要继续读书。这个孩子很犟。"马燕的爸爸这样说。

每一次，马燕的老师都来劝说她母亲，说这个孩子聪明，应该继续学下去。白菊花也试着找过政府帮助，她在电视中看到有一个帮助穷孩子的基金，叫"希望工程"，但没有任何结果。然后，她就再一次外出捡发菜，把自己的健康和青春都丢在捡发菜的路上。她家的墙上有一张照片，她显得很爱美，很漂亮，头发披着，旁边是丈夫的黑白照片，丈夫穿着军装站在毛主席的像前。

在这个村子里，大多数的女孩子只在小学读到三四年级就辍学，只会认很少几个字，而在中国，义务教育理论上应当是九年。马燕肯定是个例外，她现在上到初一了。“别人早就辍学了，我只有感谢父母。”马燕说着这样漂亮的话。

村民们着急地想要告诉我们在张家树有很多的马燕，带我们到了不远处的一座土坯小房子里。一个拘束的女孩子，比马燕大不了多少，现在就待在家里干家务活。她辍学已经一年了。听到询问上学的问题，她说了声“我要上学”，就哭着跑出去。辍学一年后，她的心灵创伤还没有痊愈。她的父母没有说什么，眼睛盯着地面。他们同马燕家一样贫穷，他们比马燕的父母年纪大，他们的出路更少。

白菊花从老师的支持中得到鼓励。在预旺乡，一个老师对她说：“你的女儿是最好的学生之一，她不应当辍学。你要让她辍学，就毁了她的前途。”马燕在村里上小学时，阿訇教了她两年，他也这样认为：“她很聪明，非常用功。她能上大学。”大学？预旺乡里有些大家庭的女孩子上了大学，但是对于张家树村的一个农民小女孩，这个梦想非常难以实现。

我们在阿訇家住了一晚。早上四点半，他的妻子就起来烧火，准备一顿最丰盛的早餐：羊肉、面条、蔬菜、馒头……这里的贫穷没有影响人们的好客。我们还没有吃完，马燕就来找我们：她母亲也为我们准备了早饭。没办法拒绝，他们的早饭也是那么丰盛。然后，又有人来叫我们：村长也要我们临走前吃点东西……

我们把马燕带到了学校，她骄傲地、满怀信心地走了进去。通过我们的帮助，她不用再担心下学期的费用了。

本来故事在这里就有可能结束。几个月以后，2002年3月，我们又回到了宁夏，这一次的目标更大：帮助其他的孩子返回校园。这期间，关于马燕的报道在法国《解放报》上刊出，激发了人们善良的愿望，几个读者希望帮助这个女孩完成学业。这篇报道也被翻成意大利文，也产生同样的反响。在她遥远的中国村庄里，马燕知道她的故事触动了西方读者敏感的神经，并且，由于她，别的孩子也可以继续求学了。

我们前一次到张家树的时候，一个当地省会来的中国朋友几乎嘲笑我们对马燕的帮助。他认为，传统的阻力将使这个孩子遭遇和村里别的女孩一样的命运。“一个这么贫穷的家庭，没能力支付女孩的教育费。她十六岁就要嫁人，因为她的家庭需要用她的嫁妆给两个弟弟找媳妇。男孩子优先。”在中国，男方家要向女方家送聘礼。“马燕是聪明，但是她也逃不出这样的命运。这是不可抗拒的命运。”他这样评论道。

但是马燕的母亲强烈地反驳他说：“我就是拼到最后一口气，也不能让马燕重复我的生活。”

“马燕做了母亲以后，就会明白我为她付出了多少辛苦。”白菊花有一天晚上这样对我们说。她默默忍受着身体的痛苦，只能用草药治病，艰苦的劳动给她带来很多疾病。如果她能够读女儿的日记，她就会知道这个女儿已经懂得她的痛苦。马燕每天在日记里都会发出很强烈的感激之情。马燕自己也走上过捡发菜的路，知道白菊花为了让自己上学付出了多么大的辛苦。用她自己的话来说，她知道“要对得起妈妈的这双手”。

这个回族女人，没有受过教育，当年不情愿地结了婚，她的生活到此为止都是一个接一个的艰难考验。是她，教给女儿要努力坚持；是她，用拼命工作把自己的家庭维系在一根细细的线上；是她，靠着奇特的直觉，把女儿写的东西交给了我们，使女儿的未来获得了保证。

她可能才是这个中国故事里面真正的主人公。

这天晚上，在阿訇的家里，当这个母亲和她的女儿搂在一起的时候，她们表达的不仅仅是一种强烈的感情，还是两个生命紧紧结合在一起、奋力挣脱命运控制的抗争。

马燕的母亲白菊花

韩石深夜采访马燕母女

乡间小路

目 录

第一部分

2000年9月2日—2000年12月28日

第一部分是马燕的母亲在2001年5月交给韩石的日记原文的全部。这一部分附有韩石所著的注释和说明，目的是使读者更好地了解马燕家乡的日常生活。当韩石多次前往张家树村时，在同马燕和她母亲的谈话中，得到了很多详细的说明。

这一部分日记正文，保留了马燕日记原文中的错别字，并在别字后的括号里标注了正字。

马燕这时候十三岁，小学五年级，也是小学的最后一年（当地的小学教育是五年，而不是六年）。马燕八岁入小学，比大多数孩子晚一年。这之前，她帮助母亲干家务活，到田里劳动。小学的前四年她在张家树村的小学里念书。到了五年级，她到预旺的回民小学继续上学，离家二十五公里，是住校生。她提前两周到校，为开学做准备。

2000年9月2日　星期六　天气不太阴

今天早晨起来洗脸刷牙，刚洗完上课铃就响了，我们就进教室读书。一位穿蓝衣服、黑裤子、黑皮鞋的老师走进来，对我们说了几句做人的话，我想这位老师就是我们的语文老师吧。这是我的猜测而已。后来又有一位老师进来对我们说了几句，叫同学们不要拿别人的东西，也不要说三倒（道）四，说完以后就给我们上课，课上完以后就给我们布制（置）作业，作业布制（置）完就走了。我们把作业做完，就放学打饭吃。我们把饭打来吃了，五三班的白小花提了一桶水，我们把头脸洗了以后，我们就打扫诉社（宿舍），白小花洒水，杨海燕扫床上的土，我和马月花扫地，马娟不在，去哪儿了我也不知道。我们几个打扫完，做（坐）了一会儿，上课铃就响了。

2000年9月3日　星期日　天气晴

今天早晨我在教室里读书，我爸和我妈在预旺赶集，顺便到教室里看看我。在邻（临）走之前，对我说："一定要争气。一定要考上好中学。"说着说着就走了。

2000年9月4日　星期一　小雨

今天下午，两点钟，有一位体育老师教我们做操。不会的同学拉出来表演节目。没做会的有三位女同学和几位男同学。体育老师叫他们表演节目，可谁也不表演。

最后继续练习，一直到练会为至（止）。这几位女同学和男同学都练习会了。体育老师说练会的就进教室。同学们都进了教室。

2000年9月5日　星期二　天气晴

今天下午，有一位音乐老师给我们教歌。歌的题目叫"走路谣"。她给我们教了几遍就让我们一起唱，最后老师教（叫）我们一个唱，一个表演。刚到第三排，下课铃就响了。

马燕的家庭

马燕的父亲和母亲是两种不同类型的人。她的父亲马敦吉，大个子，头发剪得像个碗似的扣在头上，少言寡语，很内向。他出自一个贫穷的家庭，父亲是乞丐的儿子，30年代时被卖给张家树的一户有钱人家。而马燕的母亲白菊花，脸上总是带着笑，说起话来滔滔不绝，长长的发辫被罩在回族人的白帽子里面。她本人的家庭比较富裕，在离张家树三十五公里的另外的一个村子。

如同很多乡下的婚姻一样，包办婚姻是延续至今的传统，马敦吉和白菊花是通过媒人介绍认识的，这个媒人是白菊花嫁到张家树的一个姨娘。白菊花那时十六岁，马敦吉二十三岁。白菊花说："马敦吉退伍回来，他个子很高，很帅。可我不想结婚。我妈妈说，他参过军，这证明政府喜欢他。我也喜欢他。你为什么不喜欢？"

白菊花没有上过学，注定要年纪轻轻结婚。她最终向家里的意愿屈服。在当时的情况下，不这样做很难。于是，她坐着一辆拖拉机被嫁到了三十五公里外的婆婆家。从此，她就把自己给了这个家庭。

马敦吉和白菊花有三个孩子：马燕是大女儿，2000年时十三岁，两个儿子，一个是马义朝，当时十一岁，一个叫马义庭，九岁。

马燕一家

2000年9月6日　星期三　天气晴

今天下午，我们的语文老师给我们做同步练习。有两个男生为了一支铅笔，不知怎么回事，教（叫）老师打了一屯（顿）。我的心里真高兴，因为这两个男生在我们班里（是）最坏的两个男同学。

2000年9月7日　星期四　天气晴

今天早晨上语文课的时候，语文老师给我们在黑板上抄了几道题，叫我们做，不会的可以查字典。我查了字典，其余的题没有抄上。我问一个同学借本子抄几道题，她不肯借，她以为是考试，害怕我考上第一。从这事我才知道，任何人都考（靠）不住。

马燕的姑姑

马燕的家族很庞大。张家树村里不仅住着她的爷爷奶奶，还有她父亲的四个兄弟。马燕称他们为“大伯”、“二伯”。马燕的日记经常提到最小的五叔。

马燕称马世萍为姑姑，实际上马世萍是马燕母亲姨娘的女儿，所以是马燕母亲的表妹。她比马燕大两岁。她们两人的关系时好时坏，既相互欣赏又相互妒忌。尽管马世萍有坚强的个性，学习也很好，但是她小学五年级毕业后就不再上学了。这个女孩子是十个孩子中的第七个，从此她做家务或者到田间劳动，直到结婚。

2000年9月8日　星期五　天气晴

今天早晨语文老师给我们上课的时候，给同学们说了两句做人的道理，他说人要活的（得）有价值，要气势。这样别人才能把你放在眼里。

最后老师给我们说，回家的时候路上要小心，有钱的可以打车，没钱的呢可以走路，但是在路上不要谈（贪）玩。

2000年9月9日　星期六　天气晴

今天早晨，我们正在看9点钟的电视连续剧。我的弟弟在外面玩要（耍），他突然喊我外婆来了，我妈听了高兴的（得）不得了，我们姐弟几个都到外面去玩要（耍）了，只有外婆和妈妈在屋里面，不知在说什么，笑得非常开心。

2000年9月10日　星期日　风

今天早晨，外婆、爸爸、妈妈到预旺去赶集，我在屋里睡觉了。我的弟弟把屋里拉成个不像样子。我非常的（地）生气，可是没有办法。

上学的路

星期五中午，马燕放学以后就踏上这条路回到村子里，距离学校二十多公里。在这条乡间的路上，拖拉机代替了出租车，车票要一元钱。对马燕来说，一元钱太贵了。不管是下雪、下雨，还是天气太热，马燕和她的弟弟马义朝都要走这条蜿蜒在乡间的土路。马义朝跟马燕在一个班。这条路又长又险，两边都是庄稼地。路途上的景致也是各种各样，人烟稀少。学生们走这条路，快的要四小时，慢的要五小时。遇到恶劣天气，没有地方躲藏。孩子们经常是蹚着雨水、冒着寒风回到家，两脚肿得很大。他们穿着母亲做的布鞋走在雪里、泥里，布鞋很快就湿透了。

马燕家的房子

马燕家唯一的财产，是他们在张家树村盖的一幢砖头小房子。这幢房子主要由一间大屋组成，一张炕几乎占了屋子的一半，这是传统的砖头做的床，上面铺着一床单子，下面可以生火取暖，全家人在炕上睡觉、吃饭、生活。

白石灰的墙上，挂的装饰物是马燕和她的弟弟马义朝获得的毕业证书，这是他们不识字的父母的骄傲。一个简单的柜橱上方，悬挂着两个镜框，里面摆着全家的照片。房间里唯一的奢侈品是一台旧的黑白电视机。另外一间相连的小屋是厨房和储藏间。房子门前有一小块菜地，旁边是牲口棚：几只鸡，一头驴，几只羊。

马燕家的房子

2000年9月11日　星期一　天气晴

今天下午，马世萍的妈妈和她在我们家里，喊我们姐弟去上学，妈妈在我们俩邻（临）走之前，对我们说：一定要把书读好，那（哪）怕我把头苦白了，我也要工（供）着你们去上学，只要你们好好学习，我一定工（供）养。我从妈妈的话里，才知道妈妈一心为我们，把一切的希望都记脱（寄托）在我们的身上，她自己的一切都可以放气（弃）。我一定要好好学习，将来为祖国为人民做一点贡献。这是我一生的希望。

贫穷的地方

预旺在宁夏的南部山区，在西海固的北边，这里是中国最贫困的地区。西海固是饥渴的，持续的干旱使这里成为不适合人类居住的地方。然而三百万人，即宁夏人口的一半，仍然生活在这里。他们大多数是回族人，也有一些汉族人。日常的生活就是不断地为生存而斗争。

马燕村子里的年人均收入是400元，如果比起中国平均的人均收入6000元，或者上海的33000元，非常贫困。大城市的飞速发展没有抵达这里。

2000年9月12日　星期二　天气晴

今天下午，我和几个同学出去买东西。她们几个都是有钱的孩子，她们一会儿吃这个，一会儿吃那个，我眼看着没法买东西。一块泡泡糖都要一角钱，你说我能买得起吗?

我就从这件事上才知道，妈妈为了让我上学，连自己的病也不看了，我们一花就是几十块，还每次赶集时给我们钱。这钱是那（哪）里来的?一定是靠着下苦和汗水争（挣）来的。

爸爸和妈妈为了我们的学业，可以牺牲一切。我一定要好好学习，将来要考上大学，找上工作，让爸爸和妈妈过上辛（幸）福的生活。

有钱人

马燕所说的“有钱人”，实际上是预旺镇上的孩子，而不是周围村子里的孩子。他们的父母是国家工作人员、干部或小商人，从事着有收入的职业，社会地位也比农民高。根据马燕的描述，这些孩子有很多衣服，而她自己连一件换洗的衣服都没有，也没有零花钱，没有钱在学校的食堂买一点蔬菜就着米饭吃。孩子们很快就能明白他们之间的不同，虽然比起中国的城市人口，他们都属于社会的最底层。

2000年9月13日　星期三　天气晴

今天下午，放学回家吃饭的时候，我和我弟弟去找妈妈。我俩到妈妈跟前的时候，妈妈正在看病，我把我俩（两）个的洗头膏给妈妈拿回去。我俩回校去做作业。可是妈妈不让我俩走，说是她把病看完了，给我俩买点吃的。我们三个人一起到市场上吃东西，妈妈没吃，我和弟弟在吃，我看到妈妈又口渴又饿。

我想妈妈为了我们的肚子和学业，可以矮（挨）饿，我一定要争气，考上大学，找上工作，让妈妈吃饱肚子。

乡村的医疗

马燕的妈妈找到一个医生，他来自沿海的福建省，他在街上给人扎针灸，病人就坐在一条板凳上。马燕的妈妈先交了五十块钱，准备扎十次，以治疗她的胃痛。但是扎过三次以后，这个人就消失了，在预旺再也看不到他了。

这些江湖医生的泛滥是因为最贫困的农民越来越得不到公共卫生体系的服务：药品和治疗都要付费，而过去时代的“赤脚医生”能够保证最基本的免费的医疗服务。根据卫生部的统计，36%的农民有病也不看，61%的农民因为缺钱，不等治疗结束就提前出院。我们把白菊花带到银川的一家医院看病，诊治她的胃溃疡花了三百元。2002年，政府宣布对所有的中国人建立基本的医疗保障，但是这项庞大计划的资金远远不能得到保障。

2000年9月14日　星期四　天气晴

今天早晨上数学课的时候，老师教（叫）我发数学作业，收同步练习，一共三十七本，一本都不能少。我不想当数学学习委员。可我不当没有办法，我不想姑服（辜负）老师对我的希望。我还是坚持当下去，直到最后的胜利。

2000年9月15日　星期五　天气晴

今天中午11点放学回家，我们男女一共七个人，马月花和马娟坐车回去了，我们只好走着回去。走在路上的时候，我的心里非常害怕，因为有很深的沟，很陡的山。还有的时候，路上有小愉（偷）要钱。

2000年9月16日　星期六　天气晴

清晨，妈妈去预旺赶集，回来只（之）后不知是怎么回事，给我们姐弟几个骂了一顿，就去做饭。饭吃了以后，她就在房间里哭，哭啊哭，哭的原因是因为她有病，没人干活，地里的庄稼一大堆，还有一头牛。

我想妈妈这么坚强，一有病都会哭，我们几个以后还不知道会怎么样呢！

马敦吉

土地不能养活家里的所有人，马燕的父亲，如同成千上万的中国农民一样，在农闲季节，到外地去打工。每年他都要到银川——宁夏的首府去几次，到内蒙古的呼和浩特去，到甘肃、山西两个省份的工地上打工。他说："我们每月能挣到四百或五百块钱，但是老板经常不给工钱。"很显然，她的父亲同这些人较量力量太单薄，其他的农民和他一样。所以，收割的季节，他更愿意把自己的力气出租给村里的其他农民。

2000年9月17日　星期日　天气阴

今天下午，马世萍、我弟弟和我，去预旺读书。我们到的时候，诉社（宿舍）门还没开呢，我们等了一会儿，开门的人来了，我们走进诉社（宿舍）里，马世萍就开始写日记，我就顺便问，你日记写上了没有，她就说没有，哪向（像）你那么有心灵，那么手快呢！她以为我是chǒu（丑）她呢。我的心里想，为什么任何人都对我不满呢！老师看了之后，您有什么想法，麻烦老师告诉我，好吗？老师？

2000年9月18日　星期一　风

今天下午，上体育的时候，我弟弟没站齐，班长、体育委员两个人打我弟弟一个。我心里非常生气，生气也没办法，因为这两个人是我们班里最坏的人。我一定要好好学习，将来考上大学，能找份公安工作，如（果）他们犯了什么法，我一定不会放过他们的。

2000年9月19日　星期二　天气晴

今天下午我们上音乐课的时候，马生亮、马小平、我的弟弟马义朝没带音乐课本，叫老师骂了一顿，那俩（两）个叫老师赶到外面去晒太阳。老师就给我们上音乐课了。

2000年9月20日　星期三　天气阴

今天下午成老师给我们上自然课的时候，马伏龙在下面胡说八道，叫老师拔了起来。有的同学说老师真坏，有的说老师拔着战（站）起来好。上课不能顺（随）便说话，我心里想老师拔的（得）应该，因为在以后的人生道路上，要走在人生珍贵（正轨）的道路上，不能走在射（斜）门外（歪）道的道路上。

2000年9月21日　星期四　天气晴

今天下午放学，班长喊我们打饭。我们把饭打来，我没有菜吃，我问一个同学借菜，她把自己的半盒菜都倒到自己饭碗里，说没菜了。我就说没了算了。我可以问我的老同学马月花借菜，她也说了几句罗索（啰嗦）话，可她比我那位亲戚好，还给我借了一点菜呢！

我这才知道，亲人反到（倒）靠不住，因为别人借我的东西可以记情，而亲人呢？统统不管，管你伤心不伤，反正不借就是不借。到这里我才明白人与人的关系是怎么一会（回）事了。原来是记情的关系。

学校的伙食

每学期开学的时候，学生们要带着一口袋二十五公斤的大米到学校。大锅里焖出的米饭就是学生们的午饭。几个妇女在与校舍相连的一间厨房里做饭。每个学生盛一碗饭，回到宿舍里吃。如果他想要一勺菜，通常是土豆，他要花一毛钱。从来没有肉。学校也不提供早饭和晚饭。

马燕早上不吃饭，中年就吃一碗干饭，没有钱买菜，晚饭就是母亲给做的馒头。她把馒头储藏在一个木头盒子里。

学生们有点钱的时候，就会走出校门，到预旺的大街上买点吃的。但是马燕每星期只有一块钱的零花钱，她更想把钱攒下买笔或本。只有等到周末的时候，马燕回到家里才能吃得饱一点。

2000年9月22日　星期五　天气晴

今天下午放学回来。饭吃了，妈妈就喊我俩去山坡上“转麦[1]”。我实在是走不动。可是妈妈又说非去不可。妈妈把那么多的瞧（荞）麦拔了，我们连转也不转，那怎么行呢？妈妈还是为了我们的吃穿才这样做的，不然她连瞧（荞）麦也不拔。妈妈喊我俩，也有喊的原因。因为她把那么多的瞧（荞）麦拔了，我们做一点也是应该的。不然怎么对的（得）住妈妈的劳动呢！妈妈这样做，还是为了我们以后的辛（幸）福生活。在（再）不要像她们这一辈子，苦了又苦，才有点吃的。吃没了，在（再）受苦。所以我们要好好学习，能过上好生活，在（再）不要像她们。

田间劳动

孩子们不上学的时候，就要下地干活，收割庄稼，喂牲畜，到井边打水……马燕家同当地其他农民家一样，用人力耕地，靠一头驴或一头小牛帮忙，几乎用不起化肥或农药。“有钱的人”才有一台拖拉机，差不多值六千块钱。拖拉机的主人有的是在城里打工或做发菜的买卖才挣到

① 转麦：指把山上的荞麦运到家里的全过程。

这些钱。收割庄稼用镰刀。收益并不大，年头好的时候，每亩地打五十公斤，年头不好的时候，一半都不到，还要算上七公斤的种子。“没有雨的时候，我们盼着至少把种子收回来，来年再种。”一个农民说。

马燕的家只有八亩土地，两亩地上盖了房子，剩下的六亩地种庄稼，生存都很难保障。

2000年9月23日　星期六　天气晴

今天早晨，我在写作业，妈妈说：“我们去捕（铺）场[①]。”我们来到场上捕（铺）场，我姐姐马义梅，我妹妹马义芳，我弟弟马义朝、马义廷，还有我妈、我，我们一起捕（铺）场。突然杨××的儿子拉着一车瞧（荞）麦，把瞧（荞）麦放在我们的地盘上。妈妈说了一边（遍），他们没有管，说了第二边（遍），他们还没管，气的（得）妈妈只能小声骂。在我心里，没有知识的人，才把自己的粮食放在别人的地盘上，还说是自己占下的，不管（关）他的事。现在的人，那（哪）怕要饭吃，也要学点知识。不学怎么行呢？在大城市里上侧（厕）所都认不得字。

2000年9月24日　星期日　天气晴

今天下午我们去学校，碰见了一个拉牛的人，一个拿着衬衫的人。他们走在路上给我们讲他们小时候读书，每天往学校里走的时候，都有很多

---

① 铺场：把荞麦散铺到场院的地上。

放羊人把他们dǔ（堵）在山沟里要馒头。他们问我们现在有人dǔ（堵）我们吗？我们说没人dǔ（堵）。他们对我们说："你们真辛（幸）福。"

我从这一句话里休会到，我们的辛（幸）福是爸爸和妈妈辛辛苦苦创建起来的，而不是我们自己创造的。

2000年9月25日　星期一　天气阴

中午，我们的社会课老师给我们上课的时候，提了几个问题，我都不会做，辛（幸）亏老师还没有叫我呢！只叫了我弟弟、李小龙、白平，他们都没有回答上来。只有马世萍回答上来了，老师夸奖了她。我的心里真慕幕（羡慕）她，因为她聪明。

2000年9月26日　星期二　天气阴

今天下午我们的音乐老师给我们上音乐课。课上完以后，老师给我们做游戏。首先第一组表演，而后第二组表演。音乐老师问那（哪）一组表演的（得）好。同学们争着回答说，第二组表演的（得）好。我的心里安安（暗暗）赞叹，她们真聪明，我以后要向她们学习。各门功课我都要取得优益（异）的成绩，包括音乐。

2000年9月27日　星期三　天气晴

今天下午我们放学回到诉社（宿舍）里，我看见马月花写字。马静是室长，要叫马月花扫地。马月花说，我字没写上，我写上了再扫，也不迟。室长不管怎么说也不行，就要她现在扫，不扫就要告老师。气的（得）马月花哭了。

2000年9月28日　星期四　天气阴

今天下午，我和马世萍、李亲到预旺去买馒头。我们到第一个买（卖）馒头的小买（卖）部，馒头很小，我们没有买。我们都到第二个小买（卖）部里买。我说："给我一个馒头和一个马化（麻花）。"

我走的时候，那个人笑话我。不知是说我们是乡下来的人呢，还是笑话我们把馒头的名字叫错了？我始终猜不透。

城里人的蔑视

在今天的中国，到城里去的农民是城里人蔑视的对象。尤其是在上海、北京这样的大城市，但是在农村的城镇上，比如预旺，也是如此。预旺的人排斥乡下来的人，而他们在别处也会受到排斥。在中国的城市里，人们很容易就会分辨出乡下来的民工。民工的肤色更黑，目光很不自信，多数城里人并不关心他们。而这些城里人常常忘了他们的根也来自农村。地方口音也会把一个人的出身表现出来，如果发音不够"高贵"，别人就会取笑他们。

2000年9月29日　星期五　蒙蒙细雨

今天晌午我们放学回家的时候，天气很冷，还夹着小雨。我们诉社（宿舍）里的几个女生，都要坐车走，只有我和弟弟还有另外一个诉社（宿舍）里的女生没钱坐车，我们就打（搭）了个伙一起走。走到一条深沟里，我们被水堆（堵）住了。我弟弟彩（踩）在一块大石头上，跳过沟里的水之后，又把我拉了过去。我又把那个女生拉了过来。

我们终于上了沟，拖（脱）险了。

2000年9月30日　星期六　天气阴

今天早晨，我们刚吃过早饭，我正在看书，突然听见有两台拖拉机在往上走。据人们说，这两台拖拉机要把这条公路修的（得）整整齐齐的。我听到这个消息，心里非常高兴，因为这条公路一修，在（再）没有人敢说我在台湾[①]上住了。

2000年10月1日　星期日　天气晴

今天早晨，天气各（格）外清郎（晴朗），姥姥有病，妈妈要去看姥姥。妈妈一会儿又不去了。我问妈妈，你怎么不去看姥姥呢？妈妈

① 台湾：当地方言，指一种四周有水的地势。

说明天集上我去看你姥姥。那你怎么今天不去呢？妈妈说："我把家里的家务活干完了再走。"我说："妈妈你放心，家里的家务活有我呢！我已经长大了。你不必为家里的活儿担心。"妈妈笑着说："你真长大了。"就和弟弟骑着自行车去看望姥姥的病情。

2000年10月2日　星期一　天气晴

今天早晨，修公路的人开着拖拉机修路。他们没处取土，就只好把路面往下降。有好多人在那个山坡上笑。不知笑的是什么。我妹妹听见，说，他们笑的是路这一修，我们就彻底到台湾上了。妈妈听了之后非常生气，就把修路的人的拖拉机叫上来，把我家门前的地推了，给我们在（再）修一条大路。推地是为了我们住。这一修，好多人都说，修了个好，不知道马敦吉做了什么梦。我的心里想：现在的人什么话都望（往）外说。

2000年10月3日　星期二　天气晴

今天一大早，妈妈就喊弟弟去拉驴耕地。妈妈耕地，弟弟跟在后面把土坷垃打碎，我看到妈妈那满脸皱纹，心里想：妈妈都是为了我们的学业和肚子，才苦成这样的。

在被雨水冲刷出来的黄土道路上，毛驴成为更好的交通工具
宁夏 · 同心 · 张家树

2000年10月4日　星期三　天气晴

今天我在写数学作业，我的一位老同学到我们家来玩。我弟弟，我，我的老同学，我们一起玩捉迷藏。玩吧（罢），我就（叫）她给我讲一道题。她说她会，但说完转身就走了。我的心里想，任何人都是靠不住的，只有自己靠得住。

2000年10月5日　星期四　天气晴

今天早晨，妈妈去扬米，把袋子一拉里面全是些老鼠。妈妈气的（得）就给我们几个骂了一顿。

2000年10月6日　星期五　天气晴

今天下午，妈妈、姑姑、姐姐、妹妹、我，我们一起在屋里谈话。谈了一会儿，姑姑就叫我把机子安（按）开跳舞。我和妹妹跳，其他人谁也不跳。到最后，在座的人全部上了场，一起跳，跳的（得）屋里红痛痛（通通）的，这一天是我最开心的一天。

2000年10月7日　星期六　天气阴

今天下午我把饭吃完，就过来写作业。我看见弟弟在炕上哭。我问他，你为什么哭。他说他的同步练习没有做上，我就帮他做。做了一会儿，做的（得）差不多了，我就说我也该去做作业了，你自己做吧！我明天做不上，要矮（挨）老师的打和骂。妈妈过来骂了我一句。我当时就呆住了。她为什么会说这样的话，是我给弟弟的题没讲完呢，还是自己的话说错了呢？我心里真的伤心。她为了自己的儿子，可以不顾一切待（代）价而骂人。我感到很寂莫（寞），没有人陪我说话。

女孩子的命运

虽然毛泽东说“妇女能顶半边天”，但是在偏僻的乡村还远没有达到男女平等，比如宁夏的这个村子。马燕的妈妈白菊花也承认：“如果不是女儿的老师坚持让她上学，马燕可能早就离开学校了。而她的弟弟们则会继续读书。”

事情的逻辑是这样的：一个女孩子结婚以后，她就要离开自己的家，而到男方的家里生活，为她的教育的“投入”就算白费了。张家树村的阿訇虎登双说：“村民们更重视男孩。女孩子被当作劳动力。有的女孩从来没有上过学。我让家长们尽量让女孩子读书，读的时间越长越好。我赞成男女平等。但是，如果这家没有钱，女孩子就先要辍学。”

中国的家庭现在比任何时候都更想要男孩。马燕的一个婶子生了七个女孩，但她还是希望生一个男孩。生了第七个女孩后，她决定采用避孕措施。最后一次人口普查证明这个问题具有普遍性：2000年的新生儿男女比例是117个男孩比100个女孩，而十年前这个比例是112比100。女孩子们的福音来自城里人，城里人受到更好的教育，思想在慢慢转变。

年轻的母亲
宁夏·同心·五道岭

2000年10月8日　星期日　小雨

今天我们几个从家里一直走到诉社（宿舍）里，把该放的东西放下，我就问一个同学借同步练习，叫她给我讲一道题。她说她没做上，我一拿她的同步她就抢过去，说没做上，还骂了一大通难听话。我这才知道，原来每个人的心里都和我过不去。我心里想不知对谁以前过以（意）不去过，我现在也记不清了。但我决不撒谎。不像马××，一不对就撒谎。我要努力学习。以后我再也不让别人给我讲题了。

2000年10月9日　星期一　天气阴

今天下午我们测验语文的时候，老师对我们说："你们做快些，时间快到了。"我的心里一下子紧张起来了。有道题我不会做，我的心里更加紧张起来了。我的那一道题始终没有做上。

2000年10月10日　星期二　小雨

今天我们上音乐课。音乐老师没在。我就做小学生写字练习。班长喊我，马燕你不要做，这一节课是音乐课。我说你看他们都做，为什么光叫我一人。他说我不管，就叫你一人。我的心里非常生气。我想：我长大以后考上大学，当上一名警察，一定要把他打一顿不行。

2000年10月11日　星期三　天气阴

今天下午，我们上社会课。社会老师有病，就叫我们的学习委员在黑板上给我们写了两道题，叫我们做。

2000年10月23日　星期一　蒙蒙细雨

今天早晨，放学后，我们三个去赶集。我看见许多和我们不一样的人。有的没有腿，有的没有脚，甚至还有瞎子。我想我以前在学校里没法生活下去，今天看到这个瞎子，这个瞎子都能生活下去，难道我不能生活下去吗？我一定要坚强起来，要在学校里比每一个人都活得快乐。

2000年10月24日　星期二　天气晴

今天下午，我们的音乐老师给我们把音乐课上完，就说谁有故事讲，同学们说杨兵会。老师叫杨兵上讲台去讲，杨兵没有讲下去，就叫虎致民去讲。可他也没有讲下去。只好就自己讲，可老师也没讲下去。后来音乐老师给我们讲了一个故事，叫狐狸吃鸡。她讲的（得）十分有趣，我都陶醉了。

2000年10月25日　星期三

今天下午，我们的语文老师叫同学们背古诗、讲故事、唱歌。我最喜欢我弟弟唱的歌，“等到你送我的那一天”。这是我和弟弟在三年级时候唱的，我非常喜欢唱这首歌。因为这首歌是妈妈教的，所以我听到后，非常想妈妈，因为是妈妈让我崇（重）新回到学校里的。我一定要好好学习，将来考上大学，找上工作，让妈妈过上辛（幸）福的生活，在（再）也不去过吃了这一顿没有那一顿的生活。我要让妈妈下半辈子过个辛（幸）福的生活。

2000年10月26日　星期四

今天下午我们的第一节课是语文课。下课了，同学们都在跳双绳，我们的语文老师也站在一边看。看到语文老师那开心的样子，就像我们现在一样，才十一二岁，那样开心。我从开学到现在没看见过老师那样开心过。我想，我们语文老师也总想起他们小时的跳绳了吧。可能他是那时候的跳绳航（行）家，所以看到同学们跳绳就想起自己小时候的快乐时光，所以他看到同学们跳绳，他就非常高兴。是因为自己小时候也玩过。

2000年10月27日　星期五

我们回家的时候，天下着蒙蒙细雨。但是下了一会儿，不下了，我和马××发生了挣（争）吵。她说我自私，拿别人的东西就好，别人拿我的东西时我就说不好。我说你没有拿我的东西，那你把我的同步练习拿去给谁抄？她说那不是她拿的，是小红拿的。我把小红一问，小红说没拿。她愣住了，一下子不说话。我就随便说了一句，自己把自己糟啦！还连时间都不知道。

2000年10月28日　星期六

今天早晨，天气好晴郎（朗），不一会儿就下起雪来。风儿一吹，那雪片就在空中飘飘悠悠地飞起来。看到那雪花，我就想起奶奶说过的一句话。十月一二下雪，明年的小麦就有很大的丰收。与（于）是我就非常希望下雪。下厚厚的雪。大家也就有水喝了，在（再）也不用到很远的地儿去挑水了。

苦水

张家树村没有自来水，村民们有两个取水途径：一个是把雪水和雨水收集起来储存到水窖里，水窖是在地上挖一个坑，用水泥砌起来；另一个办法是到山谷里的一口苦水井里去打水，距离村子一个小时的路程。苦水井里的水只能用来浇地和洗衣服。如果洗身体，皮肤就会很痛。

村民们每星期几次走着去苦水井担水，用扁担挑两个桶。孩子们，比如马燕和她的弟弟马义朝，就会两个人担一桶水。马燕的母亲说，最好天不亮的时候就到井边，免得排队，因此，早上四点钟就要上路。阿訇说，村里以前有一口井，后来塌了，没有钱修。

有钱的人可以买从预旺拉来的装在塑料桶里的水，花五十块钱，包括运费，可以买来一个家庭两个星期的用水。对于这个村子的大部分农民来说，这个价钱是付不起的。最困难的时候，村民们会到乡上，请求给一车水，以解燃眉之急。

等水
宁夏·西吉·陈家沟

2000年10月29日　星期日

今天早晨，天气很冷，我想到奶奶家去转转。我在奶奶家待了一会儿。回来，妈妈就骂我，为什么不自决（觉），连自己的菜都不装，等着叫谁去服私（侍）你。你一回一回这个馒头是从那（哪）里来的，你想过没有。给你俩蒸馒头，我们家连多余的一顿面饭都吃不上，你知道不知道我们家里jīng jì（经济）困难。我的病这么大，你还要等我服私（侍）你，你太不自决（觉）了。你念书，有（又）没给我念书。她狠狠的（地）骂了我一顿。当时我有一点儿生气，别人家的孩子坐着车，往下走（去山下），我们姐弟俩一回一回地走着往下走。可我又想了想，我们家里的jīng jì（经济）确实有困难，如果不是妈妈，我怕一辈子也回不了学校。妈妈不为自己的生命着想，把我们姐弟几个工（供）养着上学去。将来给祖国做一点贡献，也给自己干一反（番）事业，在（再）不要让别人瞧不起我们一家。

2000年10月30日　星期一

今天下午，我们的最后一节课是班会，马平和马生亮骂了一仗，骂的话崇脆（纯粹）叫人听不得。突然老师从门外进来，有一个姓虎的同学给老师告了状，反正我不知道他的名字叫什么。老师去批评这两位同学。这两位同学把凳子腿都快歪断了，老师还是要说。我想老师也说得对。为了我们整个班的风俗，不要在（再）出现打架、骂仗的事了。

2000年10月31日　星期二

今天下午我们的音乐老师给我们教唱歌。教罢，我们的音乐老师叫我们从一课起唱到今天唱的这儿为至（止）。我们唱完，音乐老师问谁会唱歌，同学们都说我弟弟会唱歌，我的心里非常高兴。要问我为什么这么高兴，因为我能有这样一位弟弟是我的荣辛（幸），因为我不会唱歌，弟弟在学校里把歌唱出了名。谁问，谁的歌唱的（得）好，有人说马燕的弟弟，我的心里就像乐开了一朵鲜艳的鲜花一样。

2000年11月1日　星期三

今天天气很好，下午我们的自然老师给我们上自然。我看到那自然老师和教我上二年级的冶老师一样，那神态、动作都非常象（像）。我一看见自然老师，就会想起我那时候的老师对我的关心和照顾。为了嗓音好，他常常教我唱歌，为了身体好，他叫我段（锻）炼身体。

2000年11月2日　星期四

今天早晨，我们的语文老师给我们上语文，我们的语文课没上，老师叫我们阅读课文。最后又一个挨一个地叫起来读。叫了马成民、马世龙、马生亮等，没有读下去。老师又叫了李小燕。她读得很流利，普通话读得非常好听。老师把我的弟弟连续叫了两遍，都问的是回答问题，我的弟弟都答上了。我心里的紧张一下子消失了。我怕我的弟弟答错。老师又叫白雪回答，仿佛素不知道的素的意思。白雪回答上了。我的心里紧张起来，怕老师叫我。我还没想好，老师就把我叫起来了。老师问我，12课分为几组写的，都是那（哪）几组。我回答说三组：一、写信前，二、写信，三、寄信。我还以为我说错了。老师说对。我的心一下子开了。老师还问："还有哪些内容？"同学们和我一起说："还有信的内容，凡卡的回忆，作者的叙述。"老师说，说得对。以后要多读课文。

2000年11月3日　星期五

今天下午，我和弟弟到家。天气很冷。家里没人，邻居告诉我说，我妈妈在我爷爷家里。我五叔盖房子。说是干活走了。我和弟弟就穿上绵（棉）衣到爷爷家去。盖房的人很多，风吹得眼睛睁不开，我和弟弟就进了屋。原来妈妈在上锅做饭。妈妈给我和弟弟绘（烩）了两碗菜，叫我俩吃。一会儿爷爷进来了，妈妈就给爷爷盛了一碗，爷爷就坐在凳子上吃。我看到爷爷两眼都是泪水，线衣、衬衫都脏的（得）没法看。在（再）看一下奶奶比爷爷更可怜，白发苍苍，头上顶着一条破围巾，还抱着五叔的两个小女儿，在她的身上翻来覆去地那么乱动。你们说奶奶能受得了吗？胳膊有多么疼。合（何）况奶奶，我抱一会儿胳膊都发痛发麻。当我能念上去毕业，找上工作，我一定要把爷爷奶奶接到我们家过辛（幸）福的日子，在（再）也不用过看别人脸实（色）的日子了。困（恐）怕爷爷奶奶等不到那时候，一句说（话），他们老俩（两）口是苦命人，没有享福的能力。

2000年11月4日　星期六

今天下午，爸爸从很远的地方回来。我说，爸爸我给你做点吃的。爸爸说不了，听说你五叔盖房子，我过去还要干活去，爸爸说着说着就走了，只留下我和弟弟。我就把桌子放在炕上，做作业。弟弟就在外面玩要（耍）。一会儿来了很多娃娃，都和我弟弟玩。玩了一会儿，他们都不见了。我把作业做上就出去喊。虎小平告诉我说，我弟弟到我五叔家里去了。我在家待了一会儿，心里烦的（得）狠（很）。我也到五叔家。爸爸和很多人都在干活儿。一只（直）干到黑。别的人下来吃了饭，就回去了。只有爸爸和我大哥还在干。一只（直）干到9点多，才停工。我说了一句怎么还不停工。五妈说你爸爸中午才来，干了有多大一会呢？我想说，可又没说，我们去年盖房的时候，你们半晌午才来，我们说了shá（啥）话没有？

爷爷，老军人

“我的一生很难。”马燕的爷爷马顺奇讲起了他的故事，虽然这样的开头并不能猜到后面要说的是什么。他已经八十岁了，但腰板笔直，穿着一件过了时的棉袄。他满是皱纹的脸上留着一撮长胡须，头上戴着回民的白帽子。他出生于南部的西吉县，父亲是乞丐，一个村子挨一个村子地乞讨。小时候他陪着父亲四处乞讨。四岁的时候，父亲把他卖给张家树一户有钱人家，换来几斤粮食和种子。

七岁的时候，马燕的爷爷就开始在田间干活。这在当时的农村没有什么奇怪的。二十岁时，内战中，收养他的那家人把他交给了国民党军队。这户收养的人家后来有了三个孩子。国民党向每个大户人家征兵一人，去同共产党作战。根据家里的说法，这家地主给了国民党军官好处，让他在半路上杀了马燕的爷爷，这样家里有一个人死了，就不用再派别的人去当兵。马燕的爷爷被绑在马上，被马拖着跑。

这个军官出于怜悯，留下了这个年轻人，让他在军中服役六年。后来，他同军官吵架，游过黄河，参加了共产党的军队。

但是，他的战斗生涯没有就此结束。1950年，他参加了志愿军，去了朝鲜抗美援朝。这期间他一直没有回过村子。

1953年，战争结束的时候，离开十二年后他回到了村子。他骑着一头驴，胸上戴着军功章和大红花。他参军前同村子里的一个十三岁的女孩结了婚，一个孤儿，同他一样也是卖给了大户人家，受到虐待。虽然女孩同他只有一夜的夫妻，甚至不记得他长得什么样，在这么长的时间里也没有他的消息，但是女孩还在忠诚地等着他。但是当地政府的人说她的丈夫肯定是死了，那些1949年胜利以后没有回来的人都死了。她回绝了别人的提亲，希望出现奇迹，而奇迹最终出现了。她问他这么多年为什么没有写信，他只简单地回答："我不识字。"她问他是不是还要她，他说在朝鲜时有过感情上的动摇，他可以在那边结婚，他回来完全是因为她……将近五十年后，他们仍然一起生活在张家树，生了五个儿子，马燕的爸爸是其中之一。

2000年11月5日　星期日

今天下午，我走的时候，我们俩的馒头没有蒸下，我就把门锁上，去给爸爸送药视（钥匙）。爸爸说，我俩把饭吃了再走。我说马世萍说今天要走早一点儿，看路上能不能当（搭）上车。我爸爸给我10元钱，叫我买上几个馒头吃。我就把这10元钱拿到小买（卖）部换开，又给了爸爸5元。剩下5元钱，我和弟弟买馒头吃。我想这10元钱也是爸爸辛辛苦苦挣来的。挣着10元钱，也是血一滴汗一滴挣来的，我怎能随随便便拿爸爸的钱呢？我一定要好好学习，将来考上大学，找上工作。在（再）也不为钱的事烦脑（恼）伤心了。

2000年11月6日　星期一

今天下午我正在看语文书，下课铃响了，同学们都出去玩。一会儿跑来了许多同学，说今天下午要考语文，我的心一下子跳起来了。一会儿马仲红也跑进来说今天要考语文。他们都把课本一拿，说老师出的题是课本上的，一会儿又说是抄卷。我不信，我就继续看我的语文书。上课了，老师两手空空的，什么也没拿，老师说这一节课开班会。我的心一下子好像乐开了花，在（再）也没有那么害怕了。

2000年11月7日　星期二

今天下午是音乐课，音乐老师给我们教的是“小蝌蚪”，这个歌非常好听。老师给我们教了几遍，就叫我们自己唱，我们自己唱了一会儿，音乐老师就一个挨一个地叫着唱。唱完，音乐老师问谁唱的（得）好，同学们都说李小燕、白雪、马仲红、马小军等唱得好。音乐老师又把我弟弟叫起来说，你给同学们唱唱，叫同学听，你们说好不好。同学们都说好。弟弟站起来就开始唱起来，唱得非常可笑，热（惹）得同学们都哈哈大笑。今天我弟弟好像不像我以前的弟弟了，他唱歌简直像闹笑话一样。我读了这么多天书，一个星期只能教一首歌。这首歌是我最喜欢唱的一首歌。

2000年11月8日　星期三

今天早晨，天气很好，我们上自习。爸爸从老远家里给我们姐弟俩把馒头送来，叫我姐弟俩吃。放学了，我和弟弟去赶集。爸爸已在市场上等后（候）。我问爸爸你为什么叫我俩，爸爸说叫你两（俩）来今天好好的（地）吃一顿。爸爸把我俩领到饭店里，买了两碗肉面饭，叫我两（俩）吃。我俩吃完饭，爸爸又买了些苹果叫我俩吃。我望（往）上走的时候，碰上我大舅、舅妈、二舅、二舅妈、三舅、外公，都问我今天也下来了，我说是。他们也没把我姐弟俩领到饭管（馆）里买点吃的。我想了想还是亲人好啊！如果没有亲人，也没有别人，你就像一个孤儿一样，没有人照顾你，也没有人疼爱你。还是有亲人好啊！可以得到亲人的一份爱。

2000年11月9日　星期四

今天下午天气很好，下午最后一节课是自然课。上课了，同学们都跑进教室里，我和马世萍还在后面磨赠（蹭）。我一看自然老师进来了，我就飞快地跟在自然老师的后面跑进去，我刚进去，他们就上课起立了。我就赶紧跑到我的座位上，听课。课上完，自然老师把作业发下来，给我们把作业布置了。说你们把作业做上，不要离开学校，你们的语文老师还要给你们说话呢！我的心一下子跳得利（厉）害了。我还以为是考试，原来是要做同步练习。明天早晨，说是从什么地方来的人要检察（查）作业。看我们的工作搞的（得）好不好。

2000年11月10日　星期五

今天下午，放学回到家，妈妈给我姐弟俩做了点面条吃了。爸爸在外面活（和）煤。我俩就到奶奶家去转转。到了奶奶家，奶奶家里没人。我就问我五叔的大女儿，马小情，她告诉我奶奶和爷爷在给牛挣（整）草，我俩就去帮爷爷和奶奶。草挣（整）吧（罢），爷爷给牛喂草去了。奶奶把我俩领到厨房里，把他们蒸下的馒头和土豆端上来叫我俩吃，我就拿了半个馒头吃，弟弟就顺手拿了个土豆吃。我看到奶奶白发苍苍，快80岁了，还给五叔家干活。爷爷也快81岁了，也给五叔家干活。但如果是有知识的老人，他决（绝）对不用干。我们老了，就是享福的时候，哪有老人还服侍他们年轻人的？我想现在的人不读书是不行的。在（再）不要像爷爷奶奶那样，一只（直）干到老，还享不到一点儿福啊！

2000年11月11日　星期六

今天下午，天气很冷，爸爸赶集回来了。爸爸把拿的带（袋）子放在地上，就上了炕。爸爸做（坐）在炕上说，今天的天气真冷啊！冬（冻）得连手都出不来。我就说带（袋）子里装的是什么，弟弟一下子跳下去看，里面装的是棉袄和毛衣，还有磁（瓷）砖，就问这是谁的棉袄和毛衣。爸爸说是你姐姐你哥哥的。弟弟一下子就哭起来。爸爸就给弟弟说，到下一集爸爸准给你买，弟弟不哭了。我妈妈又加上了几句话，不好听，弟弟又哭了。我想妈妈今天肯定得了什么病，不然怎么会说出这些话来呢！

2000年11月12日　星期日

今天下午，马世萍、我、弟弟，我们三个望（往）学校里走，走到虎家村那个路上，有五六个大男孩，他们问我们三个去那（哪）里，我弟弟就回答说，走到预旺读书去。他们问我们几年级，我弟弟就说你们问这干什么，他们几个一下子就不对头了，几个小男孩就拿起石头，任（扔）着打我们，几个大的男孩就骂我们。我们几个就赶紧跑，跑到山沟里又有几个放羊的人，我的心里又害怕起来。我仔细一看，好像是几个大人，我的心才不跳了。不然我的心一只（直）在跳，我的手像洗了一样，就那么的湿。

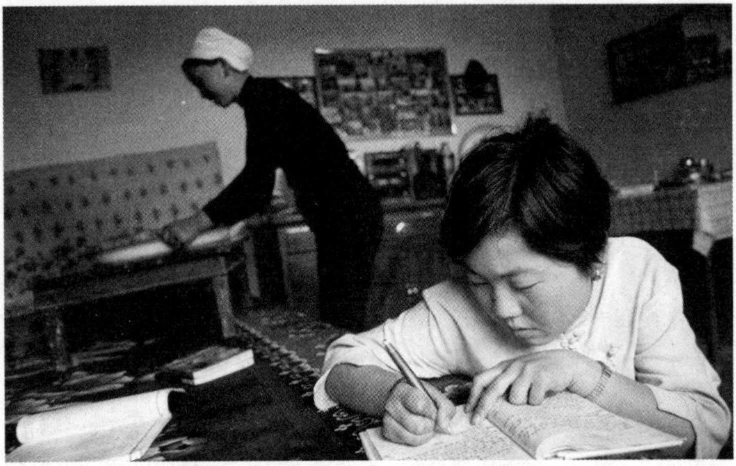

宁静的星期天，妈妈在做饭，马燕在炕边写日记

2000年11月13日　星期一

今天下午，天气很好。最后的一节课是班会。老师叫生活委员安排我们打扫卫生。生活委员叫男生扫院子，女生擦玻璃。马静、马冬红、李青扫地，她们扫吧（罢），我就去拉土。我一拿起那笤帚和铁乔（锹），我就想起我在家里扫地的时候，也是这样的。我想起第一次妈妈教我扫地的时候，她给我说，扫地的时候，先把水洒上，再凉（晾）一会儿就开始扫。妈妈捉（抓）着我的双手，说我要把腰弯一下，扫起来比较好，不qiàng（呛）人。我到现在还记得清清楚楚，也没望（忘）掉妈妈给我说的每一句话。

2000年11月14日　星期二

今天下午，天气很好，最后的一节课是音乐课。音乐老师进了教室，班长就说起立，老师好，老师又说同学们好，做（坐）！今天我们的课是“小鼓响咚咚”。老师给我们教了几遍，教（叫）我们自己唱。我们唱得不好，老师又给我们教了几遍，说你们下去唱就可以了。听说你们这一周要期中考试了，是不是？同学们说是。音乐老师教（叫）我们复习，明天好考个好成绩。我听到这一句话，我好像得到了妈妈的母爱。

2000年11月15日　星期三

今天下午，下着大雪。第一节课，数学老师从教室外进来说，今天下午我们期中考试。我的心一下子跳了起来。数学老师把卷子发下来。我看着很好做。老师说，我念你们做。我做着做着，就不会做了。填空的几道题没做，简便运算，文字题的一道题，应用题的三道题，都不会做，都糊理（里）糊涂地做上了。下课了，我就问同学，问谁的都和我不一样。妈妈，你对我这次的希望消失了。以后我在（再）给你取个很好的希望，妈妈您看行吗？妈妈，我以后一定给你取个很好的成绩回来。

2000年11月16日　星期四

今天下午第一节课和第二节课都是作文。上课铃响了，同学们就陆续跑进教室。老师也进来了，说，你们这两节复习。到下一周来，我们期中考语文。一提起考试，我就想起昨天考数学的事来。老师把卷子发下来的时候，我一看一张卷子很好做。我就开始做了起来，做着做着我又不会做了。语文老师一提起考试，我就没心情读书了。你们想知道这是为什么吗？这是因为昨天我去过数学老师的房间。他的外zhí（侄）女，还有他两个双包态（胞胎）的儿女在对我的卷子。我的卷子一共错了八道，一共才做了几道题，就错了八道题，你们说我的心情能好吗？一看雪白的卷子，我好像在地上，白雪好像在天上一样，我的距离好像一下子减少了许多。我好像没有在这个世界上生存过。

马燕和弟弟在自家厨房

2000年11月17日　星期五

今天黄昏时候，妈妈给我热了点水让我把头洗一洗。听妈妈说奶奶有病，弟弟就去奶奶家，看奶奶的病好了没有。水热了，我在洗着头，弟弟就抱着头过来了。妈妈问，你到奶奶家去了吗？把你奶奶看了没有？弟弟说没有。妈妈问，你为什么不去看你奶奶？弟弟就回答说，我爷爷在李洼子寺上出了点油香（油饼），我和马义廷到那个门台沿子上，爷爷就骂我俩，这么冬（冻）跑过来干什么来了。弟弟就说看我奶奶来了。爷爷就说你奶奶好了，你们赶紧回去吧！要冬（冻）死了，弟弟就回来了。妈妈就骂爷爷，叫人疼他怎么疼呢？我想妈妈骂错了。爷爷本来天生就是这么一种人，说好他不知道个好。妈妈一骂爷爷，我的心里就非常难过。怎么没有一个儿媳能体会他的心思呢？他本来就是这种人。我希望以后在（再）不要听见别人说我爷爷的闲话了。

2000年11月18日　星期六

今天下午天气很冷，下着大雪，刮着大风。爸爸赶集回来了。爸爸买了两袋面。袋子里还装着些什么，我不知道。爸爸进了屋，把袋子放下。妈妈从袋子里掏出一些蔬菜，有蒜、有辣面子等等。妈妈在（再）往袋子底下一看，里面还有两三斤肉。妈妈就问爸爸，你今天怎么想起买肉来了呢？爸爸说今天孩子们都在，我们聚一聚吧！孩子们在学校里是吃不好的，所以我就买了点肉叫孩子们吃。妈妈就做了连汤饭，我们吃。妈妈吃着吃着就说，肝子当不了肉，侄儿当不了后，儿要亲生呢，树要根深呢。妈妈说的这句话的意思我想了好久，也不知道这句话的意思是什么。

2000年11月19日　星期日

今天下午我们走的时候，弟弟就提起星期五的事情来。爸爸和妈妈听了之后，妈妈就叫爸爸送我们几个去。爸爸就把我俩的干粮背上，弟弟把我俩的书包背上，我就把弟弟的衣服和鞋背上，我们就出发了。上了原（塬）头，爸爸的耳朵冬的（冻得）通红。我没有管。又走了一会儿，我看见爸爸那一步一步的脚步声和爸爸皮鞋上的雪，我就想起我的成绩来。我怎么能对得住爸爸送我的路程呢！爸爸怕我和弟弟在路上受别人的欺负。我以后要好好学习，将来考上大学，找上工作，我要把我爸爸送我的路程报答，好让爸爸妈妈下半辈子过个幸福的日子。

2000年11月20日　星期一

今天早晨，也就是第一节课，是自习。语文老师进来说：你们好好的（地）复习，下一两节课我们考语文。同学们都在紧张地复习。到一两节课的时候，语文老师进了教室，就把卷子发下来。我看着很好做。我就做了起来。我做的速度非常快。我在做的当中，我想我一定要给爸爸妈妈争气，一定要把第一拿着回来给爸爸和妈妈看。到了受（收）卷的时候，老师要卷，我就把卷子交了。别的同学也交了。我就问别的同学打√打×的有几个，同学们说三个×一个√。我想我又错了。爸爸和妈妈对我的希望又消失了。

2000年11月21日　星期二

今天下午，也就是最后一节课，音乐课。上课铃响了。音乐老师走进教室，班长说起立，老师说坐下。老师就抄歌词题目。第一个是“我有一只小羊羔”。老师抄着抄着，就把头贴在黑板上。老师好像有病，快要抄不下来了。第二个是“捕（拔）浪鼓”。老师把歌词本给虎至民叫虎至民抄。自己就座（坐）在我们语文老师的椅子上。病好像很重，快要叠（跌）倒下来。虎至民把歌抄上，音乐老师就给我们教了几遍，老师叫我们自己唱。我们没有唱会，老师又给我们教了几遍说，三班的马绘萍唱得非常好。我知道这句话的意思是我们要向她学习。老师在讲台上辛辛苦苦地给我们教了多少遍，我们还不会唱，这就对老师不公平。老师有病，都赶来给我们上课，都是为了我们将来接好班。

2000年11月22日　星期三

今天下午最后一节课的上课铃响了，语文老师走进教室，说写作业。一会儿又进来说把作业都收下去，这一次我们玩少队，虎至民是组致（织）人。他说谁就是谁，把马世萍叫了起来叫她唱。她不唱，我绝（觉）得非常高兴。你们要问我为什么高兴，因为她曾经笑话过我，说我唱得就像是猪狠（哼）。今天老师把她叫起来，唱得比我唱得还难听。老师把我叫起来，叫我唱“梦中的蝴蝶”。我唱吧（罢），同学们都夸奖我唱得好。能当一名歌性（星），我的心里非常高兴。从今天起，我才有了唱歌的信心。我尽力地努力，能把歌唱好，在（再）不要听到别人说我唱歌像猪狠（哼）了。

2000年11月23日　星期四

今天下午放学，我正在写作文，弟弟已经把饭打来了，正喊我吃饭。有好多同学在教室里羡慕我说，你的弟弟真好，把饭打来，首先叫你吃。你吃剩下，他在（再）吃，吃完他把水挑着来你才洗。我的心里真高兴。可是今天弟弟把饭打来，没有菜。我就在弟弟的前头吃，你们想知道没菜怎么吃呢！是甜[①]（淡的意思）吃。我吃着吃着，我的眼睛好像都挣（睁）不开了。也快吃了一半了，我的姑姑给我挟（夹）了点菜。我就吃了一嘴，然后放下给我弟弟吃。这时候，我才知道什么叫作亲人，什么叫作母爱。

2000年11月24日　星期五

今天上午，爸爸和妈妈来到学校看我和弟弟，还给我俩拿了点米，叫我俩交给收米的老师。上课铃响了，我就进了教室。到了下午放学了，我和弟弟就跑到街上去。我俩下去的时候，爸爸和妈妈到姥姥家去

---

① 甜：淡的意思

看姥姥，听说姥姥有病，所以就去了。就给了一块钱，叫我俩下来买点苹果，吓（下）着吃馒头去。当时我的心里非常难过。你们要问我为什么难过，因为今天上午爸爸妈妈来给我说，回去只（之）后给牛点料吃。我没有答应。今天回来我给吧（罢），我一看我的手裂得害怕人。这时我心里想，我今天才给了一顿，手就这么丛（皲）。妈妈天天给牛喂料，她的手那么丛（皲），还不是为了我们姐弟几个以后的事业？我的心里一想，我就感动的（得）说不出话来，只有流泪。爸爸妈妈你们回来吧，我需要你们的爱。我错了，行吗？你们快回来吧，我想你们。爸爸妈妈回来吧！

2000年11月25日　星期六

爸爸妈妈说，今天回来，我们姐弟几个就起的（得）早早的。我们起来，给牛拌了点料吃。我还给我们姐弟几个做了点饭，吃了，我们几个就坐在炕上，看电视剧。电视剧看完了，我们几个就在外面玩。玩了不大一会儿，太阳已经落下了山坡。爸爸和妈妈还不见。我们姐弟几个就做了点饭吃了。两个弟弟就在屋里看动画片。我急得就在外面乱窜。弟弟看吧（罢），就去叫三伯伯的女儿马小梅来给我们做伴。我们谈了一会儿自己的心里（话）。我们几个拖（脱）下衣服，默默地睡在炕上。家里没大人，是不行的，小孩到多活（会儿）都是小孩。爸爸和妈妈去了姥姥家，我就没法过了。我还是希望爸爸妈妈早点回来为好。

2000年11月26日　星期日

今天下午，我们回到学校里，诉社（宿舍）门还没开呢。只来了马娟一个人。我们几个就到诉杜（宿舍）门前座（坐）下。不一会儿，马月花来了，说你们怎么不进去？我们就说门还锁着，她就说我能进去。我说你怎么能进去？她就说我有药视（钥匙）。她把门开开，我们进去，把书包放下。我们就把书打开看。不一会儿有一个人骑着磨（摩）托带杨小花进了大门。进了诉社（宿舍）门就问，你们的lú（炉）子着着吗？我们就说没有。他就把上衣拖（脱）了，给我们掏（搪）起lú（炉）子来。我想这是谁，怎么给我们掏（搪）炉子。我一问，原来是杨小花的爸爸。他是一个热情好客的人。他如果逝世了，一定能进天堂的。当然，这是我吓（瞎）想的。

2000年11月27日　星期一

今天下午，也就是最后一节课，班会，老师让我们打扫卫生。别的同学有的扫院，有的大扫除，有的在玩跳皮筋。我就在教室里写作业。生活委员说，你到外面去。我就出去。一会儿地扫完了，我就进来又写。他又喊我出去擦玻璃。我就出去擦，擦玩（完）以后，我就进来写作业。他又喊我拉土。他喊，我不答应。他就到我的跟前打我，我又没管。他越打越力（厉）害了。我就拿起那个小条子，在他的脸上打了一条子。我就去拉土。我越拉越气。我想，我明天假如当上一名很好的警察，他犯了罪，我就要把他捉住，枪毙。

2000年11月28日　星期二

爸爸、妈妈，对不起，为什么一开始就说对不起呢！因为今天下午，也就是下午的第一节课，写字。上课铃响了，我们的班主任，也就是我们的语文老师从校院外面进来，说，你们把写字本收下去。我们就收下去。老师就站在讲台上说，上一周，我们其（期）中测验了一下，有的同学还可以，大多数同学差的（得）很呢！住校生，你们一周就拿一包馒头和半袋米。你能对得起谁，连馒头和米都对不起。还有跑校生。老师一提我们的成绩，我这高贵的头就抬不起来了。考试成绩还没得到第二名，你们说我这头能抬得起吗？是抬不起的。不过我有信心。到其（期）末考试，我一定能拿个很好的成绩，来见爸爸妈妈。

2000年11月29日　星期三

今天早晨，也就是体育（课）下来的时候。上课铃响了，同学们就急忙解散，跑进教室。我们的数学老师进来了。只见他的手里抱着37个同学的作业和数学同步练习。他一多半没有反（翻）过，少半反（翻）过了。我一看，今天不对头。果然不对头。老师把少半的同步练习抱在手里说，我已经说过了，没做上的就不要教（交）上来。第一个就是李青，老师把她叫起来，叫她到外面去。她不去，就叫老师打了一顿。接着就一个挨一个地打。最后剩了一个了。老师一看是马伏录，就站在他面前，二话没有说，就打了他一顿。我心里非常高兴，因为他有时候打别的同学。今天老师打他，叫他也常常（尝尝）打人的滋味，是好受还是不好受。看以后能改掉打人的毛病吗？我希望他改掉，在（再）不要叫同学们挨打。

2000年11月30日　星期四

今天早晨数学课下来，也就是第三节课，语文课。上课铃响了，（老师）一进门就问谁要（耍）主（珠）子了，班长就说谁谁。老师把主（珠）子收了一把，又说谁在陈老师那里去认字。同学们就都在议论纷纷地说，认什么字。老师就把那个字写在黑板上，突然我身后的小红说，马静到陈老师那里去了。老师就问马静，马静给老师解释了一下。老师就上课了。二十二课《金色的鱼钩》，老师说他读，我们分析提（题）意。老师读着读着，我的眼泪不由自住（主）地就流了下来。因为我爷爷也是一个抗美员（援）朝回来的老红军。他也走过草地，跨过雪峰。他就像老师讲过的课文中的老班长一样，坚持（到）最后的胜利。我为我爷爷的坚强骄傲而流下了眼泪。

2000年12月1日　星期五

今天下午放学了，天气非常冷。我们俩就拿上行利（李），走到集上去。我俩到集上的时候，那儿还没有来车。我们俩又找了一会儿，我看见，我们那儿来了一个（辆）车。我俩就坐在车上。我想坐车好坐，下车可又难啊！因为车司机要钱。今天我们家的大人没有来。我们俩没钱，所以下车难下。我还没想吧（罢），妈妈就来到我俩的身边，说，哎哟，你俩冬（冻）死了。我一转身是妈妈，我的心里就非常高兴。妈妈坐在车上，这个车就起身了。车走在路上，风非常的大，冻得我脸通红。妈妈就把手放在我的脸上，我的脸一下子就非常的热。我想母亲对我的照顾是无微不至的。我又想起了我的成绩。回去妈妈问我，我怎么面对她呢？

2000年12月2日　星期六

今天黄昏时候，也就是开zhāi（斋）的时候，我们俩在房里看5点钟的动画片，"太阳之子"。我去看妈妈在做什么，我把门帘掀开，妈妈正在炒土豆，也就是做开zhāi（斋）的饭。我就过来和弟弟们一起看动画片。看了一会儿，"太阳之子"完了。我就想过去帮帮妈妈。我过来的时候，妈妈已经把菜炒熟了，馒头也熟了，只剩下我们几个的饭还没有熟。我就说妈妈我帮你。妈妈说不用了，你快写你的家庭作业去吧。我就过来写。我写着写着，心里想，爸爸、妈妈给我们伏（付）出了多少带（代）价，我们能不能也给他们伏（付）出一点儿待（代）价呢？让他们也过一过快乐的日子和别人关心他们的日子。

2000年12月3日　星期日

今天下午，我把头洗了，准备走，妈妈就说你们先等一等，到两点钟走。今天李洼子进房过niè地（乜帖）[1]，还有后面的寺上也过niè地

① 乜帖：举意，泛指宗教活动。

（乜帖），停一会儿拿来你们吃了再走。我就坐在炕上等着。我忽然听到有人喊我，我就出去看，原来是马世萍喊我走。我就把她叫到我们家里来。妈妈说我弟弟不见了，我就去找我弟弟。把我弟弟找着，妈妈就把我们的行利（李）收拾好，叫我们起身。我邻（临）走的时候，心非常空，眼泪非常的多。走在路上，我在后面，他俩在前面。一会儿他俩又走在另一条路上了。说那条路上有人堵，所以就走了这条路。我也就跟上了，走了不远，弟弟说明天坐车走，我也同意了，只有马世萍不同意。她坚持走下去。我们俩就跟上了。到了那条长道的时候，马世萍说回去，我们就一起往回走，走了一接（截），她说她不回去了，她还是坚持走下去。我俩就往回走。我走了一会儿看她不见，我俩就往下跑。跑了很长的一接（截），还是不见，我就急得大哭。我想马世萍为了在小人的面前争口气，宁死也不退缩，只继续前进。我在心目中安安（暗暗）赞叹。

2000年12月4日　星期一

今天下午放学回家吃饭的时候，别的同学都回去了。白雪、马忠红她们俩写同步练习。我和马静就赶紧做家庭作业。家庭作业做完，我们俩还要去赶集。我去买语文本和日记本，她去买关（绾）头的花儿和手帕。我们在隔壁的小卖部买上，就拿上东西往下走。恰好当（碰）上我舅母，她拿着个大带（袋）子，里面装着些什么？她把我俩叫着站下，说，这是你妈妈给你们姐弟俩待（带）来的棉衣。我把带（袋）子打开。里面还有作（昨）天过下的油香（油饼），也给我们待（带）来了，我的心里非常高兴。今天晚上可以好好地美餐一顿。可我又想妈妈老了的时候，我们能做到吗？但原（愿）能做到。

2000年12月5日　星期二

今天下午是音乐课，也就是最后的一节课。上课铃响了，音乐老师推开教室门，走上讲台说，你们复习，下一周我们考试。同学们都在紧张地复习。我的心就像掉了一样，一提考试，我就想哭，为什么要哭呢？因为我其（期）中考数学和语文都没有达到第一名。我回去告诉爸爸和妈妈。爸爸没有说什么就出去了。妈妈就说，你就这么学吧！看能对得起谁，你连你一周拿的馒头都对不住，还能对得起谁。我想爸爸虽然没说出口，但是我想：爸爸比妈妈还要生气。所以我这次考音乐，我一定要取个很好的成绩，去给爸爸和妈妈看。

2000年12月6日　星期三

今天早晨，天气很好，我们诉社（宿舍）里的几个女生把zhāi比（斋闭）上。同学们就说笑了一会儿，把我们一起买来的香点着了一根烧着。我们就坐在一起说，明天一天，后天在（再）有半天，我们就可以回家了。去叫妈妈做那馒头面条，让我们好好吃一顿。在（再）不要挨饿。听见同学们的这一句话之后，我的心里非常难过。为什么难过呢？因为上次其（期）中考试，我没有得到第一。那（哪）有脸回去吃妈妈做的饭呢？不果（过）我有信心，我其（期）末考试，不拿第一名，也要拿个第二名。

待嫁的新娘。为了给兄弟娶媳妇挣嫁妆，她们通常十五岁就出嫁
宁夏·同心·断头子

2000年12月7日　星期四

今天下午的最后一节课是自然课。自然课上完了，下课铃响了，同学们都出去玩了。我在做作业。我看见教室里一个人影也没有，我把作业做上了，我就做同步练习。突然马小红和马××到我的身边说，你在干什么？马小红还没动，马××就一下子把我的同步练习夺过去。我在写字，一下子把我的字都写错了，同步练习本也撕了，字（自）动笔也坏了。当时我肚子里的气，就是压不下去，直往上走。我就骂。她和我对骂。我气得不骂了，她就走了。我身边的马静对我说，马××生气了。我就对她说生气吧！反正是她的错。在我的心里，好像是我的错。因为她是我的上辈，我的活（火）也发得太大了，所以是我的错。

2000年12月8日　星期五

今天下午放学了，我们三个把东西收拾好。我们赶紧就去赶集。我们走到街上，那儿来了好几个（辆）车。我们就说，转一会儿，还早着呢！我们想，他们回去也还是没干头。我们转一会儿，上来坐车，没有车了。我们三个就上上下下地找，怎么也找不到。弟弟气得就骂开了。我俩就继续找。车没找着，倒把我弟弟掉了。我俩就开始找弟弟，把我弟弟找着，我们就当（挡）了一辆车，他也是我们那儿的。我们三个就坐上。那个私（司）机的父亲说，你们掉开坐，光在我们的车上坐，还能行？这车油从那（哪）里来？说得我气得不得了。我想跳下去坐别的车，可是我们那儿已经没有车了，只好忍着叫他说。车起身了，车的声音把他的声音压住了，我在（再）也没有听见，我的头就底（低）下睡着了。一觉醒来，已经快到家了。到了我们下车的那儿，我就从盒子里拿出一块钱，交给哪（那）个私（司）机的父亲。哪（那）个私（司）机的父亲，好像不由自住（主）地看我。我的心里想，你别把我们学生看成个穷光蛋，学生有福（富），也有穷。你别把我当成一般的学生。我顶你还是照样顶。你别以为学生是不打不骂的人。我这个人可和别的人不一样。谁若是热（惹）了我，我永远都会记在心里的。

2000年12月9日　星期六

今天晚上，我们起来比栽（闭斋）的时候，我就把脸洗了，爸爸也把脸洗了。爸爸就坐在炕上念经，我就帮妈妈做饭。我烧锅，妈妈就挖了点面，活（和）面，做甜面条吃。妈妈就问爸爸吃什么，爸爸就说我和你们一样，也想吃一点甜面条。妈妈就yǎo（舀）了点开水，开始活（和）面做甜面条。妈妈一活（和）面，手就疼。不至（知）妈妈的右手出来个什么，疼得妈妈做不熟了。我想妈妈做不熟了，肯定叫我做。我去帮妈妈做，妈妈说不用，你先去做你的作业吧！作业做不上，明天去肯定会挨打的。我就去做作业。实际我并没有做。有人问你没做，你在干什么。我在看妈妈做饭。她的手那么疼，晚上起来，还要给我们做比栽（闭斋）饭。她是一个多么善良而坚强的女人啊！她常常把自己的大病，当作小病来治疗。把别人的小病当作大病来治疗。在我的心里她是助别人为乐的一个人。她的品格在我心里永远都是高尚的。

为阿訇送饭的孩子。在西海固，大部分阿訇的膳食是靠村里每家轮流派饭解决的
宁夏·海原·蔡家堡

2000年12月10日　星期日

今天下午，妈妈做了点饭，炒了点菜，叫我俩吃了赶紧走，不然就天黑了，走不到是不行的。明天课一旦念不上，要挨老师的打。妈妈把饭做熟叫我俩吃了走。妈妈饭正盛上，我把饭刚端上，正要吃，吃不到一半，我的姑姑马世萍已经到我的身边了。我赶紧叫妈妈给我热菜，装馒头。妈妈把什么东西都装好了，我的头还没洗完呢！妈妈就帮我把头洗完。爸爸妈妈就送我们起身。我领（临）走的时候，心里非常难过。因为我是为了我自己的事业，而爸爸妈妈为什么要为我们而复（付）出这么大的待（代）价呢？难道他们不是希望自己的儿女比别人的儿女过得好一些？不是为了给他们争口气吗？我实中（始终）不明白，希望老师看了至（之）后，能给我解开这个迷（谜）。

2000年12月11日　星期一

今天下午放学了，我和弟弟把作业做上。我问我姑姑马世萍去赶集吗，她说她去。我们三个就一同去赶集。到街上，我问了我五叔叔，我爸爸来吗？他说来，他刚才还碰见。我和弟弟就四处寻找。找来找去，把我姑姑马世萍给掉了。我和弟弟就到菜四（市）场上去找爸爸。听五叔说，我爸爸今天下来挂菜，去做开栽（斋）的菜。我和弟弟就在菜场上找。我们俩把爸爸找着，爸爸把菜还没挂上，我说爸爸你怎么不挂呢？爸爸说，停一会儿菜便谊（宜）了再挂。爸爸就问我俩想吃点什么。我们俩说，我们俩什么都不吃。爸爸就把我俩领到卖苹果的那儿，给我俩买了点苹果，叫我俩下馒头吃。爸爸就转身走了。

2000年12月12日 星期二

今天下午，第一节课下来，同学们都说，最后的一节课是音乐课，说要考音乐。我就到诉社（宿舍）里问五二班的同学。五二班的同学说：“是。”我的心里一下怕起来了。上课铃响了，同学们跑到教室里，音乐老师推开教室门，走上讲台，班长说起立，老师说坐下，我们就坐下。老师说：“今天我们考试。”我的心就像掉了一样。老师叫田宇宙，田宇宙起来唱了。接着，就一个挨一个地往下唱。到了我唱，老师把我叫着起来说，你唱。我就唱“小公鸡爱打架”。唱完，音乐老师说，唱得非常好。我的心里一下子乐开了花。明天回去我可以给爸爸和妈妈个很好的成绩了。

2000年12月13日 星期三

今天早晨的操下来，是我们的自习。老师进来说，你们借着清晨的新鲜空气，背送（诵）第25课“第一场雪”。我们正在背，自习课下了。我们的语文老师走进来了，说，今天我们上25课“第一场雪”。老师把课本拿起来，给我们讲课的时候，我发现今天老师是那么和蔼可亲，讲课很有趣，为人也很有趣。这学欺（期）以来，我这还是第一次看到老师笑。我第一次看到老师和蔼可亲。老师在讲课的时候，我没有想明白。下课了，我才想明白。今天讲的是下雪的情景，讲的课文里有小孩子堆雪人，打雪仗。我想老师在讲的过程中，想到了他们小时候堆雪人，打雪仗。今天给我们讲，老师就想起他们小时候玩得非常有趣，所以老师今天变得和蔼可亲，脸上露出微笑。但原（愿）我想得对，没有想错。

2000年12月14日　星期四

今天下午的最后一节课，自然课。我们的自然老师把课讲完，给我们把题出上，就跟我们谈起来了家务事。一会儿又给我们说，我给你们五一班上课，还要讲。给哪俩（那两）个班，我从来给他们没有讲过。我不信。可是到后来，我问了五二班的李梅，李梅说是的。我这时才相信了陈老师的话。我一定好好学习，不顾伏（辜负）陈老师对我们五一班的一片希望。

2000年12月15日　星期五

今天早晨，我一起来，把眼睛揉了一下，我们诉社（宿舍）的女生都起来了。我就问她们，你们怎么今天起得这么早呢？她们说，你忘了，今天是星期五，是个好日子。我说什么好日子。她们说今天我们可以回家了啊！这时我才清醒过来。我把衣服穿上，把头脸都洗干净了。我就收拾我回去拿的东西，我刚收拾完，上操铃就响了。

2000年12月16日　星期六

今天早晨，爸爸、妈妈、我、弟弟，我们一起都在大房炕上，看9点半的电视剧“儿女英雄”。一集快看完了，我二伯伯的二女儿，小名叫花花。她跑进了说，小妹你送葬去吗？我就问妈妈让我去吗？妈妈说去，我就换上衣服，穿上鞋，和她一起走。我们俩跟着一个老太婆的后面。走啊走，怎么也走不到。我没心去了。可我又想了一会儿，已经走在这里了，干脆一固经（股劲）儿地走吧！我们俩到了那里。听到那个死人的儿媳和女儿的哭声，我的眼泪不由自主地流了下来。

2000年12月17日　星期日

今天下午我们姐弟俩要走，在（再）加上我姑姑马世萍，我们三个。妈妈就坐（做）了点饭，叫我俩吃了走。我们俩把饭吃完，妈妈就给我俩的行利（李）收拾好，叫我俩还有我姑姑马世萍，我们三个走，可是她还不见人。妈妈说在（再）让我等一会儿。又等了一会儿，可是还不见她来。爸爸妈妈就让我们俩走，可是我俩害怕。爸爸就给我俩送了一段路程，叫我俩走快些。爸爸就回去了。我的心里空急（极）了，我只想哭。可是又走了一会儿，碰上我大舅、二舅、老舅他们开着车，说要走我们家里去，舅舅问我姐弟俩需要送吗？我俩说不用。舅舅就开着车走了。这时我的心温暖了，才平静下来。

2000年12月18日　星期一

今天早晨，早操下了，上课铃响了，我们就跑进教室，读课文。突然，我们的语文老师推开教室门，走上讲台，说你们复习第一单元，有可能这一次是同（统）考，学习好的同学还要发奖。我的心里一下急得说不出话来。学习好的同学都在笑口常开，满脸信分（兴奋）地在复习，我和别的几个同学，大概是最差的，都在紧张地看别人复习。我想我这次又会学上次那样，我就没有信心地底（低）下了头。可我猛然想起老师说过的一句话，只要有信心，努力学，肯定能考好。

2000年12月19日　星期二

今天下午放学回家吃饭了，我们同住在一间房子里的同学都出去打饭去了。跑校的同学也回去吃饭了，只有我一个人在教室里写字。你们要问我为什么一个人在教室里写字，因为我今天在分zhāi（封斋），剩了几天了。我想把它分（封）完。我把字写上，我就到我们住的房子。我进去，她们正在吃饭，她们遍（边）吃遍（边）谈，说：这一周可能不放假。我就坐在她们旁边，听她们说话。她们有的说放，有的说不放，有的说星期六放，我听得都不耐烦了。我就说你们要有一个居（具）体的日期来说，不要行（信）口开河。我刚说完，上课铃响了。

2000年12月20日　星期三

今天下午放学了，我就到我们住的房子里扫地。我还没扫到一半，我们的市（室）长马静也来了。她也扫起地来。我说你为什么要扫，她就说帮你。我俩就一起扫。我俩扫完，就坐在床上，马××和马××进来了。她们说我俩今天要洗头。就烧一锅水，洗起来了。我就到外面去写生字。她们俩遍（边）洗遍（边）说我的坏话。我就想进去对她俩打警告。我又想了一想，看在我们多年的老同学的面上，我又没有进去。老师，我要问你，为什么最亲近的人都要说我的坏话呢？为什么每个人都好像对我过不去呢？请老师给我解开这个迷（谜）。

2000年12月21日　星期四

今天下午也就是第一节课，语文课。上课铃响了，同学们就跑进教室里，把社会本拿出来背，说今天要考社会。同学们都急急忙忙地复习，怕考试。同学们正在复习，我们的语文老师拿着凳子还抱着些书来了。他说你们在干什么。我们就说在复习社会，听社会老师说，今天要考试，而且还是毕（闭）卷。我们的语文老师就笑起来了，说，社会吗（嘛），考50分还是60分都是一样的。最重要的是语文和数学。我不知道为什么数学和语文是最重要的，而社会是次要的呢？请老师告诉我。

2000年12月22日　星期五

今天早晨，我们的早操下来。同学们都在说："今天不放假。"我不信，听了一会儿，上课铃响了，同学们就跑进教室。第一节课是数学。我们的数学老师推开教室门，走上讲台，就给我们昨天做下的几道应用题说了一下，就开始给我们上新课，容积和容积单位。课上吧（罢），我们的数学老师就说今天不放，都在下一周放。你们要好好学习，等下一周，我们要进行数学、语文其（期）末考试了。老师刚说完，下课铃响了。

2000年12月23日　星期六

今天下午，我们要考社会课，不知道是第几节考试。我还没想完，上课铃就响了。我们就跑进教室，我们的社会老师就进来了。他手里拿着社会卷。原来第一节课就要考，我还没看书呢！我的心里紧张极了。我怕考不上。得知是开卷，我的心里高兴极了。可我想起妈妈对我说下的一句话，所以我不看书。我要平（凭）我的真本领考。没想到考着下来，我和他们完全一样。我想还是要平（凭）真本领，才能得到真本领。

2000年12月24日　星期日

今天下午，我们的第一节课就是自然课。上课铃响了，同学们就跑进教室。我们的自然老师拿着自然卷子进来了。他把卷子交给坐在一排的那位同学给我们发，发着下来叫我们做，自然老师就走（去）了别的班里了。我就认认真真地做。做了一会儿，我听见教室里吵得很，我就抬头看，原来他们都在抄提（题），我就问他们为什么这么做卷，还不如做作业。他们就说是伏（副）课，是开卷。不管是什么卷，我都不能抄题，我一定要靠真（本）领。

2000年12月25日　星期一

今天下午放学了，我们在这里唯一做半（伴）的人，也就是我们沉（称）呼的姑姑，她要去做（坐）车，我和弟弟就背上书包，准备起身。我和弟弟刚走到大门处，她就喊我们俩，我们俩战（站）下，她就跑着来。我就问她，你为什么不做（坐）车呢？她说，马月花家的车到中学里去了，在路尽头等着上来接她了。所以我就跟着你们走。我的心里就宽敞多了。我们就一起回家了。

2000年12月26日　星期二

今天早晨，妈妈给我们把饭做着吃了，把家里收拾了一下，就给我顿（炖）了一锅水，叫我洗衣服。水热了，妈妈就喊我洗衣服。我把水倒到盆子里洗。洗了还不到两件衣服，我们家就来了许多人，还有我奶奶也来了。她们在屋里连说待（带）笑，快要把屋子震落下来了。我洗着想，还是家里欢乐啊，有多少痛苦，都可以解开的。

马燕在学校操场上

2000年12月27日　星期三

今天下午，我们把午饭做着吃完，我就到外面去散步。我二伯伯的二女儿小名叫花花，关（官）名叫马军，她来喊我，去奶奶家吗？我就问去奶奶家干什么。她就说什么都不干。我就说，那你去奶奶家还是待在自己家都是一样的，为什么要去？她就说她非去不可，我就换上衣服，跟她一起去奶奶家做客。

2000年12月28日　星期四

今天早晨，妈妈有病。我就把家里的活都干了。我给妈做了点面条叫妈妈吃了，我又给我们几个做了点黄米饭了，吃完，我把锅收拾了。我们姐弟几个就出去玩了。

第二部分

2001年7月3日—2001年12月13日

这一部分日记与前面的日记间断了六个月。这六个月里，马燕面临辍学，但她还在继续写日记。马燕的爸爸马敦吉习惯用孩子们用过的本子卷烟，马燕的日记也未能幸免，日记里断断续续的内容缺失，是被当作卷烟纸抽掉了。这一部分是在认识韩石与何岩萍之后写的，所以日记中称呼的“叔叔阿姨”即指韩石与何岩萍。

这一部分日记正文，保留了马燕日记原文中的错别字，并在别字后括号标注了正字。

2001年7月3日 星期二 晴

昨天，我从同心（县城）考试回来，我是第一次走同心，但（如果）不是我在同心考试，困（恐）怕我一辈子也看不到外面的世界。夜里，我和我最好的同学一起住了，到了早晨，我就起得早早的。到集上找我们村上的车，我们村上的人都说来呢，可是我怎么也找不着。我就坐在市场那边的门口等父亲。父亲也不见，车也碰不上，我就含着泪水，到学校里取我的被。我到陈老师那儿取钥匙，开宿社（宿舍）的门取被。可惜，陈老师不在，我只好到宿社（舍）门前去翻窗子了。我知道，这是一种不好的习惯，可是没有办法。

我不得不这样做，我把被取出来的时候，泪水就沾满了衣裳，别家的孩子一到放假，父母就来给搬东西，而我呢？带着一种不好的习惯去取被。走到路上，太阳恨不得把我燃烧起来，把我的眼睛照得都睁不开了，背上的汗就像倒了一桶清水洗过一样。我不知道这是太阳毒辣，还是我背的东西太多了。到了集上，我终于碰见了我们村上的一辆车，我就把所有的东西放在车上，就到市场上找我父亲。父亲没找着，却碰见了我的三舅舅。他问我，你饭吃了没有，我说没有，舅舅就说咱们到哪儿去上（吃）饭。到那两个媳妇跟前，一个媳妇喊这边吃，一个喊到那边吃，我就进了这边的小屋。那俩（两）个媳妇就吵起来了。我在这边吃饭的媳妇说：“这女儿经常在我这儿吃饭。”当时我就惊讶了，我这学期跟（根）本就没有吃过饭。饭吃完，我的心里就不是滋味。以我的理解是家庭贫穷，她不得不这样做。如果经济多少好一些，她也不可能这样做。

2001年7月4日　星期三　晴

今天下午，我和妈妈到奶奶家去看望他们老夫妇。一进奶奶的大门就望见了爷爷，爷爷坐在五叔的门口在给五叔看孩子，我就进了大门，问问爷爷我奶奶呢？爷爷说在大窑里呢。我就飞快地跑下去，以为奶奶在做什么好吃的呢，一进大窑首先迎（映）进眼帘的是奶奶那白发苍苍的头发露在外面，身上满是土，我走进（近）一看，奶奶在土地里朝上翻草，我就问奶奶你这是干什么呢？奶奶说驴没有一点儿草吃了，她在给驴翻草呢。我就低下了头默默地想，我到这个世界上有什么用？有工作的还给祖国做点贡献，而没有工作的一天到晚就知道吃、睡。我奶奶到这个世界上大概有七八十年了，为何她就没有一点儿幸福生活呢？也许是我奶奶得罪了上天，也许是我奶奶的命苦，她生下来五个月母亲就不在这个世界了，她一直被外婆养大。和我爷爷接（结）为父（夫）妻，过他们的生活。

下地归来的一家人
宁夏·同心·旱天岭

2001年7月12日　星期四　晴

今天早晨，大概10点钟时，四大婶到我们家来做客，我就在坑（炕）上学画画，妈妈就在屋外学交（铰）鞋样子。四婶不知对我母亲说了些什么，妈妈的脸一下子沉了下来。我把画画好，就给我母亲和四婶看，看完我就拿了回来。母亲就让我去叠被，我就去，四婶就回去了。母亲就开始嚷起来，说，谁谁的学习平时是怎样的，你平时是怎样的，她们能考上，你却不能考上，我真体（替）你害sào（臊）。你太让我失望了！我在山里下的是怎样的苦，你知道吗？现在有人赞住（助）你，你更加高兴，更加有力量，更有信心去考，你现在给咱们就这样把试给考完了。我如果是赞住（助）你的，我也会心寒。母亲说到这里，我的眼泪不由的（地）就流了下来。

2001年7月13日　星期五　晴

今天下午我们在地里割麦子回来，母亲就把手洗了，去做明天地里吃的馒头，父亲就坐在门坎上卷烟抽，我就去洗头发，两个弟弟就往院里铺塑料。你们要问我为什么要在院里铺塑料，因为我们要在外面睡，屋里太闷了，所以要在外面睡。母亲把馒头蒸熟了，她就喊父亲进屋吃馒头，我也跟了进去，就把下午剩下的黑面饭盛了一小碗就吃，吃完了我又想盛一碗，可是我那小弟都给吃完了，我就问母亲，我可以吃一个（馒头）吗？母亲说明天吃吧，今天不能吃。我说吃一个小的，母亲还是不让。我就出来睡在外面，看着天空的星星想，是不是我没有考上女中，母亲还在生气呢？我开始责备母亲，连夜里的饭都不给吃，我偷偷地流下泪。后来我又想了想，母亲生气也有生气的原因，她在外黑水汗流地下苦，是为了什么呢？还不是为了我们的学习，长大能有一个好的事业，能有一个幸福的家庭？这回考不上女中，我下决心，这三年出来，一定要把高中考到县城，决不辜负父母对我的希望，还有国外的叔叔阿姨，我一定不让您们失望。

2001年7月14日　星期六　晴

今天下午我刚刚睡醒，刚起来，我们这村庄有一个有钱人，他就是马××，人们常叫他老干，因为他特别干，所以人们叫他老干。他的儿子到我家来找我的父亲，他说他父亲找我父亲去包麦子，父亲就去了。回来我就问包下了没有。父亲说包下来。我们全家人就到地里给他们割麦子，他们说一共15亩地，以（依）我看有16亩地，我们就这样下地了。我们割着割着，母亲就站起来说，把这些麦子割完了，就给你姐弟三个每人10元钱，你们到集上想吃什么就吃什么。我高兴得跳起来了。可是我忽然看见，在我眼前考上女中的同学，我的心不知哪里丢了，只是望着某一个同学。我好像眼花了，我看到那山、地、天都动了。妈妈看见了，就喊我，你怎么了，我说没什么。我又蹲下来想，我有什么自（资）格，到集上去吃好吃的呢？连一个比较好考的女中都没有考上，还有脸去吃好吃的？

2001年7月15日　星期日　晴

今天下午4点钟，我们午休起来，母亲就去做饭，我就帮母亲生火，饭做着吃了，我们一家就上原（塬）割麦子。到地里我们就开始干活了，我们割了一会儿，母亲起来就捆好麦子，母亲捆完，就坐下来说，她的病好像又发作了，妈妈就坐在麦子上。我们父子就割，我看见母亲那两眼泪花，疼得满脸是汗，眼球都红起来，她只是抱着肚子。父亲就喊母亲回去，母亲说要和我们一起走。我就低下头想了想，母亲带着这么重的病到地里割麦子，这是为了什么呢？还不是为了我们。让我们不再像她们这一辈子，苦下去，过不上一个幸福的生活。可我呢？却给母亲争不上气。国外的叔叔阿姨你们说这是为什么呢？请求你们给我一个正确的答案，好不好？

2001年7月17日　星期二　晴

今天早晨我们在地里割麦子，我的腿不知怎么了，痛得非常历（厉）害。我就坐下来割，母亲就骂我，你怕太滑涨（帐）了吧？弟弟就接过话头说，读过书的人都滑涨（帐），你看那一个同学怎么样，站起来要站50分钟才割呢？母亲又接过话头说，那位同学虽然滑涨（帐），可是她给父母的气争上着呢，她有这个本事考呢，而你们呢？太让我失望了。这时，我不知哪里来的眼泪，在不停地望（往）下流。我想母亲太过分了，说过一两回就算了吧，可是她三反（番）

五次地说，你们说我能受得了吗？这也不怪母亲，都怪我自己，如果我考到女中，母亲也不会说出这样的话来。母亲也有自己的苦处和难处。她没命地在外面打工，就是为了我们上学，由（尤）其是我，我在这村干啥都是不错的，在学习上超出我的人也很少，所以母亲想让我考女中。我这回令母亲失望了，你们说母亲能不烦吗？以我的理解是肯定烦的。

2001年7月28日　星期六　晴

今天下午大概是3点左右，由于妈妈有病，不能起床，我和弟弟就到处找了点治疗这病的良药。回来我就给妈妈往肚子上做，还没做完，只剩下一半了。我二哥——马义武来了，他走到屋里就坐在炕上，看上去好像很烦。妈妈就问，你的工作找下了？哥哥说：工作好找，可是要要钱，有两千块钱，就可以进公司工作了。现在关件（键）是钱，可是我们家没有钱，只得回来，在（再）过几天，我要出去打工挣钱，钱挣上了，再去找工作也不迟。我就坐在凳子上，看着他泪眼汪汪的眼睛，好像是要爆发起来似的，再看他那狰狞的面孔和头上的白发，我的心都碎了。为什么两代军人没有一个工作的，到如今孙子考上，又没有钱，又找不上工作，我想老天爷肯定是瞎了眼了，只帮那些胡作非为的人的忙，根本不管我们这些善人的死活，上天这是不公道啊！现在我不知道我二哥去了何方，我真希望让他早一点找上一个合适的工作，这样一来，我就心满意足了。

2001年7月29日　星期日　晴

今天下午，我把饭做着吃了，妈妈就喊我的小名“哈哈”，你把带（袋）子拿上去给驴砍草去吧？我就一个人出发了。太阳火辣辣地照射着我，不知我哪里得罪了上天，上天竟这样惩罚我，我的脸都快要被太阳晒焦了。走在那山坡上，晒得我连眼睛都睁不开。这时，我想怕是我妈妈在惩罚我吧！在山坡上连一个人影也不见，只是我一个人在山坡上给驴砍草。干旱几年了，山坡上又没有草，我就拿起了刀，眼泪止不住地往下流，妈妈竟这样惩罚我。我一旦考到女中，妈妈也会让我两个弟弟陪我的，女中没有考上，到头来，只苦了我一个人。不过在（再）苦在（再）累，我也不怕，我要勇敢地去追寻我的理想，追寻我拥有的一切，不知我的理想能不能成功。

2001年7月30日　星期一　晴

今天下午我写日记的时候，找我的钢笔，可是它不见了，我就问两个弟弟见了没有，他们说没有，我就在昨天写日记那儿找，也没有找着。这时，我就问母亲，你见了没有？母亲说，她看我把笔、本子都放在炕上，她怕我丢掉，就放抽屉里了。可是我怎么也没找着，我的心都碎了。你们也许会笑，一支钢笔，没什么的，还会值得你去伤心吗？你们不知道这支钢笔的苦处，是我两学期积攒的令（零）花钱，没有花，就买了它。我看着别的同学每人有两三支，而我连一支都没有，我任（忍）不住买了一支，这支钢笔的苦处其实就是我的苦处。母亲给我钱的原因是我没有馒头，一天到晚，只吃着两顿黄米饭，她给我钱就是让我买上几个馒头吃，我硬挨饿，把钱给积攒下来了，就买了它。为了这只钢笔，我不知吃了多少苦，不过现在我还有一支，是我们在过"六一"的时候，我是"三好学生"得了一支钢笔。现在我不却（缺）钢笔，可是那支钢笔给我留下了深刻的印象，它让我学会了什么是艰苦的生活，什么是幸福的生活。每次看到它，我就像看到了母亲。她好像在鼓励我，你要好好学习，争取考到女中。可是我令母亲失望了，我真没用，在学校里过着牛马不如的生活，到如今连个女中都没有考上，活着还有什么意思呢？不过我有这个信心，一定要成功，找一个理想的工作，这样我就心满已（意）足了。

2001年7月31日　星期二　晴

今天下午俩（两）个弟弟要看2点58分的动画片"菲菲"，我就把电视机打开让俩（两）个弟弟看。妈妈就坐在大树底下的电线杆上洗衣服，她一听好像有什么声音，我一看不对头，就把电视机的声音往小里关了一下，但妈妈还是仔细地听着，妈妈一旦听出来会要我们姐弟三个的命。我们都紧张起来，还是继续看，我想把电视机关掉，可是俩（两）个弟弟实在是太喜欢这部动画片了，我一旦关掉，他们就不理我了。我就陪着他们俩看，妈妈把电视的声音听出来了，她把衣服晾下，就大步跨进屋把电视机关了，然后伸手去打俩（两）个弟弟，俩（两）个弟弟拔腿就跑了，只剩下我一个还在凳子上坐着。妈妈就开始骂起来，你们哪还有什么脸看电视。

劳动后，在山坡上小憩

2001年8月4日　星期六　晴

今天早晨，爸爸去犁地了，没人给爸爸送馒头去。弟弟就说他去，要我去给驴砍草，我就拿起背篼和镰刀去砍草去了。走到四叔那儿把我小弟喊了一声，我俩就出发了。我俩走了不远，后面又来了几个小孩子，和我们走到一起了。我们就各砍了一袋子，说说笑笑地往家里走，他们好像都很开心的样子。我想，他们的心里想我这一天的任务完成了。回去，该玩耍了。他们竟这样昏昏沉沉的（地）活下去吗？就像今天这样。我一定好好学习，长大让他们过上一个好日子。再不要像我们家以前，天天为了钱的事而烦恼。他们不读书，我就让他们种草，养牛羊，这样一年的收入，就足够他们生活了。哎，也不知道我能不能成功，就把下辈子的生活已经安排好了。希望能成功吧！

2001年8月5日　星期日　晴

今天下午，爸爸妈妈割胡麻回来，就睡在炕上睡着了。我就下去给驴饮了水，添了一些草叫它吃。我进来一看父母睡得非常甜，我就没叫他们，去找了些棒和柴，还找了些牛粪，都拿到炉子跟前，把炉子里的灰拨出来，倒了，就去生炉子。炉子生了好半天才生着。再生一会儿，我看我就要死了。这时，我才知道妈妈做饭的辛苦，特别是叫人生炉子，我生了这一次，都快要死了，不知妈妈怎样熬过这几十年的生炉子和做饭。我从7岁就开始做，做了好几年了吧！生炉子也生了几次，都是我和弟弟两个人在生，可今天呢？只是我一个人在生。生着了，我就做饭，饭熟了，我就把父母喊醒来吃饭。在吃饭的时候，妈妈就讲起了自己年轻时的为人，她讲起那时候的事，人听起来都有一种舒服感，想起来都很开心，妈妈笑得好像眼睛都在笑。希望妈妈一只（直）这么笑下去，不再有伤心和烦恼的事了。但愿我妈妈的愿望能实现。

2001年8月9日　星期四　晴

今天早晨，俩（两）个弟弟去给驴砍草去了。爸爸就打场。妈妈有病，留在屋里，我就去生火做饭。火还没有生着，两个弟弟就把草砍着回来了。我问你们俩怎么这么快就砍着回来了呢？他说今天我有兴趣，我一会儿把饭吃了，我姐来喊我们俩到王寺洼去砍草去呢。不一会儿我把饭做熟了，姐也来了。我就给我爸妈把饭盛上，就给姐盛了一碗，她不吃，我就顺便给了弟弟。我们就坐在我们新盘的场上，说笑话，姐说她们这回拾发菜可欢了。五叔的婶奶奶在山头上拾着拾着就唱起歌来，不一会就连唱带跳，山头上的人都不拾发菜了，只看着她的节目。把这些人都xī（吸）引住了。人们说这老太婆老了，心情还是这么好，性格还是这么开朗。这是人们的理解，而我的理解是一种痛苦悲残（惨）的理解。你们也许会问你怎么知道？我妈妈就是干这行的。她拾了一辈子发菜，一直拾到老，可连一件好衣服都没有穿上，就要挣钱给儿子找一个合适的媳妇。到如今又是这个下场，您说她能不跳吗？在（再）不跳就来不及了，她也快60岁了，还在山里干活，你们说能不痛苦吗？有钱人家吃喝玩乐地死去了，就是幸福地死去了。没钱人家就是含着泪水过日子。

到如今死了，就痛苦地死去了。这是我的理解，不知你们怎样理解。

发菜

同很多的中国农民一样，土地上的劳动不能够养活西海固这个三角地带的人。发菜——发财，一个发音上的文字游戏使那些最穷困的人找到了幸福。发菜是一种生长在中国西北的野菜，长得同头发丝差不多。发菜的谐音是发财，中国人过年的时候都会说“恭喜发财”。广东人和香港人因为发音上的近似而迷上了发菜，他们认为吃了发菜能够带来好运。从九十年代开始，他们大量消费发菜，把发菜做成汤或凉菜。没有什么营养价值也没有什么味道的发菜的价格因而飞涨。

南方人出于迷信而产生的对发菜的热情让成千上万的农民得以生活下去，其中包括马燕的家庭。挖发菜这种行为一直都是被宽容的，但是到了2000年，政府禁止采挖发菜，为的是保护环境。据北京的专家介绍，因为挖发菜，内蒙古十三万平方公里的草原变成沙漠。这是北京每年春天剧烈沙尘暴的原因，并且，沙子穿过大海到了韩国和日本。1998年美国的一份报告认为“人类的行为是造成内蒙古沙漠化的直接原因，而不是天气的变化”，指责“二十万贫困的农民，主要来自宁夏回族自治区，破坏了内蒙古的草原”。

禁止采集发菜肯定是有道理的，但是很多穷困的农民因此失去了谋生的手段。我们在同心县的路上遇到过拾发菜的人：二十多个农村妇女挤在一辆简陋的拖拉机上，坐在包裹上面，头上包着头巾以遮挡风沙。车子缓慢地前行，她们带着从山里采来的珍贵的物资回到南部家乡。

她们的包裹里面就是发菜，一种干干的黑色的野草，有点像海藻，细得像头发丝。对她们来说这贵重如黄金。她们出门两个星期，到宁夏和内蒙古交界的地方采集“草原上的鱼子酱”。这些农村妇女大都很年轻，也有几个上年纪的妇女和两个男人。他们的行囊中带着水和食物。采集发菜是他们多年来主要的劳动，最长的已经采了二十年。

禁止采集发菜的规定2000年8月1日起实行，但是规定并不能阻止他们的行动。“虽然我们有点害怕，但是我们没有吃的，实在没有办法。”女人们这样说着，她们的家乡受到干旱的侵袭。“在我们那儿，没电没水。我要卖掉发菜养活孩子。”那个年纪最大的人说道，她的脸上留着穷困生活的痕迹。

农民们从事着这项既劳累又被禁止的劳动，盼望着每一次去挖发菜都能挣到六七十元钱，还要扣除了每人二十五元的车费和食物。对于今天的中国来说，这笔钱算不了什么，但是对于这些年收入只有几百元的家庭来说，这却是一笔大数目。有的人回到家里只待上一两个星期就再次出发，去北方采发菜。等着他们采的发菜还真不少。他们冒着被警察抓住的危险，或者更可怕的，碰上内蒙古的牧民，由于牧场越来越少，他们已经愤怒，不会放过这些别处来的农民。

以前，农民们到同心县城的大市场把采来的发菜卖掉。四千左右的农民会经常去那里卖发菜，发菜因而成为县城里第一重要的商业活动。离同心县城不远的一个乡镇里，当地的一个干部对我们说，70%的人从事与发菜有关的工作，地方收入的三分之一来自发菜。每个家庭都有他们关于发菜的故事。马燕的日记也讲述了这种野菜在当地经济中的地位。

到了2000年，这一切就应当正式停止了。但是除了这个行当，没有其他的事情好做。

自从禁采以后，发菜交易就变成地下的：南方来的商人挨村挨户地收购。发菜的价格跌下来，因为单个的农民不像在集市上具有讨价还价的能力。收购商赚的钱最多，倒手卖的时候价格要高出三四倍。等到发菜进了香港的高档餐馆，能卖到五百港币一盘菜。在海外华人的一个介绍饮食的网站上，我们看到一道菜：干牡蛎煲发菜汤，取吉祥发财的意思。

实际上，当地的政府很关心农民的命运，这里是中国最贫穷的地区，当地的官员对于禁止农民挖发菜这件事也不太热心。白天的时候，常常可以看到一辆辆的拖拉机载着很多奇怪的妇女，她们带着大包小包，这说明禁止这项买卖的行动几乎没有效果。“我们首先要执行中央的命令，从大局出发，”当地的一位官员在某个村子里说，他让贫困的人们出去打工。他对一个讲述自己采发菜经历的妇女说，“不要说采发菜，你说刚刚从外面打工回来。”在邻近的几户农家，农民们都证实仍然在挖发菜，因为没有其他更好的生存方式。上面那位妇女跟邻居家的女人一样，还是会去挖发菜，到更远的北边。对她们来说，发菜不意味着发财，而是求生存。“这里的人都指望着发菜。”另外一个女人指着远处精耕细作的田地说道。因为缺水，这里什么庄稼都长不好。

拾发菜的少年
宁夏·固原·三营

2001年8月11日　星期六　晴

今天中午大概是1点左右，我把饭做着吃了，就去厨房洗锅。爸爸妈妈还有俩（两）个弟弟都在看电视剧《纵横四海》。我把锅洗完，就到房间里来写日记，妈妈看着就不行了。我还以为妈妈没事，就给妈妈写了一些在门窗上贴的东西。上面写着“妈妈在吃药，希望闲人免进，以后再做客！”我正写着，妈妈就喊我。她的心里非常的潮（吵），这个潮（吵）就是饿（恶）心。我到她身边，她把我的手一捏，不再掉开。但她还是不怎样舒服，我就把爸爸喊起来到妈妈的身边。爸爸骂了妈妈，妈妈又是哭又是笑的，可把我给瞎（吓）坏了。不知妈妈这几年的古怪病怎么这么的多。一旦发作，就把我们全家人忙个不停。这都不算，最重要的是，妈妈的病一旦发作，脸上的汗就像水珠一样多，也不知她怎样熬过去的。假如换个（了）我，我就会疼死的。在这里我重（衷）心地祝福妈妈的病早一点康复。

2001年8月12日　星期日　晴

敬爱的叔叔阿姨：

你们好，我明天就要出远门了。去走妈妈曾经走过的路，抓发菜。到如今妈妈病倒了，我就要和父亲还有弟弟去抓发菜，维持生活，看能不能把妈妈的病看一下。再一个就是我的事，我想多挣一些钱，看能不能达到我的目标。我想到县城去读书。可这下妈妈病倒了，家里的生活又是这么的困难，我真想不同（通），老天爷为什么这么对我，对我怎么这么的不公平啊！

告辞了！

马燕

2001．8．12

《适（拾）发莱（菜）的故事情节》一大篇
（2001年8月14日—25日）

这十几天来，经历过许许多多的事，在这里我给你们简单描写几段吧！

自从我给你们把信寄出去之后，又给何阿姨打了个电话，她说，我那天说的话有一些奇怪，你们在商量。我心里已明白，回来之后，就给妈妈说了。妈妈说，如果你想到县城去读书，必须跟你父亲和别的人到很远的地方去拾发菜、挣钱。去读书，假如你回来晚了，今年就不能到县城去读书了，还得等到明年去读书，你叔叔阿姨挣钱也是来之不易的，你也应该提（替）他们想一想才对。妈妈的话还没有说完，二叔就开车出发了。在临走之前，在上车时，妈妈给我最后说了一句话，去了一定要给妈妈争气，加油，让别人再不要像看你爸爸那样看你了。这句话我牢牢地记在我的心里，无论别人怎样看我，我都不在意，继续前进、继续努力、争取更大的努力，在（再）不要像考女中那件事，让人伤偷（透）了心。算了，跟你们不说了，说我临走之前的事吧！

坐在车上，车上的人非常多，一个车上坐着三十七八个人，去了两辆车。我在中间，把我寄（挤）得撤不出腿来。有个女子像个猴子似的，看上去很不顺眼，和我背靠背，把我寄（挤）得喘不上气来。有一位和何阿姨一样菩萨心肠的好阿姨。她怕我寄（挤）坏了，又是第一次出门，就望（往）外面钻，一不小心摔在地上了。摔下去之后，好好的，什么都没有摔坏。这还是上天有眼，上天还算是一个公道的人物吧！

到山里时，那么个厨房，那么个睡觉的地方，人看上去心都碎了，还莫说适（拾）菜了。第二天，天还没亮就出发了。夜里回来，每个人的腰里都挂着一小带（袋），只有父亲拾了一个人手大的那么点菜，把我气哭了，弟弟就开始责备我。父亲已经这样了，叫他还怎么拾，他已经老了，还怎么拾菜啊！上天还是有眼，不然这一年你早就辍学了。你应该高兴才是。这句话就是说得（的）你们啊！

2001年8月27日　星期一　晴

今天下午七点左右，我在院子里收拾木匣子。妈妈就喊我和弟弟去院子后面的一块地里拔一点草给驴吃，今天驴一天都没有吃草了。我就和弟弟去在那块地里拔草，弟弟满手还没拔上两个大草，就去撒尿。去了差不多快十分钟还不见回来，我就喊他，把他喊着来，他说，拔不上，得回去取铲子。又去得不见了。我已拔了差不多一小袋子，我就回来喊他。他出去砍了一把野菜，回来喊我，你怎么不出去砍草。我说，我已拔满了，现在就是你了。妈妈就开始骂我，你叫我把你望（往）

什么侍候你，你回来就像个xiàng gōng（相公）似的。我不知道xiàng gōng（相公）是什么。妈妈说，你就像我的妈妈或着（者）奶奶那样，我在侍候着你，你太把你鼓（估）得大了。你以为你的学习有多么好？你把我都羞死了。杨家的一个女子比你小，她都考到女中了，你却给我那样考试。你太让我失望了，干脆把这些书撕了去，明天再不要去上学了。你们这种人，是什么东西？你们的祖先是要着吃的，就算把你公（供）养上去，能做个什么呀？不如死了去，我天天都在盼着你死，死了，我把你用土一填，我还能清晰（闲）几天。当时我就伤偷（透）了心，也不知妈妈说得（的）是气话，还是真话。总而言之，她就是不对，她怎么不提（替）我想一想？我明天要走，不知心里是怎样的一种感受，难以离开我们这个家，难以离开我这个母亲。当天我的心情也不大好，妈妈又这么一说，我的眼泪把心都淹了。听妈妈的这句话，我一定要为我们的祖先争气，不让祖先在酒圈（九泉）之下不得安宁。

2001年8月28日　星期二　阴

今天早晨六点左右，爸爸把架子车挑上，送我和弟弟去中学读书。到学校里，爸爸帮我和弟弟把行李放下，就走了，只剩下我和弟弟了。上课铃响了，我和弟弟又不走（在）一个班，弟弟从那边走了，我从这边走了。到教室里，英语老师问，怎么把我们的马燕也调到四班来了呢？我说，我的学习不好吧！他说，你怎么这么说呢？今年不像去年，把好学生分到一班、二班、三班，今年是乱分着呢！也可以这么说吧，就是按你们的考号分的，希望你不要泄气，紧（尽）快到快班去。老师的话我牢牢地记在心里。老师让我坐在教室里，他就走了。教室里像猫走了，老鼠在打架似地（的）。我的脑子里一片空白。那些比我高一些的男孩子还有女孩子，嘴里七三八四的，很不像个学生。在窄小的教室里，就有七十多个学生，你想他说一句，我说一句，都把人吵死了，还莫说学习。我的心都碎了，我最讨厌自己的一点就是我的眼泪非常多，我不想流眼泪，可是这不由我。叔叔、阿姨，我实在是太想你们了。不知我什么时候才能见到你们，一碰见不顺心的事，就想起你们。希望我尽快见到你们吧！

2001年8月29日　星期三　晴

今天下午放学了，我又遇见小学五年级同班的同学，她们俩没有回去，因为今晚还要上晚自习。再一个就是她们家有一点远，她们俩比我的学习稍微差一些吧。考试的时候就差着一两分，但她们被分到一班、二班了，我却分到四班了。我看到她们实在是太伤心了，又看看在我身旁的女同学，她们玩得实在是太开心了。我又想起了在小学五年级和我最好的两位同学，可是今年她们俩都不读书了，只剩孤零零的我一个人了。说起来，她们的家庭比我的家庭好得多，可是她们就是不想读书，我实在是想不通。上晚自习了，我们班的英语老师把我喊到三班，三班老师说，我是他们班的学生。我又感到一些奇怪，希望叔叔阿姨告诉我吧？

2001年8月30日　星期四　晴

今天是个集，爸爸从很远的家乡来给我和弟弟送馒头来了，我感到十分激动，父母对我们的期望实在太高了。如果我没有出稀（息），怎么对得住父母呢？再加上今天下午地理老师讲过的话，我更加为这个事而烦恼。地理老师说，我们是高层次班，一定要好好学习，为老师们争光。你们这五十六个学生要捆成一个绳子，为本班争光。如果其（期）中考试和其（期）末考试得不到前十几名上，立刻就让你滚到慢班。慢班的好学生，就立刻滚到快班。还要在大会上表扬，搬桨（颁奖），还要给老师加工资。我说的这些话，就是要你们尽（竞）争，不要后退。老师的话，我深深地刻在心里了。决不辜负老师对我的期望。

2001年9月3日　星期一　晴

今天下午的最后一节课是全体打扫卫生，新的一学期又到来了，同学们都非常地开心，又可以跨入中学的大门，都鲜（显）得非常有精神，也很有气质，干起活来非常有力。我们的老师带着我们在学校背面打扫，老师就像一只老母鸡带着一群小鸡在吃饭似的，都叽叽喳喳的，都在强（抢）着干，不一会儿就干完了。老师说，这时候，你们去消（休）息吧！别的同学都走了，只有我一人在操场上看着其余的同学劳动，这学校的中学生很多，大概有一千多个学生，他们干起活来非常带劲，能多有几个这样的好学生，将来一定会把祖国绿化。如果多有几个，那该多好啊！

2001年9月4日　星期二　晴

今天早晨的第三节课是英语课，上课铃响了，同学们都跑进教室，后面还跟着进来两位老师。他们今天要听我们英语老师的课，一人抱了一把椅子就坐在后面。我们的英语老师来了，他就叫我们每一个同学起来回答问题，同学都哆嗦，我们不知道这是为什么。在（再）这样下去困（恐）怕不行，我们得认真对待，所以我们要好好学习第二种语言。每当我们上英语课的时候，我就会想到你，阿姨。想到你和我第一次见面的情景，不知上会（回）你给韩叔叔翻意（译）的时候，是用英语还是法语。不管用什么，你的声音都太好听了，太甜密（蜜）了，我何时才能有您那么甜美的声音啊！

2001年9月5日　星期三　晴

今天是个集，课上完，别家孩子的爸爸妈妈都来了，领他们到集上吃点好吃的。我和弟弟两天都没有吃饭了，只有点黑面馍，我们俩在吃，它早已干了。我们就到集上去找爸爸妈妈，可是他们俩没来。我想，妈妈已不在家了，因为上周我走的时候，妈妈说过，这周的星期一或星期三，她又要去适（拾）菜去，我好想妈妈啊！不知还有几日才能遇（与）妈妈相见啊！我真想见一见她那一双手，就尽（究竟）怎么样了。

2001年9月6日　星期四　阴

今天早晨的最后一节课是思想政治，上课铃响了，从外面进来一个高大挺秀的老师，他的身才（材）很苗条，很英炯（俊）。他好像是汉族，讲课我们听得不大清楚，因为汉族跟我们回族说话有大的区别，他们的声音非常的（地）直。不果（过）讲课听不清，但是有一句话，我还记得，“学习好竞争”，这句话对我来说太重要了，一方面说对我的压力有点大，不果（过）我会尽力的，一定会答（达）到我的要求的。

2001年9月8日　星期六　晴

今天下午放学了，我的几个同学身上都带了钱，她们出来得早，都坐上车走了，只有我和弟弟在望（往）回走。走在路上，太阳火là là（辣辣）地照射着我，似乎要把我燃烧起来。走得肚中饥渴，弟弟就问一个老大爷要了一个大西瓜，我俩就蹲在路边吃，就像人家赶出来的小狗一样，就那样的（地）可怜。回到家中，一进大门，院子就白了，我就知道妈妈已不在家了。爷爷从屋里出来，说，哎哟我的孙女儿回来了，你一定是饿坏了吧！小弟弟就说木匣子里有西瓜，你们俩先吃去吧！我就取了一个，和爷爷一起吃。吃着吃着我就想起了妈妈，不知妈妈怎么样了，她还有病呢！适（拾）发菜的苦处，我也亲自体验过了，实在是太难熬了，何况妈妈有病在深（身）。我真不知道妈妈现在怎么样了，我何时才能不让妈妈在（再）去那个难熬的地方啊！在（再）不要为我们的事累坏身子，我真想让妈妈过上好日子，在（再）不要出去吃苦头了。希望这个愿望紧（尽）快实现。

2001年9月9日　星期日　阴

今天下午奶奶到我们家来了，就像是妈妈来了一样，我就给奶奶端了一盘西瓜，放在桌子上，又给她拿来毛巾铺在桌子上叫奶奶吃，我就爬（趴）在桌子上写日记。奶奶说："看你写得那样认真，我不知道你在写什么。唉，我们这一辈子是白活着了。"我说："奶奶你不要这样想，我读给你听。"我读着读着，奶奶就流下了眼泪，说："我们老一辈子没有本事，让你们都跟着受苦了。"我说："奶奶你别这样说，是你们才让我有了今天，如果没有你们，我也不会懂得这些做人的道理。"这时，我就想起了妈妈说过的那一句话，不管在（再）苦在（再）累，我也要公（供）养你们上学，叫你们成才，长大能为祖国做贡献，在（再）不要向（像）我们这样一辈子白活下去。我一定要让妈妈看清楚我是怎样的一种人。

2001年9月10日　星期一　晴

今天是集，我又要到那我不能离开的校园去了，因为这是教室（师）节，放了一天假，所以今天要来上课。刚从车上下来，那个私（司）机要钱，可是我没钱，我就对他说，下次吧！我今天身上没带钱。他不肯，我就把身上的钢笔掏出来给他，他却不要，说：下次吧！一进学校大门，我的泪就不由地往下流，不知这是为什么，也许是我想念妈妈吧！不知她在山里怎样生活，山里的苦处，我是知道的，因为我亲自体验过，所以到了困难处或者苦处我就想起了妈妈。我对私（司）机说的那句话是假的，老师说过做一个学生就不应该去说谎，要诚实，可是这没有办法啊！我问爸爸要过钱，爸爸说，家里没有钱，家里的处尽（境）你是知道的。我就再没要，又怕爸爸发火，如果我把这些话说给私（司）机，他会笑我的，更会笑话的是父亲。他会说，你父亲没本事，叫孩子连车费都付不起，还做个什么父亲。父亲已经劲（尽）力了，我不希望别人在我面前说我父亲的坏话，所以我就要说谎，请叔叔阿姨原谅。

2001年9月11日　星期二　晴

今天早晨的第二节课是语文课，上课铃响了。老师进教室，登上讲台，就开始给我们讲课，今天的文章题目是《我儿子一家》。老师讲着讲着就撤（扯）起闲话来，老师讲到这儿子既爱幼，更尊老，我的眼泪就不由地望（往）下流。不知妈妈在山里怎么样了，我更（根）本就不尊老，让妈妈在山里受那样苦头，我却在这明亮的教室坐着，我真不知道何时才能让妈妈不在（再）吃那苦，让妈妈不在（再）为钱的事烦恼，在（再）不要为我们姐弟几个上学而累坏了身子。但愿我这个愿望紧（尽）快实现，同时也希望妈妈快一点回来，让我紧（尽）快见到她，我的心就放下了。

2001年9月12日　星期三　晴

今天晚自习课上，英语老师走进教室，登上讲台，他问我们，你们想学好英语吗？同学们说："想。"老师说："如果你们想学好英语，那就每人出1元钱，买一个录音机，到晚自习上你们自己学习，好吗？"同学们说："好。"老师说："买录音机的钱有没有问题？"同学们说："没有。"老师又问了一句："如果有的话，请举手。"我举起了手来，老师说："你家有困难？"我说："yes。"因为他是我们的英语老师，所以要用英语对话。如果有困难就不交钱了，有的家庭的确困难，连孩子上学的书费钱都没有。这时，我就想起了我三年级的时候没有钱领书，妈妈和几个我认识的阿姨搭车去适（拾）了一会（回）发菜，才给我把书领上，让我耽误了几个月。开始上学我什么都不知道，经过一两个月的努力，终于赶上来了。在这里我要对所有的孩子说一句我心里真诚的话，妈妈对儿女的关怀是无微不至的，为了儿女她不顾一切。在这里我要说一声，妈妈你是伟大的，我爱你。爱你的心灵。你是那么坚强，那么纯洁，值得女儿去学习。你在女儿的心目中永远是伟大的。

2001年9月13日　星期四　晴

今天下晚自习了，教室里只有我一个人，我抬起头来，好像觉得教室非常的（地）大，我一下子恐具（惧）了起来，就把书包背上，从教室门口好像飞了出去一样，速度就那样快。出去又碰见四班的杨玉花，她磨磨蹭蹭也在往出走，我觉得有一些奇怪，她平时性格停（挺）开朗，怎么今天……我一问，原来她考试没极（及）格，她就哭了，我就安慰她，这不过是一次小小的测验而已，以后的机会还多着呢！她说，我妈妈为了我不知吃了多少苦头，我却这样对妈妈，连妈妈为我一周做的馒头都对不住，还莫说对得起妈妈。我心中安安（暗暗）赞叹，她是一个很有头脑的人，她一旦能上去，就有一个好的事业。

2001年9月14日　星期五　阴

今天早晨课上完了，放学了，我就去打饭，马永梅就去打水。我俩把饭吃了，我又伸手去取馒头，一莫（摸）到箱子底，早已没了。我还有点饿，因为我两个人才吃半斤饭。你也许会笑，两个人吃了半斤还少啊！你们不知道，半斤就是一小碗，我俩从中间分开就是半碗，你们说能吃饱吗？何况又没有馒头。我看着别人吃西瓜，嘴里的水就不由地往下流，在（再）加上我这几天感冒，心里更烦了，只是呆呆地坐在床位上。有一位同学看见了，就给我一颗药，我吃了，才觉得可以了。这颗药对我来说，是比宝物还要珍贵的，在我的脑海里深深地印下了一个影子。这位同学叫白静，她直（值）得我们去学习。

2001年9月15日　星期六　阴

今天又放假了，我和弟弟又要走那条永远走不完的路了。走在路上，我俩就望（往）人家的瓜地里望，看有没有西瓜。人家把瓜万

（蔓）都拔了。我俩走时肚中饥饿，弟弟就在人家的韭菜地里呀萝卜地里呀偷着拔来些，我俩就吃。我知道偷东西是一件很不光彩的事情，也不是我们学生应该做的，可是这没有办法呀！如果我俩不偷吃人家地里的，我俩也许走不回去。我一步一步地走着，觉得腿非常的（地）疼痛，我觉得我是世界上最可怜的人，最伤心最痛苦的人。可是我想到了妈妈，妈妈不知怎么样了，早上五点半出门，到夜晚七点钟进门，她们一天面朝地，背朝天，走很多很多的路程，不知一天翻了几十座山了。妈妈才是世界上最伤心最痛苦的人。我一定要好好学习，让妈妈下半辈子过一个幸福美满的日子，过一个快乐的老年生活。

2001年9月16日　星期日　小雨

今天又要走着去学校了，爸爸给我俩把东西装好。上来了一辆车，我俩就坐上。走了不远，我三爷的女儿的女儿也要去上学，我二爷的儿子，也就是我二叔也坐在车上了，他把外生（甥）女儿抱上，怕外生（甥）女儿冷了，身上摞了个带（袋）子，放在自己的腿上。她已经十三岁了，难道还不能料理自己吗？我看看她笑得那样开心，我又看看弟弟，冷得他直发斗（抖），我就把冒（帽）子给他。在这秋雨纷纷的早晨，我想了很多，我爷爷是要来的，跟他们都不亲，所以他们看人都是不一样的。妈妈不让别人看不起我们这一辈子，就拼命争（挣）钱，要让我们成才。父母对儿女的关怀是无微不至的，看到他们那一种眼光，我就想起爷爷，为了爷爷，我一定好好学习，让别人瞧得起咱们下半辈子。

2001年9月17日　星期一　雨

昨天晚自习课上，我们考了英语，我觉得非常好考，于是不到半小时，我就做上了。我们的班主任就喊交卷，像你们这样的速度，还能考好个试吗?

这时我就交卷了，可是到了今天早晨的时候，同学都在议论纷纷，马燕的学习那样好，却没有拿到第一。听到同学们的这一句话之后，我感到非常的（地）惨苦（惭愧），父母为了我，不知付出了多少代价，我竟这样对父母。这时，我的眼前一亮，我还不算失败，还有其（期）中、其（期）末考试，到那时候才是真正的进曾（竞争），我一定要猛冲在前，绝（决）不后退。希望我这个小小的愿望实现。

2001年9月18日　星期二　雨

今天的最后一节课下了，英语老师不让我们走，要在教室里多写二十分钟单词。二十分钟下了，去打饭。饭没了，有几位老师在灶房里坐着，我顾（故）意说，饿得人的肚子都咕咕叫了，人带着多么不平静的心来打饭，饭却没了，我们学生，一天到晚就盼着那两碗饭，今天这样子，叫学生这一天怎么熬得过去。有馒头还可以，而没馒头呢？何况又是下雨天，每个学生的心情都和望长（往常）不一样，何况肚子里又没有东西。说到这里，我多么想回家啊！到家里大吃特吃一顿，吃得饱饱的再来上课。可是我又想到了一点，为了学好知识，必须得吃苦，叔叔阿姨，我很想给你们电（打）个电话，问一问你们的假期过得好吗？可是我没多余的钱，我没有打电话的钱。明天是集，看妈妈来吗？妈妈一旦来，我就能给你们打电话了，我真想你们啊！不知你们在何方，是多么的（地）辛苦，不知再有多少年才有人来替换你们，让你们也过上一个秀（休）闲的日子吧！

2001年9月19日　星期三　阴

今天是个集，下课了，别家的父母纷纷地都从中学大门走到教室，给儿女们来送吃的。父母为了儿女不知费了多少心血。放学，我就赶紧到集上去，看父母来了没有。我有两件事要办，第一件我想给你们打电话，问声敬爱的叔叔阿姨你们好吗？我非常地想念你们，不知何时再和你们相遇。如果我一个人去，收电话费钱的人就会多收，我不想让他们多收我的钱，因为这钱是爸爸妈妈用血汗换来的，我不能轻易地花掉一分钱，所以我要父母陪我去。第二件事，就是关于肚子的事，我没馍了，看来父母今天不来了，这几天得饿着下去。叔叔阿姨我好想你们啊！最近秋凉了，你们要注意好身体啊！

2001年9月20日　星期四　阴

今天中午，我把饭打着来，放在床上。马永梅就给我和她分开，我的饭还没端上，我弟弟就来了，他说，姐，你有票吗？我买点饭吃去呢。我就问别人借了一张票，给弟弟，问他吃饭吗？我这还有点饭。他问我吃了没有，我就说我已吃过了。我被他看出来了，说你没吃，因为你的嘴唇很干，吃过饭的人嘴唇很柔软。我被他看揣（穿）了。他走了，不一会儿，他又来了，把票给了我，说没饭了，就转身走了。我不知道怎样去帮助他，要钱没钱，要馒头没馒头，叫我无从下手。当个姐姐的，连这点责任都没有，算个什么东西？我就流着眼泪，想了想，这也不全怪我这个姐姐，这是因为家庭的经济困难到了这一步了，所以也不全怪我这个当姐姐的。挨饿的滋味无法用一个词形容。

2001年9月21日　星期五　阴

今天晚自习是英语课，老师说的话和平日所说的话不一样，同学们都大笑起来，我觉得这话并不难听，如果你去细细体会，觉得挺有味的。我想这就是人们平常所说的善（普）通话吧？可是到了这里，我又想起了何阿姨，第一次和你见面的时候，你所说的话，深深地刻在我的脑海里。我想你对我所说的话，就是善（普）通话吧！如果回想起来，你的声音好像就在我的耳边，是那么的（地）响亮和甜美。何阿姨，马燕好想你啊！你在（再）有多长时间和我那些叔叔阿姨才能到我家来呢？也许你们会问，你那么地想我们，就应该来看我们。你们也知道，我只是个山村里的一个善（普）通学生，长这么大，第一次出了一回远门，去同心（县城），还是去考试。如果不是去考试，我跟（根）本不知道外面的世界有多大。如果我去看你们，到那么大的城市里，东南西北都分不清楚。不果（过）我在继续努力着，争取把它分清楚。同时，我也希望能紧（尽）快见到你们。

村头的回族小女孩
宁夏·海原·蔡家堡

2001年9月28日　星期五　雨

今天中午放学，我弟弟把饭打来，我还没端在手中，有一位同学从门里就进来，喊马永梅去给她的一个朋友寄信。那一阵我的心快要从肚子里跳出来似的，我也很想跟她们一起去给你们打一个电话，听一听你们那甜美的嗓音，问喉（候）你们一声。可是，我没有钱啊，眼睁睁的（地）看着她们从大门里走了出去。于是，我想到了给你们写信，信写好，又没有办法，没有信封，没有油（邮）票。这两件东西加起来要九角钱，到哪儿找这九角钱去呢？于是，我急得哭了，叔叔阿姨你们知道吗？在（对）一个孩子，这九角钱是多么不易啊！何况家里的经济又比别人的差，妈妈又有病在深（身），我真不知道该怎么办才好。这几天，不知我的眼睛怎么了，上课的时候，老师在黑板上抄下的什么，我一概看不清，作业发下来，全是些红×，答案对，部（步）聚（骤）就错，眼睛模模糊糊不知怎么了，也不知是因为时长（常）看书，眼睛没有休息的缘故，还是怎么一会（回）事。不管怎样，一碰到难题，我就想你们，想给你们打电话。

2001年9月30日　星期日　晴

今天下午，我们从谷地回来，饿得我肚子都快要冒出烟来，妈妈就进屋去做饭，我就问父亲要了一元钱，正要去买英语本，我四叔的儿子来了。他说，我四年级时候的书，叫我妈借给人家了，我就问是不是，她说是，我就说，那书我还有用呢，你怎么能随便给人呢？四年级时候，我还有些题没弄懂，沉（趁）这个机会我还要复习复习。最近老师给我们上课，我一点儿也看不清，老师说奇数，我不知道一个奇数，说偶数我不知道一个偶数，这不是不知道，而是老师在黑板上写下的什么我看不清，只好拼（凭）我的听力能力，看老师同学们在说什么。叔叔阿姨，当一个人近视了的时候，上一节课该是多么难啊！拼（凭）眼睛看已完全看不清了，只有靠耳朵了，看你的听力怎样，如果听力不强，这一节课就算白听了。妈妈就说我，你那样历（厉）害，到如今你考上了什么，你还念什么书呢？连女中都没有考上，干脆回来算了。（当时，妈妈嘴里满口胡言，脏话非常多。）在这里，我难以用一个词来形容。当时，我就把这一句话记在心里，我想这一句话，将终生难忘。这句话，我虽然记在心里，但是这也不全怪妈妈，还有我的错。我没有在意，给妈妈打了一个靶子。当时，全家人都责备我，我感到非常地寂莫（寞）和孤独，又想起了在学校里的生活和上课。上课对于我一个近视眼来说，实在是太难了，于是想回家，可是到家中竟这样。我感到无路可走，请叔叔阿姨给我指一条宽阔大道吧！让我永远地走下去，不要在（再）后退。

2001年10月2日　星期二　阴

今天中午我和弟弟把家庭作业做上，就去奶奶家看望爸爸。爸爸在给五叔家干活。我和弟弟一到奶奶家，就先去父亲那儿，给父亲播点土。坐了一会儿，就想回家，我就喊弟弟回家，父亲说在（再）坐一会儿吧！爷爷就给我们讲故事，讲他年轻的时候，和日本人怎么怎么打仗。有一个人尿床，叫班长天天地打，就是不改，战友们都劝班长，不要在（再）打了，他就这么一下了。但班长就是不听，把两腿叫人邦（绑）在一起，拿皮带绳打，把这一个人打瓜（傻）了为至（止）。最后送回家了，也就是退休了。爷爷说到这里，把那个班长恨极了。爷爷没有说自己的苦处，我想爷爷的苦处比那个尿床人的苦处还要苦，我想爷爷才是真正的红军，打下了江山，孙女我为爷爷感到骄傲和自豪，在这里说声："爷爷，孙女我服你，你是伟大的。"我想世界各国都知道你是红军的种子。

2001年10月3日　星期三　晴

今天下午，我和弟弟把家里所有的家务活都干完了，就去看给五叔家干活的爸爸。我俩一到他们家，就先去父亲那儿，看父亲这几天怎么样了，我俩就帮父亲播了些土，又到奶奶的屋里坐了一会儿。我一看表，5点多了，就喊弟弟回家看书。我俩还没动身，我四叔最小的儿子就把我俩的腿给抱住了。他说他要回家看妈妈，可是他妈妈没在，到很远的地方去适（拾）发菜去了。他父亲也不见了。他的两个哥哥都在他姥姥家。我俩不抱他过来，他就放声大哭，哭着哭着，我就想起了，我们小时候，父母不在，我们是多么的（地）可怜，就又把他抱在怀里，往回走。走着走着，我就想，为什么每个孩子哭了的时候，孤独了的时候，都要喊妈妈，为何不喊爸爸呢？请叔叔阿姨告诉我。

2001年10月4日　星期四　晴

今天早晨，爸爸起来，就去给五叔干活去了。我就和弟弟起来，把早饭做着吃了，就去做作业。弟弟就坐在我的身边，看去年同学之间赠下的明信片。他说，你看这卡片上的这首歌，你会唱吗？它代表着朋友之间依依喜（惜）别的思想感情和思念之情。也就是说，朋友之间舍不得离去。我接过话头说，哪首歌，让你值得这么细细品味啊？他就递过来，让我看，可是我的眼睛有点模糊，有绝大多处看不清，弟弟就递在我的手里，让我看，原来这歌的名子（字）叫《就这样走》，怪不得弟弟同（通）情大（达）理。

2001年10月5日　星期五　阴

今天是个集，妈妈从姥姥家回来了，到我家门口，我出去迎接妈妈，妈妈的脸就像黑锅底一样，嘴唇就像那粗糙的牛粪，裂着那样大的口子，不知妈妈这回怎么了。平时，到姥姥家去，回来的时候都非常地开心，不是说就是笑，怎么今天……妈妈到屋里，就给我和弟弟说：人穷了就不要去娘家了，你外公说想我得很，我一去就给我一个背影子，那天何况又下着雨，也没有问声你怎样来，走在路上冻了没有，连其马（起码）的话都没有问，我真是生气极了。以后，我再也不去他们家了。你们几个给我听好，你们一定要好好学习，在（再）不要像你父亲这样一辈子让人瞧不起，你们几个在你外公的冷笑下，一定要成功，不能让他得成（逞）。

2001年10月6日　星期六　阴

今天下午，我实在是太烦了，就找了几个人，来我家玩。我们就在院子里画了一个圈，跑电。我们正跑得开心，突然马义芳跑在线外了，我们为了这件事，正争论着，我爷爷来了，他说他来吃西瓜来了。我说没有，他只是一笑，我就带爷爷到屋里，叫爷爷坐在炕上。我就把桌子放上，就给爷爷切了个西瓜和人们常说的哈密瓜，叫爷爷吃，我就蹲在旁边看爷爷吃。爷爷吃得是那么甜和香。他吃一嘴，问我一句，我就答一句。爷爷已经八十岁了，已吃不上几天了，爷爷如果能长命百岁，那该多好啊！到那时候，我想没有个大事业，也有小事业吧！叫爷爷好好过几天好日子吧！

2001年10月7日　星期日　晴

今天下午，我实在是太高兴了，因为我一只（直）想要办到的事情，今天终于办到了，只可惜何阿姨不在家，听王征叔叔说，何阿姨去法国了，最近工作很忙。在这里我说声阿姨你要多注意身体，不要累坏了身子。

今天我和王叔叔通过电话，可以对话，我实在是太高兴了。又想起了我们第一次见面的情景，你是多么地热情好客呀！叔叔今天我给你打电话，你的心情好像不大好，在节日里，我祝你天天有份好心情吧！

2001年10月8日　星期一　晴

今天下午的第六节课是周会，我们的班主任数学老师走进教室，登上讲台，坐在凳子上，就给我们讲起来。第一件就是学校的规律，第二件就是早晨上操的事，不许迟到，第三件就是讲学习的事。学习差的同学你要趁早飞，一天按（安）排一个好的时间，什么时候看数学，等等。你别以为你就这样了，那可不行，学习要进曾（竞争）。叔叔阿姨，为什么每个老师到上课的时候都要说进曾（竞争）呢？现在要提起进曾（竞争），我的头发都要竖起来了，你们知道这是为什么吗？这是因为上次英语考试，我考了第二名。想起来很残酷，不果（过）我记住了老师今天说过的话，我一定加足劲，努力地学习，决不辜负你们对我的期望。

2001年10月9日　星期二　晴

叔叔阿姨，我好想你们啊！今天下午我在教室门外写英语单词，不知（自）觉地又透（投）入到我们第一次见面的情景。当时来了有几个人，有大有小，我都记不太清了，但是何阿姨、王叔叔、韩叔叔的面貌，我都记得很清楚。何阿姨浓浓的眉毛下面长着一双炯炯有深（神）的眼睛，白白的脸，长长的头发，穿着夏季的群（裙）子。韩叔叔跟我们有大大的不同之处，他的头发和眉毛都是淡黄的，眼窝很深，鼻子高高的，穿的也很朴素，看上去停（挺）俊的。而王叔叔呢？头发长长的，脸上总带着笑容，给人一种温暖感。可是我们第一次见面，我就看他的身财（材）很不苗条，肚子特大。说到这里，我又想起一件事，王叔叔，那天我给你打电话，忘记了一件事情，你收到我的信没有。如果收到不要怪我无礼，这也是我对你的关心吧。那天电话里听到你的声音，心情好像不大好，在这里祝你以后天天有份好心情。写单词不知不觉进到回忆里面，这说明了一个什么样的道理呢？说明，我——马燕，想你们，根本没忘记你们。

马燕与摄影家王征

2001年10月10日　星期三　晴

今天早晨的政治课上，老师给我们讲得很认真，同学们也听得很认真，好像入了迷似地（的），他讲着讲着就给我们讲起他小时候上学的一件小事。他们的语文老师教他们写留言条，他写道，老师你不是蜡烛，你是太阳。当那位老师拿起本子看的时候，先看到第一句，老师你不是蜡烛，老师当时就问他，我平时对你也是挺好的，你怎么能这样?老师请看下一句，你是太阳，如果你是蜡烛，还会灭的，第二天就不能战（站）在讲台上给我们上课。你是太阳，就能天天站在讲台上给我们讲课。叔叔阿姨，我说得这么多，是为了什么?你们也像太阳一样，永远地照着大地和海洋，能照出每一个人的心灵是怎样的。我想你们是最伟大的人，你们有一颗金子般的心，你们才是祖国真正有用的人。

2001年10月11日　星期四　晴

今天下午最后一节课下来，我就在教室里写作文《我的老师》。突然体育委员叫我出去站队，别的同学都站好了，只剩你一个人了，今天有课外活动。我就出去站好，到操场上，别的同学都在玩，有的跳绳，有的踢球，有的玩老鹰捉小鸡。我也想玩，可是我没心情，看到跑校的同学，听他们说家里的事，我就想回家。回家看看妈妈，叫妈妈给我炒一顿土豆菜，那该多好。想到这里，我就想（像）在家里一样，正和妈妈谈心呢！谈得好开心。突然弟弟从我面前一闪而过，这时，我看到弟弟，我就高兴了，能和同学在一起玩儿了。不知这几天怎么了，我的心很乱，不知道一天想什么，再（在）做什么，我一该（概）不知。总而言之，情绪不太稳定。

2001年10月12日　星期五　雨

今天是个集，我冒着风雨去找妈妈，可是妈妈没有来。我看到别的同学的父母，带着自己的孩子有说有笑，我却站在那里流泪，好像天气都在为我感到悲伤。雨下了起来。我一个人走在街上，感到非常地孤独和冷漠，我不仅（禁）打了一个寒战，为什么老天爷都不放过我呢？我到底哪点做错了，让你这么生气，请你指出来，我一定会改的。我只不果（过）想见见家人而已，在（再）没有任何要求，为什么不让我见家人呢？难道你永远让我一个人这样下去吗？你一定不会得成（逞）的，我一定能见到家人的，不会让我一个人流浪街头的。我也知道妈妈不来的原因，在这里我就不必说了吧！你们也了解我的家庭情况。

2001年10月17日　星期三　晴

今天下午的一节空堂课，我们的英语老师给我们上了英语课，他要听写单词，有两位同学没有写上，老师狠狠地打了他们一顿，打得我的心里直流泪，还莫说他的父母见了不流泪。这时，老师气极了，说：你们不会，下次上课，我连一次机会都不给，我叫几个心灵的在课堂上回答几个问题就行了，再不必叫你们了。就在这一节课上，老师把我叫了好几次。同学们都用一种憎恨忌妒的眼光看着我，也就是和我进（竞）争。我一定不为了这件小事，而放起（弃）理想和对我将来的打算，我一定要让他们的这种憎恨、忌妒的眼光变成团结的眼光来看我。我要像妈妈那样坚强，遇到困难的时候，总是自己抗（扛）过去，不让别人去看她的笑话。我要像妈妈那样勇敢，坚强。

在这里我才知道，失败是成功之母。今天看到老师那样的教育方法，我真有点耽（担）心，一旦打出病来，该怎么办？但在晚自习课上那两位同学被叫去开会了。叔叔阿姨你说这是为什么呢？难道非要打了才学吗？这真是费了父母十几年的培养和操劳，想让他们长大能做个有用的人，他们却那样对待父母对他们的期望，真是瘦狗扶不到墙头上。这是母亲讲古（故）事时说过的一句话，我老老（牢牢）地记在心里。但在这时，我才知道这句话的真正含义是什么。

2001年10月18日　星期四　晴

今天作文课上，老师叫我们写一篇自我打算的作文《我上中学了》，次（此）外，又给我们讲了慢班和快班的区别。到其（期）末把试一考，慢班的好学生滚到快班，而快班比较差的同学滚到慢班去，还要发（罚）老师的钱，所以他让我们好好学习，为我们这个班争光。说到这里他就叫我们写作文，我不到十分钟就写了一篇作文，同学们都惊讶了，说：我们两三天思考着一篇作文，而你……老师却说还不算快，要像叶圣陶那样，才算有速度，有才干。同学们就说，叶圣陶是天下第一才子，那马燕是天下第二才子了。教室里的人都笑了起来。不满

（瞒）同学们说，我还真想当个天下第二才子。有机会，我还要和叶圣陶爷爷进（竞）争，不知这个愿望能不能实现。

2001年10月19日　星期五　晴转多阴

今天爸爸又赶集来了。在我上课的时候，爸爸早已在门外等候了。上课的时候，我的心里就非常高兴，今天爸爸重（准）有钱，没有钱，他不可能站在外面紧（尽）情地等我。下课我就跑出去，爸爸就给了我5块钱，去给老师还书钱。他问我俩有馒头吗？我说早已没了，他就给我俩买了两个馒头。我还没舍得吃，得到明天望（往）回走的时候，肚子饿了在（再）吃。走到菜市场那儿，又碰见同班同学马永梅，她问我要上次借下的馒头，我就把手中的馒头望（往）她手里塞。她还不要，要钱，这叫我上哪儿去找呢？

2001年10月20日　星期六　晴

今天又是一个好日子，为什么先要说是个好日子呢？因为今天可以回家了，可以回到我那永远也忘不掉的古（故）乡里去了，可以回家看我那生病的妈妈了，到了家里能体（替）她多做一点家务活。

我和弟弟刚从学校大门出来，正准备步行回家，我们村庄的一个人，开着车到这里来卖土豆。他叫我俩在这里等着，他一会儿就上来。我和弟弟就在这里等着，左等右等就是不见，弟弟就喊，姐，咱俩下去瞧一瞧吧！怎么这么长时间还不见。我俩就去各处找，就是没找着。弟弟突然喊了起来，这个是二叔的车，我俩就坐上车，但是车上的土豆还没买（卖）掉。听四叔他们说，他们从早上6点左右到这里，这点土豆就是买（卖）不掉。原来这里只收圆土豆，不收扁土豆，四叔就在老板的身边说情，他就是不要。我坐在车上想，啊！人穷了，还有这么难啊！给人家便宜买（卖），都不要，我狠（恨）死这些有钱人了。你们怎么不能理解穷人们的心情啊！他们从早到晚为了卖这些土豆，连肚子都不得吃饱。就这样，我和弟弟一只（直）等了一个下午，最后老板叫四叔他们把土豆收了，他们才收下。这时，我才知道有钱人也有自己的难处和苦处。我想，这世界上没有一个人，没有自己的难处和苦处的。也许你们会问，你怎么知道。就平（凭）我的眼里，今天我所看到的一切，都可以证明。希望我以后在（再）不要见到这种残酷的情景。

2001年10月21日　星期日　晴

今天又要走了，我真舍不得离开这个家，更舍不得离开母亲，因为在（再）有两天，母亲和父亲又要离家出走，又得一二十天，才能回来。不知这一次回来，妈妈会变成什么样子，简直让我无法想象。妈妈全身都是病，别无好处，我真替她担心。走在路上，别的父母骑着磨（摩）托送自己的孩子去上学。看到这些情景，我更加地伤心，父母为了自己的儿女，不顾一切，去让儿女做想做的事。父母为了儿女，不知付出了多少代价。

2001年10月25日　星期四　晴

今天又是一个集，又有一个好消息传到我的耳边，我高兴极了，明天可以回家看母亲了，听母亲讲那古老的故事了。走在街上，看见别的母亲领着孩子进了各个商店，给孩子买衣服，怕孩子wěi（委）屈。我不像他们，我只想读书，在（再）什么都不需要，只需要家庭的温暖。走了不远又听见歌声，这时我就想起了妈妈，妈妈已不在家，我的眼泪就不由地望（往）下流。也许你们会问，你为什么一提到妈妈就要流眼泪，这是为什么？因为她常常带病出门，回来后就不像个人似的，你们说她这是为了什么呢？还不是为了这个家？为了我们的学习，为了以后的事业，在（再）不要像她这样。妈妈啊妈妈，孩儿思念你，妈妈啊妈妈，孩儿为你感到骄傲而自豪。

2001年10月26日　星期五　晴

那天集上，爸爸给我了4块钱，叫我和弟弟坐车去。他们走了，不放心。我怎能去坐车呢？父母在外面，面朝黄土背朝天，叫我怎么任（忍）心去坐车呢？这4块钱来得多么不容易啊！我怎能随便去花掉他（它）呢？这时我和弟弟准备步行，从11点多开始走，到家中已5点多了。到家一进大门，院子一片白，一点动静都没有，家里连一个人也没有。今天在（再）没有人说一声，哎哟，我的孩子累死了，赶快休息休息，妈妈给你俩做饭去。我多么想在（再）听一听这声音，可是妈妈她已不在了。夜里弟弟叫奶奶给我们姐弟三个做伴，奶奶没有来，我们三个只好悄悄地睡在炕上，连一点儿声音都没有，心里非常地害怕。若是母亲在，这一阵不知在说什么，我想都是非常开心的。

我们睡在炕上，都感觉有点冷，不知妈妈在那阴暗潮湿的地面上是怎么睡的，况且她还有病。哎，妈妈真是太苦了，在（再）有多长时间，才能不让妈妈过那酸、甜、苦、辣的日子啊！但愿能让妈妈紧（尽）快过上幸福美满的日子。

2001年10月27日　星期六　风

今天早晨我在给弟弟复（辅）导家庭作业，英语家庭作业，他连马的单词都不会写，气得我任（忍）不住打了他一下，他哭着不做了，我也哭了。妈妈常常对我说：你要照顾好你弟弟，你比他大，多多帮助他，妈妈不管付出多大的代价都要你们上学。你们如果不好好学习，看怎样对的（得）住我。莫说对不住我，就连你一周背的馒头都对不住，更对不住的是你那两条腿。妈妈说的这些话我都记在心里，可是他就是不争气，我也不想听到别人说我有个弟弟在慢班。我俩正在哭着，我二伯伯又来了，他说我们有一块地，被什么人验受（收）上了，给我们弄好种树。你父母都不在，你明天到你姥姥家，把你舅舅叫着来给你挖树坑子。说完就走了。叔叔阿姨你们说，我该怎么办呢？还是去学习呢，还是回家干活呢？叫我该怎么办呢？我的心里乱七八糟的，心里很不是滋味。这里用语言无法表达，不知你们有没有这样的经历，如果有，也不用我说，你们也会明白的。我现在好想妈妈，想起她，我就流眼泪，你们说这是为什么呢？请在梦中告诉我吧！

2001年10月28日　星期日　晴

今天早晨天还没亮，我就去做馒头，给奶奶做饭。饭做着吃了，奶奶就说她想回家，我就送奶奶回家。我看见奶奶那白发苍苍的头发，那粗糙的手，奶奶这么老了，还不能过上那种悠闲的日子，哎，这真是太不公平了，在（再）有多少时间才能让奶奶过上那种悠闲的日子啊？又该走了，在（再）没有人穿着那干净朴素的衣裳，站在那里送我和弟弟了。我一定好好学习，在（再）不要让妈妈站在那里送我俩，我要让妈妈坐上小汽车去送我俩。

2001年10月29日　星期一　晴

今天听到一个好消息，星期三要其（期）中考试了。我高兴极了，这一下一考，可以证明我的本事，我并不比别人差，就是吃穿比别人差。但是我不在意这些，我只想读书。好对得起父母那双手。他们为了我们，不辜（顾）严寒，在外地打工，这是为了什么呢？还不是为了我们以后的事业，我一定要好好学习，决不辜负父母对我的期望。

2001年10月30日　星期二　阴

今天，天气好冷啊！我和弟弟又没有馒头了，正午同学们都在打着吃饭，只有我和弟弟站在那里，上牙嚼着下牙，下牙嚼着上牙。弟弟看见我流着眼泪，就好像很开心的样子，对我说：姐，你在这儿等着，我去借票买饭。我知道弟弟的心情比我还糟糕，他这是为了安慰我，让我不要为他着想。我进了宿舍，坐在床上，眼睁睁地看着他走。叔叔阿姨，你们知道我望的是什么吗？是那碗黄米饭。我等了好久，弟弟才来，说姐没饭了，就转身走了。我望着弟弟那远离的背影，眼泪不由地望（往）下流。叔叔阿姨，你们不知有过挨饿的这种滋味没有，我已经受过了这种让人无法忍受的痛苦。我在想，到什么时候上学，我才能不挨饿呢？

2001年10月31日—11月2日

这几天都在考试当中，我什么都没有想，连我那在外地的母亲，全身都是病、在外地打工的母亲，都没有想。你们说这是为了什么呢？不就是为了我们以后的事业吗？在考试这几天当中，有的同学把书都撕了，装在口袋里，为了考个好成绩，这不是害了自己吗？有的同学用圆柱（珠）笔把不懂的题和问题抄在胳膊上，以方（防）万意（一）。叔叔阿姨你们说，这样对吗？我在考试当中，连书都没有翻。记得小学有一位老师说过，在临考试之前，不要看书，只管耍，这样才能考出个好成绩。但我没有按老师说的那样去做，我仅仅坐在床上，想父母的苦处，父母不辜（顾）一切，难道就是为他们自己，为了他们的肚子吗？不是的，他们是为了我们，我决不辜负他们对我的期望。我下决心考好就是了。

2001年11月3日　星期六　阴

今天放假了，我实在是太高兴了。回家看爸爸妈妈回来了没有，好说说这周发生的情况，说说我在考场的发绘（挥）能力。我正想得入了神，有的同学就在我的耳边说，政治老师知道我们的分数，但有的同学却气势忡忡（汹汹）地说，政治老师光知道学习好的同学的成绩，根本就不知道我们这些没有名次的同学的成绩。听到这个消息，我就赶紧去政治老师家里，进到院子里，政治老师门上，早已挤满了同学。我就往里走，还没走进屋里，政治老师就说，马燕的数学考了114分，是这六个班的第一，语文考了90分，英语还没有阅出来。我高兴极了，当时不知道哪里来的那么多眼泪。心里总绝（觉）得有一种不平衡的感觉。当时，我含着泪水，走出了政治老师家的大门。我想，之所以今天我能有这样的成就，还不是你们，叔叔阿姨的功劳。如果没有你们的帮助，我不知现在漂流在何方。所以我要说一声，叔叔阿姨，谢谢你们，你们是祖国为依（唯一）的依靠，也是我——马燕为依（唯一）的依靠。谢谢叔叔阿姨们对我的关怀和帮助。听到这个成绩，内心无比地激动，让人无法用一个词或着（者）用一个字来形容，不知你们有过这激动人心的一刻没有？我却深深地有了这一次，叫我终生难忘。

新生和希望

2001年11月4日　星期日　晴

昨天到家，心中却一只（直）想的是母亲，更重要的是母亲的病，不知母亲的病怎么样了，母亲不在家，蹲在家里好烦好孤嘟（独），好没有意思。本来回家，来给母亲一个惊息（喜），可是母亲还没回来。为什么父母不在家，孩子们连一点精神都没有呢？请叔叔阿姨在梦中告诉我，我在这里也不必说了。想（相）信你们也有这样的体会，对吗？

2001年11月5日　星期一　晴

今天在最后的一节课上，老师公布了我们的成绩。这节课是班会课，班主任老师又给我们讲了些学习的方法，做填空题要填写最终答案，不能填过程。我知道这是老师在给我说话，因为我有一道题填了过程，没有填最终的答案。（接）下来老师又说，选择题只管选一个，没有必要选两个或两个以上，有的同学往往出这个毛病，希望我这次强调了，下次在（再）不要出这个毛病。计算题呢，你只管算，看用哪一种方法或着（者）用哪一种运算律算，哪种最简便，就用哪一种。应用题就要叫你去分析、审题、思考。老师说完之后，又叫同学们一个挨一个把自己的各门功课的成绩和总成绩说出来，老师要填表。说到最后，总分我才算个第二，299分。一个留级生是第一。我的眼泪不由地望（往）下流，老师还说我考得非常好，叫同学们要像（向）我学习。老师越说，我越伤心。妈妈不辜（顾）一切，去外地打工，我却这样来抱（报）答父母。但是老师今天所说的这些话，我都深深地印在脑海里，只要我记住老师所说过的话，按老师说的去做，我想（相）信没有学不上去的事。下次我一定要拿到第一。

2001年11月6日　星期二　阴

今天在第四节课上，政治老师又夸奖我，说他平时没有注意到我的却（缺）点和优点，更没有注意到我平时的闪光。通过这次其（期）中考试，马燕同学bào（暴）露了很多叫人无法想象的东西。通过这次考试，都完全出来了。我把她没有看出来。这话我在她的面前都讲了，不信你们可以问马燕。记得有一位同学，写了一篇作文，一次测验没考好，老师骂了声，我白教了你们一班驴，这女孩就在文章里写了一句话，老师你别小看我们，失败是成功之母，这也是对各位老师的忠告。同时，她也写了自己的真情实感。这个女孩就在本班，不出别班。同学们都仅仅（紧紧）地望着我。不错，这是我写的。今天我之所以能有这样好的成绩，是因为老师的那句话，如果没有老师的那句蠢笨的话，我也不会有今天的成就。更使我有成就的是你们和我的父母们，没有你们的帮助，没有父母的关怀，我更不能取得今天的成绩。所以我要说一声，谢谢所有关怀我的老师和同学们，最主要的是你们和我的父母。叔叔阿姨将来我会抱（报）答你们的，你们放心吧！

2001年11月7日　星期三　晴

今天我好饿啊！我好想吃啊！叔叔阿姨，一提到饿，我就想起妈妈，不知妈妈回来了没有。我一天只在学校里学习都觉得饿，妈妈一天跑山，不知怎么样了。何况她又有病，三周已没有见妈妈了。我好想妈妈啊！我现在好饿啊！星期二就没有馒头了，没有菜，今天我在吃饭的时候，没菜就在我以前的同学的菜盒子里捡了点菜，没来得及跟她说。她一进宿舍就骂，我不知道说什么才好，每当听到她骂的时候，我就想起爸爸临走的时候，给我和弟弟的4元钱。这4元钱已经花三周了，现在口袋里仅仅还有一元钱，肚子在饿，我也不舍得花掉它，因为这是父母的血汗钱，我不能顺手花掉。我一定要好好学习，以后再不要为了肚子、为了花钱而伤透脑筋。将来有了工作，我一定要让爸爸妈妈过上一个好日子，再不要为了我们去跑山。以后决不会。

2001年11月8日　星期四　晴

今天是个集，在我们上第一节英语课的时候，我在窗子边坐着。英语老师提出一个问题，叫我们大家回答，我突然感觉到眼前有一点点黑暗，我抬头望（往）窗外一看，原来是妈妈。我的心里无比激动，好久没见妈妈了。从窗边割（隔）着一层玻璃看妈妈的面貌，妈妈的脸蛋非常黑，手非常粗糙，不知不觉一节课下来了，一节课什么也没听明白。不过也没关系，下一节课再问老师，先去找妈妈吧！到街上爸爸妈妈都来了，我高兴极了，好久没有根（跟）爸爸妈妈在一起了，叔叔阿姨你们也同样，我现在好想你们啊！爸爸，妈妈，弟弟，我，走在街上，说着又说，忘了肚子饿。不知妈妈怎么想起来，说：你们俩（两）个还没吃饭吧？我俩点了点头。他们就带我俩到市场上各买了一碗五角钱的香菜，我俩就泡馍吃了。也许是妈妈想我们了吧！也许是关心我们吧！总而言之我想不明白。吃完，爸爸妈妈又带我们到各个商店去买冬衣，因为到了冬天天气冷了，就要买棉袄，穿上不冷。给我们姐弟三个各买了一身衣服，还有鞋袜，不一会儿就把一百多元花掉了，多么可惜啊！

今天一说开心，一说不开心，这是为什么呢？为什么争（挣）钱那么难，而花钱就那么快呢？不知不觉就把一百多元花了，这一百多元不知爸爸妈妈从何处弄来，不知花了多少天，几十个小时或着（者）几天才弄来这一百多元钱，我顺手就花了那么多钱。我长大能为父母做些什么呢？

2001年11月9日　星期五　晴

明天就要回家了，我今天非常高兴。今天上晚自习时没有电，好像同学们都很高兴似的。我想他们高兴的是没电，这节晚自习可以玩耍一个多小时，好让头脑清晰清晰，让学习轻松轻松。我高兴的是明天可以回家了，可以和妈妈坐在一起谈谈心了。好多周跟爸爸妈妈没有在一起过了。这会（回）回去，在（再）问一问爸爸妈妈在野外生活的情况，最重要的是妈妈的病。我想妈妈的病一定在山里发作了，那天集上我看见妈妈那粗糙的手，还有那黑黑的脸蛋，我就知道妈妈的病又发作了，何况她又在阴暗潮湿的地上睡。妈妈这样做是为了什么呢？难道是为了自己吗？不是的，她是为了我们以后的事业和生活。我一定要好好学习，决不辜负父母对我的期望，好让父母下半辈子过一个充满理想的生活。

2001年11月10日　星期六　晴

今天放假了，我可以回家了，美美地玩耍一会儿。心里还没想完，正想的（得）像真的一样时，正玩的（得）开心的时候，不知不觉就到了学校大门跟前了。到大门外边，同学们挤着坐车，但我和弟弟直战（只站）在那里，看别人坐车的姿势。有的同学问，你姐弟俩怎么不坐车，我弟弟想说什么可又没说，我就说车上的人这么多，叫我俩上去，到哪儿坐呢？看把我俩挤死。过一会儿我想一定还会有车的，你们先坐车走吧！我俩在这里在（再）等一会儿。他们走了，我俩才开始步行。你们也许会问，你为什么等他们走了，你俩才走，怎么你们不先走？这是因为，我不想让别人知道我家庭的一切，更不想让我和弟弟在学校里让人瞧不起。他们走了，我就和弟弟背上书包，含着泪水望（往）回走。为什么别人家的孩子能坐上车，而我们就不能坐车呢？都在一样的天地（底）下生活，这是为什么呢？难道是我伤了谁的心？假如我伤了谁的心，它惩罚我一个人就行了，何必要把我弟弟也带来在我的身边受罪？我正在考虑这个问题，突然来了个车，弟弟正要喊，这车就站下了，弟弟问您走哪里，他说走腰山，你们上车吧！我们就上去坐上。一只（直）坐到离我们家不远的路上，才下来。这人不但没问我们要钱，并且还鼓励我们好好学习，将来把祖国建设的（得）更加美好。叔叔阿姨你们说，这个事情巧不巧，我想这是老天爷有意安排的，你们说是不是？梦中告诉我吧。我知道你们这段时间很忙，不能来看我，请在梦中告诉我，你们不会见（介）意吧！我想（相）信你们也能理解我当时的心情，因为你们有金子般的一颗心。那一颗心是明亮的，我想（相）信能照下去的。

2001年11月11日　星期日　晴

今天傍晚5点多钟，妈妈起来给我们做饭，怕我们挨（饿）着肚子，就把我俩喊起来，把衣服穿好，头脸一洗，就去吃饭。在吃饭的时候，我看到妈妈的眼睛、脸、脚、手都胖（肿）起来了。我就问妈妈你怎么了，妈妈说没什么，可能起来得有点早吧！我知道根本不是这原因，妈妈的病一定是发作了。我就问妈妈，你是不是病发作了，她说什么发作了，我怕是把你喊得有点早，你怕是没睡醒，有（又）胡说吧！快点吃你的饭，车上来了。妈妈打断了我的问话。我知道妈妈这是为了我好，她不想给我增加负胆（担），叫我好好学习，将来能做一个对社会有用的人才。我决不辜负父母对我的期望，否则连妈妈这天晚上起来做饭的那双手我都对不住，还莫说对得起自己。

2001年11月12日　星期一　晴

今天我好想回家啊！再一次看看母亲的面貌和那双手，因为她今天又要出远门了。我非常不愿让妈妈出去，可是这也没办法。下周我和弟弟回去的时候，妈妈要看我俩的成绩单，我就把各课（科）考下的试卷都给妈妈看，妈妈看了我的，脸上有了一丝微笑，说我没有白公（供）养你，你算是没有辜负我对你的期望。她又看弟弟的试卷，拿到手里，脸就凉了下来，说，你怎么对得住我，怎么对得住你一周背下的馒头？我在山里，你知道我一天是怎么熬下来的吗？我抱着多大的希望，你却这样来学，叫我怎么不伤心，怎么不失望呢？

想到这些，我非常地想回家看看妈妈，想请个假回家一堂（趟）。如果回去了，我想也见不上妈妈，等我回去的时候，我想她早已走了。虽然我不能见到她，但在这里我要祝愿妈妈身体平安，不要在山里发作了。这会（回）一旦发作了，就没有人照应妈妈了。这会（回）爸爸没去，希望妈妈这会（回）的病不要发作。妈妈回来家里蹲不上两三天，就要走，我好想让一家人团圆，开开心心地坐在一起吃午饭或着（者）谈心。可是始终没有这一天。我好想要一个温暖幸福的家庭，可是老天爷就是不给，就让我一只（直）这样伤心、痛苦地生活下去。更痛苦伤心的是母亲，她一年四季在外面，你们说这病是从何而来？她带病出去，是为了什么呢？是为了我们姐弟三个以后的事业和生活，可是我那弟弟就是不给母亲争气，要她每次都失望，你们说她怎么不伤心呢？怎么不痛苦呢？

我想我一生最大的愿望就是让妈妈的病一天天地好起来，有一个家庭团圆的幸福生活。如果我一旦成功了，我想这个成功也是妈妈给的，我要永远珍惜保存下去。叔叔阿姨我好想你们啊！为什么我的痛苦这么多，泪水总是流不完？为什么这泪要让我一个人去流呢？为什么不分给四面八方的人们去流，偏偏让我一个正是一朵花的少年流呢？你们说这是为什么？难道我把这泪水流完，才能成功？不流完就不能成功吗？我不想

（相）信这个，我一定要走下这条难走的道路，决不让它得成（逞）。

2001年11月13日　星期二　晴

不知妈妈昨夜在哪里过的夜，是在阴暗潮湿的土地上休息了，还是在公路边的石台子上休息了。我想妈妈这一夜肯定没有休息好。因为已经到了冬天，天气非常的（地）寒冷，由（尤）其是夜晚两点左右，温度都在零下摄氏度。何况妈妈又有病。适（拾）发菜的苦处我也是知道的。那是在你们走后不久，我跟着父亲也去了一堂（趟），那还是在夏季，已经到了夜里一点钟了，车没油了，我们就下来，在一个田野里睡了，把背（被）铺在地上，不一会儿背（被）上就满是土。我睡不着，坐起来就数天上的星星，数着数着就想起了小学学过的一篇课文《数星星的孩子》。他是一个男孩，夜晚他靠在奶奶的身旁数星星，奶奶说星星是数不清的。但这个小男孩却说只要有信心，想（相）信一定能够数清的。这句话一只（直）让我不能够理解。今天我看这星星，好想靠在妈妈的身旁也数一数星星。今天我才知道这星星是数不清的，到这里我才知道外面的世界竟这样大。长这么大仅仅才出过一次门，就觉得太可怜，太痛苦，太伤心，好想家。别人会瞧不起的。但妈妈她为了这个家，为了我们姐弟几个以后的事业，她不辜（顾）一切去争（挣）钱。她这样地苦，她这样地做，是为了什么呢？我想妈妈活得实在太痛苦，一天活得实在是太累了。我一定要好好学习，以后有一个好的成就，要让妈妈过一个一天比一天快乐的生活，不在（再）有那种痛苦和累。但愿我这个愿望能早早实现，好让妈妈早一点过上一个快乐的生活。

2001年11月14日　星期三　晴

今天放学回家吃饭的时候，别的同学都走了，只有我一个人在教室里写作业。突然听到有人在喊我似的，抬头一看，原来是马月花在窗子边喊我，说我父亲来了。我高兴极了，就赶忙把作业放下，跑出去，爸爸已经在那里等后（候）了。他说你现在再（在）干什么，我说我在写作业。我妈妈在家呢，还是出门了？爸爸说已经走了两三天了。我的眼泪就不由地望（往）下流。已经到了冬天了，她也不知怎样熬过这几十天的严冬，何况她又有病。妈妈接二连三地望（往）外走，又是这样冷的天出去跑山，真是苦了妈妈了。

我和爸爸走在街上，爸爸说这又说那，说好想让一家人团圆，坐在一个饭桌上吃顿饭。走在菜市场，看到买菜的人手里的钱，又想起妈妈上周给我的10元钱，叫我去买票，家里没有米。我真舍不得花掉它，就给在爸爸的手里，爸爸说这不行，这样下去会把你饿死。他非要去买米，我不让他去，他硬要去，我没办法拉住他，只好哭了。他说你哭什么嘛？不吃是不行的呀！这样下去会饿出病来的。我不想花掉妈妈用血汗换来的一分钱。这10元钱我不知道妈妈是怎样弄来的。不知跑了多少个山头，多少个深渊，才弄来这10元钱。妈妈一天吃着那么大的苦，都吃不上点好饭，何况这种苦，我也吃过一次，实在是太难熬了。尤其是在下雨天，被、衣服等等都湿了。这些都是小事，一下雨菜湿了，地面也湿了，饭也不能吃，也不能睡觉休息，只得烤一夜火。这又是冬天，比夏天更难熬了，一下大雪，找不上发菜，不能吃饭也不能烤火，活活把人冻死。希望妈妈那里不要下雪，同时希望让她和我们村庄的父老乡亲们早一点儿回来。我饿一点儿没关系，妈妈一天吃着那么大的苦，都吃不饱肚子，还莫说我。爸爸只是望着我，盯着我的眼睛，眼角全是泪水。他好像觉得自己没用似的，沉默无云（语）地望着别人。不管他怎么想，但在我的心里和眼里，我的父亲是最伟大的、最高大的，没有人比得上我的父亲。但这种痛苦的生活到什么时候才能抵消呢?

2001年11月15日　星期四　晴

今天早晨上操的时候，又来了一个新政策，我们初一、二、三年级要到街上去跑操了。我们上操迟了一步，四班到我们的前面了。我们就飞快地望（往）前边赶，把他们赶上的时候，我全身都是汗，从这一点可以看出我们跑的路程是相当多。把他们追上的时候，我们跑得非常好，也跑得非常齐，好像女子特警队似的。当然我们并没有跑得那么齐。在这里我只用了一个比喻而已。当地的居民清晨都到街上瞧。我觉得我们做学生的太好了，就是苦了咱家的父母，特别是我的母亲。如果我们到这充满阳光的教室、充满欢笑的校园里不好好学习，怎能对得起我的父母，怎能对得起我抗美圆（援）朝回来的爷爷?更对不起的是自己。如果不好好学习，怎能对得起自己这难熬的一天?

对于有钱人家的孩子来说，这一天不算个什么，一晃而过。对于我一个出身贫穷的孩子来说，这一天实在是太难熬了。这不是学习上的事，学习还在全校是有名的呢，主要是生活太苦了。所以我要好好学习，将来不在（再）有挨（饿）肚子的现象。当然更重要的是母亲了，以后不要再让妈妈离家出远门了，好有一个常常全家团圆的幸福家庭，不在（再）有那种痛苦烦恼的事情。我要努力地去学习，不断地去争取，去实现我的理想和梦想。

2001年11月16日　星期五　晴

好几天没有见着政治老师了，好想见一见政治老师，特别是他那面貌和语言，很容易引起我的愉快，抵消我的痛苦和烦恼。所以，我非常想和他接处（触），因为他可以让每个不愉快或烦恼的人，都开心起来。我几乎每天都有痛苦和烦恼，头望（往）下低就想起妈妈说过的话和她那双手。我不知道为什么在我的脑海里常常出现“妈妈”一词。我爱政治老师的语言和面貌，还有他做人的分（风）格，但不喜欢他的课程。一到政治课上，我就偷偷地做其他的作业，政治老师时常提醒上课要注意听讲。可我就是不改，也许养成了这种习惯吧！今天在政治课上，政治老师把我叫起来，说你能回答我一个问题吗？我只有摆一摆头，老师就让我坐下。我知道老师要问我哪件事，你能不能专心听讲，所以我就没敢答应老师，政治老师把我看得太起了，我却总是令他失望。以后我一定要把这种坏习惯改掉，决不再让政治老师为我而感到失望。同时，让妈妈那双手出现在我的眼前，再不要复（浮）现在我的脑海里。这句话的意思就是说，等我长大了，有了好的成就，不在（再）让妈妈出门劳累，再不要让我在家思念她，让她在家中过一个幸福美满的生活，让我每天都见着她那双手，不再有那种思念之情。

2001年11月19日　星期一　晴

今天中午放学回家吃饭了。我今天没打饭，因为我是回族嘛，到了封斋的时候了嘛。我封上了斋，今天中午有一点空闲的时间，就到邮居（局）来给你们寄这封信了。为的就是让你们放心，我一切都收到了。更方便的是给你们打电话。可是我身上常常没有钱，也没钱可带。就是你们给我寄下的一千块钱，我也不舍得把它拆开花掉。我不想让为了我的人，用血汗换的钱，让我白白地郎（浪）费掉。

一个人走在路上，感到非常地孤独，又想起了妈妈。要是妈妈在，那该多好啊！今天我可以和你们通过电话对话了。因为我做每一件事都是要通过妈妈的。通过妈妈的评价，我才赶（敢）做每一件事。要是我做错了事情，又是自作主张的，她就不得了了，非唠叨一天不可。有时我怨恨妈妈，但现在想起来，妈妈还不是为了我好？我不应该去怨恨她或责备她。如果没有妈妈的热心教导，我也不会有今天，不会有今天这样的成熟，不会懂得人世间的温情和世界。如果没有妈妈的教育和认真的扶（抚）养，我也不会懂得每一分钱的用途，不会懂得这一分钱是从何而来的。没有妈妈付出的一切，就没有我——马燕的今天，在这里我还是要感情（激）妈妈的。感谢妈妈，让女儿有了成熟的这一天。感谢你们让我有了自己的理想和梦想。如果没有你们的帮助，我不知现在在何处留郎（流浪）街头。叔叔阿姨，马燕决不会让你们失望的，决不辜负你们对我的期望。同时我要实现自己的理想，达到我的目标。我想（相）信我一定能做到的。

2001年11月20日　星期二　晴

今天又是一个集，爸爸会来取你们寄下的那一千块钱的。下课了，我就匆匆去找我的父亲，走在街上碰见父亲，问他把钱取来了没有，他说没有。就这样我们匆匆分别了。现在回想起父亲的面貌和穿着，叫人实在是心酸。不知父亲的脸怎么了，叫人看上去很不舒服，还有他的衣服，那么脏。他怎么也不收拾呢？也许是顾不上吧！因为家中有些发菜，他还要一个一个地抽里面的财（柴）。快上课的时候，我又跑到街上去找父亲，始终没有找到父亲，却见到我们村庄的一些人。他们坐在车上，好像再（在）等待着要回家似的，好像买了些好东西似的，非常开心，有说有笑。但我却含着泪水，满街地找父亲。但是怎么找也没找到。我就到学校大门跟前，等待着父亲。上来一个车，没有父亲，下去一个车，没有父亲，一辆一辆地都走光了。我真不知道父亲把这件事办完了没有。想到父亲的面貌和穿着，我不仅（禁）有（又）一次流下了眼泪。上次爸爸去取，要身份证，这回去取，又要等到12点多，没有给一个特定的时间，真不知道爸爸把钱取出来没有。我真担忧。我一定好好学习，绝不像今天爸爸这样。我简直不敢相信现在的人。他们吃的、喝的、住的、穿的都有，他们为什么不做有利于人民的事呢？偏偏做让人痛苦的事情呢？希望在我的家庭里不要出现这种结局。

2001年11月21日　星期三　晴

今天下午放学了，我往宿舍里走，我在这儿认下的一个妹妹打了我一下。我说，你打我干什么？我又没做错事。她说：我不但打你，而且还要批评你，你为什么晚上学习，用马永梅的蜡蛛（烛）。今天上午她把整个宿舍都要喊破了，说你用完了她的蜡蛛（烛）。当时，我不知道我怎么了，只是呆呆地望着她，我的妹妹。我真不感（敢）相信她，她在中学和我最好，在一起住，又一起学习，她是我最信认（任）的人。但我错了，我看错人了。我只看了外表，根本就没有注意到她的内心。原来她是一个这样狭小的人，一个不讲信用的人。妹妹又问我，你就（究）竟用了没有，我只是摇摇头罢了，我无法用一个词来回答这个问题。妹妹又说，姐姐，我想（相）信你，你没有错，你是对的，不要太伤心过分。就这样她走了。我又到灶上去打水，六班的同学又问我这件事。我没法对她们说，就上前去问马永梅就（究）竟是怎么一回事，她为什么要这样地侮rǔ（辱）我。走了不远，又想起了妈妈，想起妈妈说过的一句话。为了一件小事，又跟一个不称职的人去讲道理，还不如去学习一会儿。要想读书，要想以后有一个好的事业出现在你的眼前，你就必须得吃亏。妈妈的这句话时时刻刻记在我的脑海中。但这件事叫我不能很快yí（遗）忘。不知她为什么要跟我作对。我想（相）信我的眼力，她不是为了这件事而侮辱我，而另有隐móu（阴谋）。我想紧（尽）快弄清这件事，求得我的清白，好让我安心学习，不再有杂念。希望这小小的愿望实现。

2001年11月22日　星期四　晴

这一周过得特快，不知不觉已到了星期四，我好想回家，hèn（恨）不得现在就回家，回家见到妈妈，把你们来信的这个好消息告诉妈妈，叫她在（再）不要听到别人的谣言之后，胡思乱想。想到妈妈，又想到你们和你们的来信，我又想起了一件事。那天写信的时候，我忘记了一件事，只顾说自己的事情，忘记了说村子里的新鲜事。我们这里又开是（始）退根（耕）还林了。每一周回去的时候，村子里都要变个样，每个山坡上都有坑和浩（壕）。到春天就要植树造林了。到那时候老百姓是多么的兴奋啊！就要绿化祖国了。我想，再过几年或者几十年，我们的村子肯定是变化的。不再像今天我们这个村庄，到处是山坡，到处是黄土，站在高处看村庄，只是黄辣辣的一片，看上去光tū tū（秃秃）的，要什么没什么，连一个特有的景色都没有。经济又不发达，只知道靠拾发采（菜）生活。我想以后再不会有今天这个局面，村庄会是一片绿的景象。到时候，村庄的人也会有丰富的知识，会gǎo（搞）建筑的。我一定好好学习，长大能为村庄老百姓的生活效一分力。

2001年11月23日　星期五　晴

今天是个集，我多么盼望妈妈来啊！不知她从遥远的地方回来了没有。我多么想见她啊！大概已经有两周没有见妈妈了。我真的好想她啊！这么冷的天，不知她是怎样熬过这每一天的。何况她又有病。我真不愿意让妈妈常出门在外，更不愿意看到妈妈每次回来那一张脸和那双粗糙的手。

2001年11月24日　星期六　晴

早晨在升国旗的时候，我又回忆起中国共产党在战场上会歌越马（挥戈跃马）的情景。特别是唱国歌的时候，好像战争就在我的眼前。他们太伟大了，我真为他们感到骄傲而自豪，他们才是智慧的人。说到这里，我又想起了我的爷爷，我的爷爷也是一个老红军，他是朝鲜战争回来的，是抗美圆（援）朝回来的人。如果没有我爷爷的一些牺牲，我们也不能安静地坐在这充满阳光的教室里学习。去学习新的知识，去完成上代人的心愿，把祖国建设的（得）更加美好。

或许有人问，你不知道你以后是怎样的一种结果，那（哪）还谈的（得）上建设祖国。有一位老师曾经说过一句话，人人说是为祖国做贡献，那都是撒谎，他都是为了自己，为了自己以后的钱（前）途和事业。这一句话叫我硬记在心里。我认为这句话不完全正确。我就有这样的恒心。我如果一旦成功，受现（首先）就是建设祖国，之后在（再）为自己着想。受现（首先）我要让老百姓过上幸福安温（稳）的日子，不再有那种全家离散的家庭，让一家人团圆，能在一起吃饭，不要在吃饭的时候缺一个人或着（者）两个人，老让人流眼泪吃饭。我就有这种亲身体验，还老影响学习。所以，我要让他们安心的（地）学习，不要为家中的事而操劳，长大成才，能进一步地改善祖国的面貌。

2001年11月25日　星期日　晴

今天奶奶在我们家里过夜，我非常高兴，于是就给奶奶铺背（被），放枕头。又给（跟）奶奶睡在一起，听妈妈讲山里的故事。一说太苦太累，又一说比在家里快乐。其是（实）妈妈并不快乐。她像（想）让奶奶放下心，不要为她的病而耽（担）心。奶奶已经七十多岁了，耽（担）心是对身体不好的。妈妈说，那是在夏天的一天，天下着蒙蒙细雨，背（被）、衣服什么都湿了，饭没法做着吃，又在这潮湿冰冷的地面上不能睡，只好站一夜。妈妈说到这里，奶奶的泪水不尽（禁）sù sù（簌簌）地流下来。妈妈看到这情景以后，又给奶奶说了些开心事。我知道山里根本就没有家里好，她这是在安慰奶奶，听到伤心的事不要痛哭。

不知睡到晚上妈妈怎么了，腰疼的（得）接不上气来，只是悄悄地在流眼泪，又不敢放声，因为奶奶已经休息，她不想让奶奶受到惊吓。妈妈带着那样大的病，傍晚起来还要给奶奶做分zhāi（封斋）的。我真为妈妈伤心，她这病是哪里来的呢？还不是为了我们，在潮湿冰冷的地面上休息了吧。我一定要把妈妈的病治好，不要带着酸甜苦辣的心情和病痛去给奶奶做分zhāi（封斋）。希望这个小小的愿望紧（尽）快实现，让妈妈jié出（结束）病痛，回（恢）复原来的样子，永远年轻、快乐。

2001年11月26日　星期一　晴

离开家中的亲人，真是好孤独啊！好伤心啊！虽然这次回去见到了妈妈，见到了所有我想见的人。只是没见到叔叔阿姨你们，我感到很意含（遗憾）。不果（过），你们的身影还时时刻刻印在我的脑海中。不知你们的身体如何，工作（是否）顺利？叔叔阿姨，已经到了寒冷的冬天，希望多加几件厚衣服。你们也不要为了我而累坏了身子，累坏的身子是不好受的。我虽然没有亲自体验过，但从母亲的疼痛中可以感受到，这句话我记得上次信里说过了，这里再一次强调，就是要让你们多注意身体。今天我好想家啊！好想和妈妈坐在一起吃顿饭。到什么时候我才能自由呢？才能和妈妈天天坐在一起吃饭聊天呢？请叔叔阿姨告诉我。相见不能诉说，只要在梦里就行。总的一句话，我就是想家，更想妈妈。为什么别的孩子说离开父母好，自由。而我觉得并不好？那（哪）怕在家里，天天干活，每时每刻。做不好，让妈妈批评都行，就是跟父母在一起好，你们说这又是怎么一回事呢？

2001年11月27日　星期二　晴

今天又是一节政治课。我记得我曾经说过不太喜欢政治课，但现在我越来越喜欢它了，更喜欢我的政治老师。为什么在政治课里面，全是关于家庭和学习方面的事，老师每次提起“家庭”这两个字的时候，我就想起我的家，想起我的父母亲，想起母亲为了我的那双手。又想起刚刚夸（跨）入中学大门时的一次测验，数学仅仅考了57分，这是我有生以来最底（低）的分数。想起这些，不仅（禁）sù sù（簌簌）地流下了眼泪。叔叔阿姨，为什么每次上政治课的时候，我都要流眼泪呢？都要想起家里的一切呢？你说不要想，它偏要望（往）哪（那儿）想，你们说这是为什么呢？

说起这些，我又想起一件事情。今天在集上，我叫爸爸给我买点容脸的，好几周没容脸了。爸爸说他没带钱。我说我这里有钱，你陪我去。爸爸说让我自己去，说完就走。我多么想和爸爸在一起说说近几天发生的事啊！总觉得和亲人在一起就是好。可爸爸就是不同情人，但我也不怪他。就一个人去买容脸的。买了五角钱的，还买了一块钱的牙膏，还剩下三元五角钱。这还是妈妈给我的零花钱和买学习用品集（积）攒下的五块钱。差不多快一学期了，整整在身上装了三个多月。今天才把它一个整块给拆开了。我觉的（得）非常的（地）可惜，非常的（地）心疼它，心疼妈妈。这五块钱不知妈妈吃了多少苦才弄来的，我顺手就把它花掉了。我觉得我非常的（地）残酷，为了自己而不辜（顾）妈妈的一切。到什么时候，我才能不心疼她呢？

2001年11月28日　星期三　晴

今天晚自习下了，我的一个同学叫我到她家做客。这个女同学，就是我认下的妹妹。她的家离中学不远，只过一个沟就可以到她家。在路上有好几个同学，望（往）回走的时候，看上去她们非常的（地）开心，非常的（地）欢乐。看到她们欢乐喜悦的样子，我也好想回家。听到她们说家里的事时，不知蹲在家里有多么好。和家人坐在一起说一天的事情，多好啊。到她们家里，我感觉到很不习惯，很别扭。但她们非常的（地）热情，问这问那的，感觉很舒服，就像何阿姨那甜美的声音。跨入大门时，首先她父亲出来接迎我们，不像我爸爸，我们家一般来人，都是妈妈接待。爸爸只站在旁边，因为他根本就不知道什么叫作人情世故。进入房间，首先端上来的是热气腾腾的两碗蒸肉。肉吃完，又端上来些水果。我真慕幕（羡慕）她，能有一个幸福温暖的家，可以不为家中的事而操劳。想到她们家吃肉，我又想起我家。我家好久没吃过肉饭了。下个集无理（论）如何要弄斤肉，让我妈妈吃。

2001年11月29日　星期四　晴

今天下午的最后一节是空堂课，我们的班主任数学老师来了。他站在讲台上，说这几天发生的事情：二班有打架的，两个站在罗老师的门前，四班有五六个站在马老师的门边；四班的好几个学生骂语文老师，那位老师气得没办法，只是个哭。我说了这么多的意思，是因为近几天发生的事情太多了，希望你们在这放假期间不要留下坏的印象，给各位老师留下一个好的印象。总的说来我们三班的纪律还是最好的，希望你们能保持下去。

2001年12月1日　星期六　晴

昨天回来，推开门，首先引（映）入眼帘的是妈妈，她在坑（炕）

上铺着一个背（被），在坑（炕）上睡着。我已知道妈妈的病又发作了。爸爸不在家，弟弟出去玩了，只有妈妈一个人在坑（炕）上睡着，身边连一个亲人都没有，是多么的（地）孤独，是多么的（寺）伤心。看到这情景，我是多么的（地）悲伤啊！妈妈付出的太多太多，在最需要亲人关怀的时刻，竟没有一个亲人来安慰她。看到这情景，我是多么的（地）伤心啊！父母为了儿女，已导致今天这种结局。妈妈真是太苦了，太累了，太悲伤了。我一定要好好学习，要让妈妈结束这种哲（折）磨和痛苦。

2001年12月2日　星期日　晴

我好不愿离开母亲，昨天到家，今天就要走，连母亲的面貌都没有看清，今天就要离开。如果不是为了求学，我真不愿离来（开）的。老天爷为什么要对她那样的（地）残暴呢？妈妈是那么坚强、善良的一个人，老天爷为什么要那样对待妈妈呢？叫她周身是病，我真是想不通。想起妈妈的苦处，我好想放声大哭一场，来消除妈妈的痛苦。

2001年12月4日　星期二　小雪

雪花纷飞，我又想起久别的古（故）乡。下午的第二节课是历史课。老师上课，我在窗户边坐着，头一转看到飘扬在空中的雪花。看着在天空中自由飞翔的雪花，大片大片望（往）下落的时候，我又想起小时候经历过的事情。那是一个严冬的早晨，下着鹅毛般的大雪，父母都不在家，你们知道他们到哪儿去了吗？他们在很远的地方去拾发菜了。妈妈的病，就是在那个严冬，下着一场雪时发作出来的。记得那一场雪非常的（地）大，是我有生以来第一次见到的一场大雪。雪停了，风也停了，我们姐弟三个和我七十岁的老奶奶就去背雪，把一个井都背满了。这一冬，我们没有缺水喝。每当周六回去的时候，妈妈叫我背驴粪，我背不动，妈妈就提起那件事。那时那么小，那么坚强，可现在变得软弱无能，你说你现在叫我该怎么办呢？每当妈妈提起这件事，我就想起那一年严冬的冷，不知爸爸妈妈是怎样抗（扛）过来的，我是怎样把一块块雪背到井里的。现在已想不清了，但愿，我现在比那时更坚强。

2001年12月5日　星期三　阴

今天又有一件不顺心的事，又有一件让我难以做到的事。今天下午，我把饭打着来和弟弟分了，去给弟弟捡菜，没菜了，我就问马××要菜，她却一瞪眼，挖了我一眼。我给弟弟把饭分了，等着要菜吃饭，她却待理不理，转身去买菜了。一只（直）等着她来，才弄了一点菜，嘴里还念dāo（叨）着骂我，借下的金菜还银菜那么紧急。我想向这种人借什么东西，都是愚蠢的人，其中我就是一个。在她吃饭时没菜，问这个那个借不上菜，我好心好意借给她，她确（却）这样来对待我。好人真是没有好保（报）啊！看到她在刹那间的困难当中，我又想起我的困难，不知在那坎坎坷坷不平的路上，在那磨难当中是怎样度过来的，我已记不清了。今天，受到这么点挫折就已受不住了。

2001年12月6日　星期四　阴

今天又遇到不少事，从昨天到现在没有菜，一只（直）甜（淡）吃。今天下午我把饭打来，宿舍里的一个汉族女子，说我弟弟在她的床上踩了，又和她吵嘴了。她就在我的身上出气，我就只好任（忍）着。谁怪我那个不争气的弟弟要踩呢？把饭打着来，和弟弟分了。他还说没菜，叫人怎么吃得下去？气得我只是流眼泪。我和你在一起，在一起学习。我到哪里给你弄菜去呢？买菜又没有一个钱，说没钱吧，我的身上倒有一块钱，可我就是舍不的（得）花。硬着甜（淡）吃都不愿花掉一分钱。因为这钱是你们和我父母辛辛苦苦争（挣）来的，是用血汗换来的，是你们的血汗钱。每当我买学习用具时，掏出钱时，好像你们就在钱的上面，那上面现出你们的影子。特别是你，何阿姨那一双眼睛，常常出现在我的眼前。还有妈妈，每当买什么东西时，就想起妈妈的那双手。她为了我不知付出了多少代价。今天在甜（淡）吃饭的过程中，我吃得非常的（地）香。叔叔阿姨你们知道这个“香”字在这里的含义是什么吗？老人常说，甜（淡）吃饭眼睛瞎呢。但我今天却没有瞎。这就是说老天爷还是有眼的。我一定要改善今天这种居（局）面。叔叔阿姨你们知道我在吃这顿甜（淡）饭的时候，想了多少事，流了多少泪吗？在刹那间，我觉得我是世界上最伤心、最痛苦的人了。这事一过，我又觉得我是幸福的，因为我的身后，还有你们在支持鼓励着我。叔叔阿姨，我不会被这小小的挫折压倒的，我一定要战胜，决不辜负你们对我的期望。

2001年12月7日　星期五　阴

今天是个集，我带着喜悦的心情听了第三节课。今天这三节课好像很快，不知不觉就下课了。我带着多么大的希望去赶集，因为上周六妈妈告诉我，今天她一定回（会）来，因为已经到了开斋的时候了嘛。要好好请开斋的，所以她要来办点礼物，请老人开个斋。狂风呼啸，冻得人的手都从口袋里掏不出来。我漫步在大街上，往远处看街上什么人都有，都冷得哆嗦。我东看西看地找妈妈，满街就是没有我的妈妈。眼泪顺着脸颊流了下来，在脸上都冻上了小冰豆。望着戴白帽的夫人们，似乎好像妈妈，我想追上前去抓住她的手，喊声妈妈。脚步向前一迈，好像清醒过来，有人像是喊住了我。突然脚步停了下来，转身一看，原来是爸爸。这时我的心没那么空了，但是还是比不上妈妈。爸爸一来，没说上两句话就走了，但妈妈不一样，她一担（旦）来了，问这问那，就给人一种舒服感，亲切感，让人难以分离。在这里我又有一个问题要问你们，我的叔叔阿姨们。为什么我总想妈妈，依恋妈妈，你们说这是为什么呢？面前无法回答，但在梦中一定要告诉我。

2001年12月8日　星期六　晴

今天放假了，心里有说不出的高兴，因为今天夜里我们家要请开斋的。走到大门口，别的同学都纷纷地坐上了车，都赶着回家，只有我和弟弟站在那里，一动不动地望着他们。我想坐车又舍不得掏钱，不坐车，赶着走回去，夜已深了，作业也完不成，就一鼓劲地上了车。到了家门口，给了一块钱，疼在了我的心里，但我也知道司机争（挣）那一块钱也是不容易的。回到家巾，妈妈又骂我俩，你俩这么大的人了，不望（往）回走，还掏钱坐车，你知道这一块钱是从哪里来的吗？妈妈说到这里，我又想起你们，想起妈妈的苦处。回到家中又听见妈妈的咳嗽声，又觉得这一块钱花的不应该。不坐车，给妈妈买一块钱的药，她吃了，早点健康起来，再不要让我在校时常想念妈妈的病情。但是我没有做到，我感到非常遗含（憾），又觉得妈妈批评的（得）非常正确，非常合理。我觉得妈妈是世界上最有头脑的人，女儿佩服妈妈，她是世界上最最聪明的人。可惜她没读书，只是苦了自己。但我保证在（再）没有下次，以后会让父母过上好日子的。

2001年12月13日　星期四　晴

今天又是一个集，我非常高兴，愿（原）以为妈妈会来，给外婆家送开斋的。到集上妈妈却没来，我的眼泪自然地顺着脸颊流下来。妈妈竟让我集集失望。底（低）下头走着走着，就碰见了外公和父亲。他们俩好像再（在）说什么，看上去谈得还停（挺）有精神的。可是看上去非常丑，穿得那么破烂，还在腰间加了个带（袋）子，看上去又加上了一份丑。我看外公年老的样子，不知在这个珍贵的日子他吃了点什么？我这个做外孙女的也应该进（尽）点孝心。于是给他买了五角钱的苹果，准备给他回去开斋，可是他早已回家了。走到菜市场上又碰见外婆，她说我外公叫她来买点苹果，于是我就把苹果给她，又买了一块钱的梨给她。一会儿就花了这么多钱，我真不愿意花掉，但这不花也不行。于是就往学校走，走到菜市场门口又看见一个老人，很像我奶奶，于是又想奶奶了，又给奶奶买了五角钱的梨。她也七十多岁的高龄了，我也应该进（尽）点孝心，把我买本子的钱kòu（扣）下来，给奶奶买了梨。这是我从小学到现在一次性花的最多的钱，两元钱。除去去年在县城考试以外的那三十五元钱，这就是花钱最多的一次。可不花也没办法，假如你们有一个节日的盛会，也会给家人买一些好吃好穿的东西的。我也没有什么，只不果（过）进（尽）我一点责任和孝心。

第三部分

2003年1月1日—2004年5月17日

这部分日记从2003年1月1日至2004年5月17日。在这段时间里，马燕成了村里的第一个女初中生，她全力以赴地学习，不断接受中外媒体的采访。到巴黎、北京及中国的其他大城市对《马燕日记》做宣传活动，捐赠版税帮助其他失学儿童重返校园。

马燕体验着生活中从没有过的喜悦，也尝到了未曾预料的烦恼，并努力创造着自己美好的未来。

2003年1月1日　星期三　多云

在这新的一年里，我祝我的红军爷爷身体健康，生活愉快，但孙女儿觉得给您最好的礼物是写一段您生活的故事：“爷爷的历史”。

爷爷的历史

他是一个沉默寡言的老人，斗大的字不识一个，但他的青春是灿烂的，是伟大的，因为他的青春是和祖国人民的命运，朝鲜人民的命运联结在一起的，多年戎马生涯中，他把血和汗洒遍了战场的每个角落。四十七年过去了，如今留给他的只是被炮弹击中留下的伤疤，还有这些年来清贫如水，连肚皮都无法填饱的生活。

他的身世特别可怜。爷爷连自己的爹娘是谁都不知道。在他四岁的时候，被别人收养。因为那个时代特别穷，收养爷爷的那个人怕他将来长大了娶不起媳妇，就又收养了一个女孤儿——现在的奶奶，让他们订下了终身。他的少年是靠给别人放牧度过的。直到十七岁那年，也正好是民国二十七年，中国兵荒马乱，国民党到处抓劳役，有银两的要上交银两，人才可以免受劳役之苦；没银两的，只能被国民党抓去，当奴役或拉长工。因为爷爷不是亲生儿子，再说祖爷又没钱，厄运只会降临到爷爷头上。当时他被抓到银川的一个毛线纺织厂做长丁，靠每天几个窝窝头，毫无报酬地劳动了好几年之后，又被国民党编到部队，被迫为国民党效力两年。后来，他同军官吵架，游过黄河，参加了共产党的军队。1949年全国解放时，爷爷二十八岁。

中国人民从此站起来了，然而美国对我国的邻国朝鲜发动进攻，同时也威胁着我国的领土和人民安全，此时，我国动用了自己的兵力支援朝鲜。爷爷将生命交给了祖国人民和朝鲜人民，将他疲惫的步伐迈向了抗美援朝的道路。1949年3月赶往重庆进行了7个月的急训，1949年底开始走进朝鲜战场。当时正是冷风刺骨的寒冬，他们背着约40公斤重的包袱，其中包括鞋8双，手榴弹3枚，子弹2袋，冲锋枪1杆。他是机炮连战士，常常在前沿阵地为其他连队打掩护，冲在最前，退则在后，当时的战场是“洞子山”，司令是彭德怀，营长是马赵东，连长和班长是谁已记不清了。在朝鲜战场时间长达3年多。作战期间，他们靠直升机送下来的面包、饼干充饥，有时候被敌人围困，就靠啃皮带、喝马尿维持自己的生命，爷爷说：“我们保住自己的身体继续作战，是因为只有保住命，才能保护无辜的朝鲜难民。”无数颗炮弹、子弹与爷爷擦肩而过，只有一发子弹和乱飞的炮弹皮给他身上留下两个无情的疤痕，如今也成了一个军人的见证和一件战争的纪念。

抗美援朝战争胜利了，爷爷随部队从朝鲜返回到东北辽西。驻扎数月后，1955年6月复原回到同心县预旺乡张家树村，与奶奶结婚，定居下来，那年爷爷三十四岁，也是他人生的第三转折。他原以为后半生是幸福多彩的，但万万没想到他在这个小山村默默地度过了47个年头，如今已是八十二岁高龄了。在这些年里，他的生活充满艰辛和痛苦，被嘲笑、折磨，尤其是“文化大革命”期间，被那些所谓的积极分子斗得不成人样。直到包产到户，他每月才能拿到政府的补助。就是靠补助和几亩旱田，他养家糊口，给5个儿子一一娶了媳妇，爷爷家现已儿孙满堂，成了拥有37口人的大家族。原有的那些旱地和乡政府现在每月80元钱的生活费，不够让爷爷过一个幸福的晚年。我爹和几个伯伯、叔叔根本尽不了养老的义务，除非他们夺去对自己儿女上学的权利，那样，或许勉强能尽这个义务。如今看到那些小弟、小妹一个个辍学，我好难受，这样代代相传，何时完！爷爷将每月80元的补助分成几份给了孙子上学，自己连件衣服，连双鞋都穿不上，自己有病从不去看医生，老是忍着，他就是这样一个固执的老人——我的爷爷。

爷爷当兵时的手续和作战的勋章都已丢失，只留下一只白瓷缸，是抗美援朝时，中国赴朝慰问团赠送的。慰问团还赠给他“谁是最可爱的人”荣誉称号。每当看到摆在柜台上的瓷缸，我的心好酸。我多么希望爷爷在他的有生之年能过上一段幸福的生活，能坐上飞机看看中华大地这几十年来的变化和发展。

我的老革命爷爷——马凤齐

（1953年188师563团1营机炮连）

爷爷，这是孙女在这新的一年里给您的礼物。我写了爷爷一生的经历，一生的生活，希望爷爷能喜欢。希望爷爷在晚年生活愉快，身心健康。

这是您挚爱的孙女给您的祝福。孙女对您是敬佩的。您是伟大的人。

——可爱孙女马燕

爷爷的白瓷缸，马燕绘

2003年1月2日　星期四　晴

哥哥上学期间是特别苦的，有的事是爸妈告诉我的，有的是我亲眼看见。那时候他们家比我家还要困难。

在我上二年级的时候，哥哥初三毕业，上不起高中，辍学在家，还时常来我家为我讲题、补功课。我问哥哥为何不念书，哥哥说毕业了，同时脸上表现出一丝丝无奈的笑意。他离开校园跟大伯去抓发菜、挖干草、打工，好像一副家庭的重担已经落在他肩上。村上人说，我们一大户供养不了一个娃娃上学，以后代代相传只能耕地种田，成不了啥大器。

哥哥是个好胜且意志坚强的男孩，他受不了别人的嘲讽。过了一年，他重新步入了校园。上学期间刻苦学习，假期靠打工赚学费，苦苦补习了两年，终于考上了中专，被宁夏建筑工程学校录取。然而每年

2000元的学费成了我们整个大家庭的天文数字，到处借钱，没借到一分钱，因为家里穷，怕还不起，就连亲戚家也借不出一分钱。我们几家人只好东拼西凑，卖了牲口、粮食，饿着肚子，荒着田地，给哥哥凑学费，毕竟他是我们三代人中唯一考上学的人。我们非常尽力，也非常珍惜和支持他。哥哥三年的寒窗生涯，整个家都好像被哥哥拖累得死去活来。哥哥每年上学时候，凑不起学费，全家人哭，哥哥哭，好像过丧事一样。终于在一片哭喊声中，哥哥毕业了。

可是，在我们县城，没钱是很难找上工作的。哥哥莫名其妙地又回到了家中。每当周末回家，总看到哥哥一副眼泪汪汪的样子。我非常难受，也不问起哥哥，而且非常担心：自己是否和哥哥同样的命运呢？村里人议论纷纷，说："他们家的孩子就是念成了书也是白搭。"哥哥受不了别人的嘲讽，要家里凑点钱，去银川找工作。家人毫无办法，哥哥难过了几周后，消失了。妈妈说："不知你哥是去打工还是去找工作。他是哭着走出这个小山村的。"听了这件事，我的心如刀绞般难受，我很担心哥哥为此想不开。然而正在家里人心惶惶的时候，哥哥的电话来了，他找上工作了。我听了，高兴得差点晕过去。他给我们家争气了，跳出了村里人唾沫的海洋。虽然哥哥没上大学，但是他靠三年的中专知识，也能找到一份工作，这样说来读书是有用的。我一定要刻苦读书，一定要替哥哥圆了他的大学梦。

2003年1月5日　星期日

春天的到来实在令人愉悦，尤其在一个少女心目中，春天是她的梦，也是她的希望。

我愉悦是因为在新年充满寒气的冬季里，和一群贵人度过了新年的第一天（2003年1月1日）。他们是中央电视台《面对面》栏目组的。他们的到来使我们震惊，他们的到来使我兴奋不已。他们是来采访我的，不，是来关心我和身边所有的孩子的。关心我们的学习、我们的成长。其中人物是：陈林聪、陈宏义、王扬哥、肖红姐、郭佳姐，最后一个是主持人——王志叔。是他访问了我，他对我的事特别关心。在采访中，听了我的诉说，他哭了，情不自禁地掉下了眼泪。原来，不只何阿姨、韩叔叔同情关心我，还有人同情关心我。

王志叔叔很英俊、很潇洒。高高的个儿，穿一身黑西服，浓浓的眉毛下面长着一双炯炯有神的眼睛，戴着大框眼镜，看上去很有学问，方形的大鼻子下长着一张厚嘴唇，头上长着一头黑发，看上去很有中国人的气概。愿我也能成为一名中国好记者。

2003年1月6日　星期一　晴

今天是个集，我兴高采烈地来到预旺。第一，我要取回通知书，看在班中的名次；第二，我们的班主任——李先锋要结婚了。我是我们班的学生代表，去恭贺先锋老师结婚之喜。到了预旺，等不得车停下。车一停下，赶紧往物理老师那里跑，去领通知书。去了几次门都关着，他好像还没起床似的。等我再去的时候，老师刚刚起床、刷牙。“噢，马燕你来了，怎么这么早就来了？”“领通知书。老师，我考得怎么样？”“好。”“是吗？在哪儿呢？”“书桌上，自己看。”一看到我低等的成绩，我失落万分。“老师我的数学怎么……竟没及格？这是怎么回事？”“不是你一个人不及格，你们全班及格了两三个。你们的数学老师半学期不在；何况你接二连三地去北京；有时上课记者来找你，连课都不能安心上。这你已是最棒的了。你的语文是班中第一，物理、英语都不错，但主要是旷课太多。假期好好学习，把数学补上来，把各门功课都好好复习。再不要让过多的记者来采访，这样会影响学习的。噢，对了，不要为数学成绩发愁、烦恼，没事的，还有假期呢！明天是你们班主任结婚之日，希望玩得开心。你今天不回去了，明天有三十个老师一起坐车走，好吗？”“好。”就这样答应了老师。晚上和几个同学一起睡了。

2003年1月7日　星期二　晴

早晨起来已是7点多了，不知什么时候班长已把送给老师的东西搬了过来。物理老师也不知上哪儿去了。我和同去的两个女生一起去车站。我不行了，我肚子疼。哪儿疼呢？胸腔中部，好像心疼。他们俩赶紧去车站，碰见了老师，给老师说了，老师们都急着给我抓药，好像我比老师的婚礼都重要。老师总说幸福是一种看不见、摸不着的东西，我总也不能理解，这时，我才意识到我就在幸福之中。

上了车，我和一位老老师坐在一起，因有病，一路上也没多说几句话。到了班主任家，老师、乡亲迎接我们。好久没见老师了，这次老师又结婚，使我感觉很不好意思。在老师家欢聚一堂，真是兴奋极了，祝他们永远幸福，恩爱一生。

不知不觉地，已是下午的4点钟，又要赶车回家了。这次的位置没坐好，和一群年轻老师坐在一起了。真倒霉，这样，该堵住耳朵了。他们尽谈爱情，似乎忽略了我这个中学生，说什么爱情的力量是力大无比的。我虽然不懂爱情，但也听了点关于爱情的比喻。常言道："英雄令人崇敬，爱情令人向往。"希望在年轻老师的执着追求下，坚贞爱情能够圆满成功。

2003年1月9日　星期四　晴

自从叔叔阿姨帮助我以后，有好多人这样问：你为什么要写日记？这个问题给我的感觉似乎很古怪，我好像不愿回答他（她）似的，很气愤。这时，我毫不犹豫地说：这是我的爱好。

今天又有人问我这个问题，使我感觉很不舒服。其实，写日记是为了提高写作水平，而我写日记是因为有一件事引起了我的遐想，给予我启迪。我把每天所看到的、心里所想到的记下来，把它当作我真正的朋友，把简单的几句话一字字一行行地写在上面，变成了一篇文章。这时，给人的感觉很舒服。只有它能为我分忧解难，快乐的时候一起分享快乐，烦恼的时候一起分忧。

我想考一个好学校，如北大、清华或某一所名校，几年后，做一名军人、歌星或者做一名普通的教师，教育孩子面向世界，面向未来。"军人"一词，在我的脑海里有着很深的印象。爷爷是抗美援朝回来的老革命，爸爸是和平年代的军人。爷爷付出得太多太多，爸爸虽没爷爷付出得多，但也付出了不少。在这种被贫困折磨得有气无力的情况下，我看到了他们的所作所为。这就是我想要的一种精神：“毫无自私自利的精神”。我想继承我们家两代军人的光荣传统。唱歌是我的一种爱好。当然，当歌星是我的一种愿望。还有，我想做一名记者，像叔叔阿姨那样，走遍祖国的天涯海角，去关注失学的孩童们。不知理想中的哪一项是我未来能够成功的。

2003年1月10日　星期五　晴

不由心急的我，今天又拿出通知书仔细地看了一下我的成绩。我两眼昏花，眼前发黑，看不清字迹。不知不觉又想起了从老师家回来的情景。进入屋内，首先映入眼帘的是妈妈那张严厉而又充满着怒气的脸和一对充满着批评的眼睛，我不觉低下了头。“妈妈，我错了。”“一个错字能值多少钱？那天集上你爸爸回来，我兴高采烈地跑到你爸爸的身边，问女儿考了多少？是不是班中第一？当你爸爸说出数学不及格的时候，我的心碎了，身上像是谁给我泼了股冷水似的。你知道我当时的心情是怎样的吗？你让我太失望了。”“妈妈对不起，我不知道怎么这数学成绩拉得这么远。不过您放心，女儿会给您争气的。”

2003年1月12日　星期日　晴

王志叔你好，星期六的下午一点我看见你了。你采访外国人——胡润，是制作中国富豪排行榜的。我当时真是兴奋极了，我不敢相信我能在电视上看到你，更不敢相信电视中能现出你的影子，真是兴奋极了。不知王叔叔记不记得一个山村姑娘——马燕？我怕王叔叔忘了我这个山村小姑娘。那天在你采访我的过程中，我在那个大红本上故意写错了字，是想让王叔叔能记着我，记着一个曾经写过错字的一个山村姑娘——马燕。希望王叔叔不要生气。祝王叔叔新年快乐，阖家团圆，事业有成。祝《面对面》栏目越办越好，越办越红火。

2003年1月13日　星期一　晴

叔叔阿姨你们好。不知近来身体可好，我希望你们很好。近来发生了许许多多的事，让我不敢想象，我真的好怕，好担心，似乎身边所有的人都令我难以相信。这次去北京见到你们，我很高兴，似乎我有了安全感。

现在大大小小的人都在给你们写信，就连我的老师也要地址写信。我不希望叔叔阿姨太辛苦。叔叔阿姨，告诉你们一个不好的消息：我的日记丢了。就在中国中央电视台来的当天，我带在身边的两本日记都丢了。这件事叫我脆弱起来，给我的压力极大，叫我不能振作。我不知道这是为什么。他们为什么要拿走我的日记？这日记对他们有什么用途呢？日记对他们来说意味着什么呢？我好想我的朋友——日记，希望它快快回到我的身边来，为我分忧解难。

是谁拿走了我的日记？拿走日记的人，我恨你。希望你能还回来，我好想你——日记。

It's very kind of you. 新年快乐。

下个月，欢迎到我的家乡来！

站在家乡的土地上，对未来充满希望

2003年1月16日　星期四　晴

今天早晨，爸妈去姥姥家，去姥姥家说个话，是去贺新禧（也就是我们乡村人所说的添礼）。我从7点起来干活一直到5点半，看起来还没干出个模样来，累得我浑身都麻木了。哎！做家中的主人真是难啊！不知妈妈是怎样做过来的，这样年复一年，日复一日，我想都快要辛苦死了。所以我要好好学习，以后不做这样的事。可是又想起我那不及格的成绩，我就没精神了。

2003年1月17日　星期五　晴

今天下午，爸爸说明天下午宁夏记者要来访。听了这件事，我的头如泰山般地重。不是我不愿接受采访，而是我觉得没有什么可采访的。我就是想读书，后来面临辍学时，何阿姨、韩叔叔他们帮助我，现在我可以上学了！整个就是这样一个过程。我不知道这些记者为什么要挖根到底?在上学期间，去京三次，旷课一个月，给我的学习带来很大影响。回来，我还是不得安宁。一会儿校长把这个记者带来，一会儿主任把那个记者带来。这些通常都在上课期间。有的记者还打电话过来采访。我说对不起，我要上课去了，现在我们正在上课。他说他已经给校长打过招呼了。这些记者只知外通，不知里通。你给校长打了招呼，可受影响的是我而不是校长，这一学期来，没有一节课让我安心上过，使我的学习下降很厉害。现在我只想学习，不必接受过多记者的采访。这也是我的老师们的意见。

2003年1月19日　星期日　晴

1月17日说在1月18日下午有宁夏记者来访，18日记者无影。我真是高兴极了，好像这一生一世今天最开心似的。像笼子里的小鸟解放了，自由飞翔，无忧无虑，轻松极了。但是今天一个突如其来的猛击，使我紧张起来，心怦怦地跳个厉害，跳个不停。好在这个记者是我们同心人，他对我们这里非常了解，也没问我几个问题，大多数问妈妈。他问妈妈“这些记者在你家采访，你烦吗？马燕烦吗？”“不烦。”“她的学习受影响吗？”“我想不会的。”怎么不会呢，妈妈，不受影响，我的学习怎么一下子降到不及格的程度呢？在这一学期我没安心上过一节课，提心吊胆地就怕记者采访。哎，不说了，憋在心里算了，就由妈妈说吧！记者问妈妈：“有这么多记者采访有好处吗？”“当然了，这给宁夏带来了更多的好处，尤其是贫困儿童的。”“好，这样，以后有更多的记者采访，谢谢。”听了这些，我更紧张、发愁了。有记者采访是好，能使宁夏发展起来，在宁夏能出更多的人才。恐怕下降的我再也爬不起来，成不了大器。也许这是一种自私自利的表现。不管怎样，能使宁夏更多的孩子进入校园，成为杰出的人才，这些也值得。

2003年1月22日　星期三　晴

日记丢了好长的时间了，我真的好想你——朋友，希望你能回到我的身边。那都是白日做梦，你永远不可能回到我的身边了！想起了日记，又想起我那不理想的成绩，叫我不知不觉又想起了苏叔叔送我的几句话：

“一个人经历了苦难，逆境中不舍地努力，才会更加珍惜来之不易的机会，化压力为动力，上进不息。

“其实，苦难也是人生的一种财富，它是用金钱和任何东西都无法衡量和比拟的。相对于其他的孩子，你经历了辍学的心痛、难过。如今能够少了后顾之忧，将学习和日记进行到底，坚持一生，这是让人十分高兴的事。愿你更加刻苦，用优异的成绩和健康向上的积极心态来面对一切。”

看了叔叔的话，又想起不理想的成绩，我感慨万分，我不知道以后会怎样？该怎样去努力？心里乱极了！

2003年1月31日　星期五　晴

有一位既没见过面又没通过信的叔叔，给我寄来了一本书和一首诗：书名《情系彼岸》，诗题《读〈南方周末〉“马燕传奇”有感》，为了表达我对这位叔叔的谢意，抄写这首诗：

七律·读《南方周末》“马燕传奇”有感

西海孤燕闹啾啾，只为辍学陷悒忧。

化雨韩石天外降，禾苗止渴乐悠悠。

一篇日记得“解放”，夏娃因“她”到欧洲。

友谊长青传万里，几多贫女不知愁？

郑天生

2002年11月18日

2003年2月8日　星期六　雪

一个假期过来了，再有十几天就要上学了。在这一个假期中，爸爸妈妈忙着给我转学。虽说转学，只说不动。我就知道他们是随口说说而已，也没打算去那个学校。

今天，校长、教导主任骑着摩托到我家来，说是在学生家走一走，看一看学生们的假期作业做得怎样。妈妈做饭，他们不吃，坐在一起谈起了我的学习：“考得还可以，主要是去京耽误了。这次开学把你换到一班，虽说一、二、三班是快班，目前来看，三班还是比较弱一点，你看行不，马燕？”我也随声应了。心里想如果不转学，就到三班上学，从哪儿跌倒，就从哪儿爬起。他们这么一说，爸爸妈妈好像高兴了似的。校长、教导主任都到家来了，哪还能转学呢？他们高兴地聊起了天。我一声不响地听着他们说我的每一句话。的确，我很爱我的母亲，更爱我的老师和同学，但我不知道为什么，学校老是给我带来不快的事。

2003年2月9日　星期日　雪

今天，爸爸妈妈冒着寒风暴雪去赶集，为了给远方的亲朋好友寄信。祝福新年快乐，希望在新的一年里，事业有成，开心每一天。

妈妈赶集，我老实说不赞成。为什么呢？她每次赶集回来，不是头痛就是胃痛。这都不算，如果买点好吃的，她不但不做，还骂人、打人。我们做这个也不好，做那个也不好，叫我们几个不得安宁。我不知道这是为什么，是妈妈不喜欢做好吃的，还是妈妈太疼钱？是啊！钱好比妈妈的生命。挣钱太难，妈妈知道这钱的来历，她知道挣钱的苦处，挣钱的痛苦。妈妈真的太苦。

2003年2月14日　星期五　晴

今天下午做完作业，感觉特无聊，就去奶奶家做客。刚进入门内，脚还没站稳，奶奶说我胖，“你妈一天给你啥东西吃呢？你怎么这么胖呢？”一听到这些话语，我就自己问自己：“你为什么这么胖？你妈给你啥好吃的？”这事给我感觉很无聊。以前，人家见了我说：“这女孩胖乎乎的，多乖，多可爱啊！以后肯定是个有出息的好孩子。”可现在见了我，像是很气愤地说：“你怎么这么胖呢？”这使我不由自主地注意起了自己的形象、自己的身材。我很气愤别人说我胖！

2003年2月18日　星期二　晴

千言万语都表达不出我的心情，下面用一首小学歌曲来代表我此时的心情。我一天天地长大，知识一天天地长进，这都是我那热心肠的、有金子般心的叔叔阿姨们的功劳。在这里女儿再次地感谢你们。

小蝌蚪

小蝌蚪，大脑瓜，黑身子，细尾巴。水里生，水里长，长着长着起变化啦。

多了四条腿，少了细尾巴，脱下黑衣裳，换上绿裤褂，爬上岸，蹦蹦跳，变成一群小青蛙啦。

2003年2月21日　星期五　风

想起我和韩叔叔、何阿姨他们第一次见面的情景，我是多么地开心，多么地兴奋。从那以后，妈妈的脸上才有了笑容。从我记事开始，妈妈的脸上就没带过笑容，我们全家人都希望妈妈能笑一笑，哪怕一天不吃饭都可以。只要您也笑一笑，全家喜洋洋。

2003年2月22日　星期六　晴

再有几天我就要上学了，就要离开家乡了。啊！我多想早一点儿踏入大学门内，让爸爸妈妈来送我，让叔叔阿姨为我而喝彩。下面有一首歌送给我自己，让我早一点踏入大学门。

等到你送我的那一天，爸爸妈妈来送我，轻轻拉着我的手，深情地对我说：“孩子你站在小路上，面对着如灯的月光，你不要想爹娘，不要想可爱的故乡。”

等到你送我的那一天，哥哥姐姐来送我，轻轻拉着我的手，深情地对我说：“妹妹你站在小路上，面对着如灯的月光，你不要想爹娘，不要想可爱的故乡。”

2003年2月28日　星期五　晴

今天我不知不觉离开了母班。早晨我们在晨读，校长和一班的老师找我到一班上。同学们都像惊呆了似的，瞪着眼睛看我。我热泪盈眶，舍不得和他们分离，坐在那里一动不动，眼泪一滴一滴浇在衣上。一班老师叫了我好几回。被迫无奈，只好离开母班，离开亲爱的师生们。

下午，我去三班，班里的同学叫我出去。“你是一班的学生，不是三班的学生。”不知他们是开玩笑，还是有意的。我心里很难过，我多希望和原来一样，和睦相处。

下自习了，我去班主任那儿取通知书。老师目不转睛地盯着我，好像很难受。老师问：“一班怎么样？”答：“不怎么样，没我们班好。”老师说：“一班肯定好。不管你到哪个班，好好学习，为三班争口气。”我问：“老师你为什么答应校长他们叫我离开本班？”老师回答：“我不知道。”“什么？”老师交给了我通知书，就这样，我离开了老师，离开了本班。

校长他们要我离开本班，最起码给班主任打个招呼。如果我能重返本班，我就不信学不好。

2003年3月2日　星期日　风

昨天集上见到妈妈，妈妈的脸又肿又红，脸上多了皱纹，见到我就哭，说不出话来。最后得知，妈妈为了帮助其他孩子，被××打了一顿，且打折了棒。我不知道这是为什么。以前，妈妈为了我，四处奔波，受尽了艰辛痛苦。现在为了我和其他的贫穷孩子，又受别人的侮辱和打，妈妈也真是活得太累了。

妈妈你受苦了，女儿会争气的。

2003年3月3日　星期一　晴

妈妈在我们村中最好，最厉害。村中人，人人都赞赏妈妈是个好妇女，是丈夫的好妻子，孩子的好妈妈，见风都要抓一把，每一样都要占第一。的确是这样，妈妈是好强、好胜的人，不会让别人占她一分便宜。我们乡下人，谁如跟妈妈比，谁都占不到便宜。不管干什么，妈妈都是最强的。今日，挨了××的一顿打。妈妈做的又是好事、善事，妈妈能咽下这口气吗？妈妈能不痛苦、不伤心吗？能不衰老吗？我可怜的妈妈，女儿该做些什么呢？

2003年3月4日 星期二 雪

雪花飘飘，落在我的额角上，使我想起家乡的情景。下雪时，是人最开心的日子，能使农民们有一个好收成，能使孩子们有一个开心日。我们堆雪人，打雪仗。下雪时，是妈妈最担心的日子。她怕我们感冒，下雪就不让我们出门。出去脚上的鞋会湿，能使脚受冷。打雪仗会把衣服弄脏，吃雪会嗓子疼。想起妈妈一系列的爱的话语，使我不由得想起前天与妈妈见面时的情景。她一见到我，就满眼的泪，有说不出的话语。现在我真的好想妈妈的安危，不知现在是安居乐业，还是跟村民闹别扭。妈妈为了我，真是受尽了苦。我以后该怎样做才好呢?

2003年3月8日 星期六 晴

今天我好开心啊！好开心回家，回家看节目。昨天，肖红姐打来电话，说今天早晨的七点二十五分，中午的一点零五分开播。就是我和妈妈上次做的那个《面对面》节目。我真是迫不及待，真想早点回家看看，看看我在电视中的模样和平时的模样有什么不同，有什么两样。但是，回到家中已是两点半，完了。真遗憾，没能满足我迫不及待的心情。回到家中，弟弟不是跳就是说："姐姐电视上都出来你了，你好可爱哟。"妈妈说，到开播时间时，她心不由得跳动起来。我和爸爸、大弟弟都没看上。不知我们看了，是什么样的一种心情，怎样的一种心理。

2003年3月9日　星期日　晴

何阿姨你好。这次的到来使我很高兴，但对你们来说是个极大的伤害，但同时，你们也认识到了什么才是无学者，什么才是盲人。其实没知识，就好比盲人。对我家也是一个极大的伤害，很残忍。在你们走的当天，妈妈还没回到家，在半路就被人打了一顿，打折了棒，还拿起了菜刀。我真的好怕，好怕有一天，妈妈会离我而去。你们也会离我而去。我希望你们都很好。我感觉这次对妈妈特不公平。好像她做错了什么事似的。即使她做错了，你们也可以理解，因为她是一个没文化的女人。对我怎样都可以，我不希望妈妈受到伤害。

2003年3月11日　星期二　晴转多云

今天，我在政治书中看到了我自己——“马燕上学”。

马燕上学

宁夏同心县预旺乡小学生马燕，家住在一个山坡上，空旷而荒凉。马燕的父亲为人忠厚，母亲性格开朗、坚强。为了供养马燕姐弟俩上学，夫妻二人到处下苦力挣钱。有一次帮人收麦子，他们家包了8亩麦田，挣了42元钱，她母亲却累得吐了血。母亲说，当初她父母重男轻女，没让她上学，所以现在才这么穷，她不想让马燕再像她一样。马燕是位品学兼优的好学生，然而家里穷，不得不辍学。马燕在给妈妈信中写道："我多么想读书啊，可是家里没钱。"后来，一位国际友人知道了马燕的事，非常感动。在这位国际友人的资助下，马燕和预旺乡三十多名贫困生重新回到了充满阳光的校园里。

2003年3月12日　星期三　风

今天下晚自习了，我去宿舍拿蜡烛，上夜自习。一进入宿舍内，满耳听到的是我的名字——马燕。她们七嘴八舌的，上气不接下气地说着：

"今天是英语晚自习。英语老师把题讲完，叫几个同学唱首歌，可是他们对着老师一笑。是不会唱？还是不愿唱？看他（她）们都不唱，老师就骂他们：'你们班走了一个歌手，现在连她的三分之一都没有吗？'把老师给气走了。老师好像很生气地离开了我们。马燕，我们多想让你重回三班，让老师、我们都开心，让老师提起精神教学，让我们提起精神学习；还有，再不要让我们唱什么歌了，不要让老师为了一个'歌'字我们闹别扭。"

听了他们的话，我很感动，我深深地知道了什么才叫真正的"同学情"，知道了我在老师、同学心目中的位置。我也很想回到三班，重新开始我的学习，可身不由己。

2003年3月13日　星期四　阴

今天，在打饭的时候，灶房门口站着一位头上戴顶白帽子，围着做饭用的绿围巾的人。他问我："马燕，你在几班？""三班，噢，不，一班。”他又问我：“你外公姓什么？”“姓白。”“是不是白银明？”“是。”“你看我姓什么？”“不知道。”“你认识白复芳吗？”“认识。听我说，她好像是我小姨。”“白复芳就是我的女儿。今天我在黑板报上看到了你的成绩，其他都非常好，数学好像没及格，这是什么原因？是不是去京耽误了？不管怎样一定要把学习搞上去，做到第一。最近学习怎么样？”“还可以。”“别说可以，要说最好。”听这位老大爷的话，我似乎得到了鼓励，但细一想，又增添了压力。回想上年的期末考试，我又增添了一些失落、惆怅，消减了学习的积极心。

啊！没想到以前名列前茅的我，竟落到如此地步。今天，我学了物理中的惯性。这是不是一种惯性现象呢？

2003年3月15日　星期六　小雪转阴

回家是使人高兴的一件事。人们常说：“出门在外的忧愁，一回到家全是喜。”但我回到家中，又增添了一份忧愁。进入大门，首先映入眼帘的是家门中的门帘。从上到下，从左到右，没有一处无血的地方。我就知道家中一定出事。院中白白的、冷飕飕，像是几十年没蹲人似的，就那样的残酷冷清。进入屋内，看到的是妈妈卧病不起的身体，已知是被人打的结果。我真希望全家人和和睦睦过一辈子，全村人和睦相处到永远。

马燕（左一）参加军训

2003年3月16日　星期日　阴

在上夜自习的时候，我正要准备预习明天的功课。一班的班主任叫我，不，应该是班主任叫我。他嘴里抽着烟进来了，站在靠门边叫我："马燕你出来一下，有事问你一下。""老师什么事？""最近你家有什么事吗？""什么事？村中人拿菜刀、棒打我家人，要分钱。""分了钱没有？""哪里的钱分呢？家中根本就没有钱。""马燕啊！不管发生什么事，你都要好好学习。为家人、为老师争光、争气。你知道校长他们对你有多么关心？甚至有些老师说我，因为你有名，我把你叫过来的。不是的。你要知道我们大家都是为了你，为了你的学习，为了你考上高中。你不要让我们大家失望哟！"

2003年3月18日　星期二　雪

今天在集上我见到了村中人，像是见了家中亲人。这使我不由得想起周六回家的兴奋感觉。

"放学！"老师潇洒地将粉笔投入粉笔盒。原本安静的教室立刻变得热闹起来。同学们一脸轻松，说说笑笑地收拾着书，动作快的早就拎起书包飞出教室。要回家了，一周没回家了，一周了……回家的感觉真好。赶上夕阳西下，还可以看到"日落西山"的美景。红红的晚霞映照在残日周围，燃烧着西边的天空。胸中顿时涌起一种从未有过的感觉，因为学习负担繁重而变得麻木的心突然一下子轻松起来，就像是回到童年……

回家的感觉真好。可以将所有的定理、公式、课文、英语单词统统抛在脑后，去想一些有趣的事，就像是自己和自己的内心世界对话。

回家感觉真好。母亲一定已为我准备好可口的晚餐。已经一周没回家了，父母见了我会格外亲切，弟弟是否还像以前一样顽皮呢？“独在异乡为异客，每逢佳节倍思亲”。是啊！虽没成为异乡客，但我却深深体会到家的温暖……

回家的感觉真好！

2003年3月23日　星期日　风

今天晚自习时，初二（一）班的班主任给我们讲数学同步，使我情不自禁地想起了星期五晚上，初二（三）班测验了一下数学。老师给他们发完卷，剩一张时，同学都要老师手中的那张卷子。老师说：“你们谁也拿不去，你们好像忘了一个人，这张卷子是我为马燕准备的。她虽然离开了初二（三）班，但她还是初二（三）班的学生；我还是她的数学老师，我要为她负责。”听了同学的这些话，我真正体会到了什么才叫“师生情”。

2003年3月26日　星期三　晴

今天集上，走在大街上，人人见了我都打招呼，弄得我糊里糊涂的。我不认识他们，这是怎么回事？心里慌！走了不多远，又有一些人蹲在一起指着我，“就是那个女孩，就是那个女孩。”可把我给吓坏了。带上脚劲，撒腿就跑。跑到校门口，碰见了一位老熟人，那是在我上小学四年级时，李洼子村的一个老奶奶。见了我说："孩子，昨天我在电视上都看到你了，你都上电视了。""是吗？""嗯，好好学习，你是聪明、懂事的好孩子，是个有出息的好孩子，好好学习，不要让众人失望。"

听了这位老奶奶的话，我弄清了街上人对我的看法与态度；从老奶奶的话中得到激励和启示。

啊！人生路漫漫长长，怎样才能走好每一步呢？

2003年3月29日　星期六　晴

今天在回家的路上，听见几位小朋友在说他们走过最远的地方就是同心，这使我情不自禁想到了自己。以前，我走过最远的地方就是我们村，一天就能看到巴掌大的一块天，也不知外面的世界是怎样。自从叔叔阿姨资助我以后，给妈妈看病，我去了银川。刚走进银川时，我满心的愉快，这是我有生以来，走过最漫长的路程，也是见过最大的城市。那种繁华的城市、美丽的校园，那种高速公路上穿梭的车流、平地而起的高楼大厦，与我近在咫尺。这是我见过最美丽、最繁华的城市了。转眼几年，也许还有更多、更大的城市在等待着我们。

2003年3月30日　星期日　晴

叔叔阿姨，燕好想你们啊！特别是何阿姨，妈妈有病，你在医院忙来忙去的样子，真的好让人心疼。我帮你又帮不上什么忙，再说你也不让我做。我只能坐在那里，呆呆地望着，望着何阿姨来回走路的样子，心里真的好难受。这样还不够，还要给韩叔叔他们翻译，陪着吃饭。真的好累啊！看你的样子，连吸根烟的时间都没有，在信中我好像说过："别吸烟，吸烟对身体不好。"可今天看来，完全不是以前我想的那样，也许这是工作上的需要。也许你们太忙、太烦了，拿吸烟来解解闷罢了。何阿姨说过一句话："马燕你看见了吧！这就是工作，工作就这么累。"

2003年4月6日　星期日　阴

忙了一早晨的我，还没忙出个头尾，但最忙的还是我的母亲，不是蒸馍就是切菜，不是切菜就是做饭。我打心眼里感激她。母亲为了我，不知吃了多少苦，受了多少累。她到最后支撑不下去的时候，依然为我打开学习大门。在五年级将要决定我命运的时候，妈妈仍保持冷静。她没有说："我没钱了，就把你撤回来，供弟弟上学。"依然说："我会供你，走一步算一步，我不会叫你像我一样的。"可能就是这一句话感动了上天，使有金子般心的叔叔阿姨伸出了援助之手，帮助了我。使有金子般心的叔叔阿姨走近了我，靠近了我的日记，靠近了我的家庭。被命运扔下的我，又叫他们的爱心给挽救了回来。妈妈常常说他们是天使，是咱们的救命恩人。是啊！是叔叔阿姨给了我希望，给了我理想，给了我远大前途。上学的问题解决了，以后就剩下自己的人生道路了。

2003年4月14日　星期一　晴

我两次辍学有多种原因。在即将决定我命运的时刻，一些有金子般心的叔叔阿姨伸出援助之手，帮助了我。在那时我不知道得到的是什么爱，只知道有深深的母爱，正是这份母爱，哺育我一天天茁壮成长。叔叔阿姨的帮助让我感受到了什么爱是最无私的，什么爱是最伟大的！使我深深感受到了一种爱——爱心。

2003年4月26日　星期六　晴

在田里干活的我，经不起风吹雨打，更经不起太阳的“烤打”。在田里干活，火红的太阳直射在我们每一个人脸上，脸上的汗液不停地从脸颊上流下，尤其我们读书生的脸上像脱了层皮。好像我们做错了什么，它在惩罚我们似的。于是，我想到了我那不理想的成绩，也许上天觉得我这种学习态度、学习成绩，太对不起家人对我的支持与希望，以这种方式来惩罚我。此时，我的未来是多么地遥远，远得望不到尽头。不知以后人生的路是怎么样的。想了这么多，想唱首歌来解除自己心灵深处的内疚。但刚一张口，妈妈问起了学习成绩，像是狐狸骗吃乌鸦嘴里的肉似的。等乌鸦刚一张口，肉就没了。就如同我刚一张口，妈妈就看穿了我的内心世界。妈妈问我期中试考了没有？“考了！”“卷子阅出来了没有？”“阅出来了！”“老师告诉你们成绩没有？”“告诉了。”“考得怎样？班里第几？”“还可以吧！”“什么？还可以，你是怎么学的？具体成绩说出来。”“数学、语文、物理都是70分左右，英语90分，在班里再也不能到第一名的台阶上了！可占四五名。”妈妈气倒在地上了。我不知道该怎么办，一动不动地站在那儿。

2003年4月28日　星期一　雨

院中喂小鸡的我，抬头看见小弟放学回家了。他看上去脸色苍白，没精打采地坐在屋前。大弟走过来说：“姐，你猜小弟数学考了多少分？72分。”“好着呢，怎么啦？”“相反，27分。”听到此时的话，我的心碎了。坐在院子里的我，再也起不来了。不知妈妈此时的心情是怎样的，听到这不好的消息之后的心情又是怎样的呢？看到小弟失落惆怅的样子，我们大家都一声不响的，一动不动地坐在院子里。妈妈病着，还在睡梦中，不知醒后又是怎样的一种情景。啊！我心里好害怕。我也理解小弟此时的心，他天不怕地不怕，就怕妈妈的响声（挨打声）。以前，我们姐弟几个学习都非常棒，各门功课都在90分以上，下不了80分。可现在自从我去了北京以后，学习一落千丈，连弟弟也跟着是。以前，我们的学习成绩让妈妈乐开了怀，现在，我们的学习成绩让妈妈气得上气不接下气。我心里难受极了，有说不出的伤痛。什么时候才能和过去一样？

2003年4月29日　星期二　晴

小弟放学回家了，我依然在院中喂小鸡。“盼盼，今天语文考了没有？”“姐，没有。”“没有就进屋复习功课，明天考个好成绩回来，别和数学一样。”妈妈听见了我们的说话声，从屋里走了出来，说："盼盼，数学考了没有？""嗯……考了。""考了多少分？""27分。"妈妈火冒三丈，拿起木棒就向屋里走，进去二话没说，就打弟弟。我们只能待在院子里听响声，谁都无权、无理由去干涉妈妈的所作所为。以前，我是家人最看重的一个人，因学习好，说话妈妈还能听进个一二。可现在呢？我若插嘴，非训斥我不行，因为我学习落后。听见木棒的响声，我感觉弟弟不在了似的，远远地离我而去，叫我永生孤寂。听见这种打的声音、不让弟弟哭出声的声音，我开始憎恨妈妈。妈妈你不能这样对待孩子，你这样做将会害了孩子，不是为了孩子。这样做给孩子的刺激性强，会使孩子的记忆力变差，会伤了孩子的自尊心，更让孩子心里觉得，他在母亲的天地里无法生存下去。我相信弟弟的能力，不会让大家失望的。

2003年5月4日　星期日　风

"五一"劳动节已放了七天假，今天我们又来到这充满阳光、充满欢笑的校园里了。可是，校门口贴着一张大红纸，上面写着：接到上级命令，本校放二十天假，以防"非典"。初一、初二、初三学生在家不得外出，上学时交三篇以上的作文。看到这情景，我害怕极了。于是，我想到给何阿姨打电话，问问何阿姨身体怎样，报报平安。电话打通了，听到这熟悉而又甜蜜的声音，我不觉放下心来。听上去何阿姨蛮高兴的，也不觉得紧张。这样，我就放心了，一时高兴，不知我们说了些什么，都忘了，等知道时，电话已挂了。希望叔叔阿姨，好人一生平安。

2003年5月6日　星期二　阴

今天在我写信的时候，妈妈说我写错字了。“哪个字写错了？我怎么不知道？”“凭的感觉。”听到此时的话语，我的情绪落三分。连妈妈一个不识字的人都这样看我，更何况他人。更使我伤心的是2003年2月份的某一天，韩叔叔、何阿姨来到我校，要捐助几个孩子，且叫我捐款。我答应了他们。他们就叫我写段话，我就写了。可是怎么写，她都说有错别字。我不知道错在哪个字上，叫她指出，她却不理不睬，只是叫我重写。我不知道这是怎么了，以前，阿姨对我最好，不管我做什么，阿姨都说好。可今天我不知道我做了啥不对的事，令你这样生气。至今我还觉得难过，就把这段话写在下面，不知是否能减轻我的难过之心。

我是一名普通的中学生，得到一些友人的帮助。今天，我也献出一点爱心，让更多、更贫困的孩子走进知识的海洋——学校，去一步一步实现自己的理想，建设我们的祖国和家乡，把祖国明天建设得更加美好。只要人人都献出一点爱，世界将会变得更加美好。

我愿意拿出所有收入的25%捐给法国“宁夏孩子基金会”。

2003年5月10日　星期六　晴

放假近一个月了，再有几天就要上学，开新课了。又要接近期末考试了，我真不知道该怎样调节自己考试前的心态。但我有一个好的预感，会考个好成绩。因我想让妈妈送我一个小祝贺，如下：

小燕：

祝贺你！这是你战胜自己的一次胜利。有这次的胜利“垫底”，什么样的考验你都不怕了！

过去有句歌词叫作：“不管是东南风还是西北风，都是我的风。”这次考试，对你来说，“不管是什么分什么分，都是你自己的分！”

亲！

2003年5月12日　星期一　阴

家乡退耕还林，满山遍野都是绿油油的一片。小草边有白云朵朵。人家会笑，蓝天上才有白云朵朵，怎么地上的小草边会有白云朵朵呢？那不是白云，是小白兔。退耕还林，不仅绿化了祖国，绿化了家乡，且给大自然增添了不少乐趣。如小精灵——小白兔。但家乡的猎人们老不放过它们。一看到有生机，背上枪，不是上山就是下山。这样既犯法，又伤害了小生灵的生命，又破坏了生态环境。我真不知道该怎样阻止猎人们！

2003年5月13日　星期二　雨

早晨起来走到院中，感觉很潮湿。抬头一看，黑压压的乌云向我扑来。不一会儿，乌云密布，下起了倾盆大雨。望着窗外的细雨，人心里有说不出的高兴。再望远一点儿，看那田里的麦苗像是解了渴的孩子。在喝得足够的情况下，麦苗在旺盛地成长。相信这一场雨，将使万物都从睡梦中醒来。

风停了，雨停了，太阳从云缝里露出了笑脸。古言道："天上有自由飞翔的燕子，将会有雨水降临。"不知是可信还是不可信，但雨已经下了。相信老农们今年一定有一个丰收年。

太阳快要下山了，晚霞像金灿灿的火花，照亮着大地，暖着人们的心灵。

2003年5月14日　星期三　阴

在午休的时候，嘀嘀嘀，一辆黑色小汽车停在了我家门口。在睡梦中的我，突然被惊醒。醒来后的我看见妈妈在换衣服。妈妈这是怎么了？妈妈的衣服干吗再换掉它呢？"好像有车停在了咱家门口。""什么样的车？""一辆黑色的小车。"我抬头一看，"妈妈，妈妈，是王叔叔的车。""你哪个王叔叔的？""就是我们家来了好几回的王征，拍照的王叔叔。"妈妈听了赶紧去烧菜。

我正在屋里收拾，叔叔们已到院中。我迎出去，因好久没见，很不好意思地向叔叔们问了个好。但王叔叔还像以前那样孩子气，说我长高了，长漂亮了。听了，我很高兴，但同时，我也非常地不好意思。最让我受启迪是，王叔叔总是问我的学习："马燕学习怎么样？""还好。"连续问了好几遍，好像除了学习再没啥可问似的，除了学习就是学习。可见叔叔对我的学习特关心，我不知该……

2003年5月16日　星期五　雨

屋里写作业的我、屋里打闹的弟弟、屋里吵架的爸爸妈妈都被眼前的倾盆大雨吸引，完全忘记了方才的事，都望着窗外的倾盆大雨叫好。下得好！今年肯定有个好收成，现在大家伙都高兴着呢！

看着他们喜出望外的样子，我不禁乐开了怀。想在雨中享受我此时的心情，弟弟也跟着出来。光着脚丫的我们在院中的小水坑里蹦，不知什么时候，弟弟全身都是水。弟弟怪我，是我弄的鬼主意，在院中追着抓我，追得我上气不接下气地跑着，不料，在眼前的小水坑滑倒。往起爬的我，看见我家斜对面（左侧面）的一家，他们一家都在门口吃饭。只有一个人在雨中打圾，为他们干活，挣那几十块钱。为了儿女们能上学，能吃饱肚子，就淋大雨在雨中干活，给自己弄了一身的病。父母亲为什么要这么做？这样做是为了什么？这样做对他们有什么好处？他们是为了儿女，为了儿女以后能有好日子，有一个好的前途，他们顾不得那么多了，至于身子，更是放一边。看到此时的场景，我的眼前不禁出现了我家以前常有的样子。现在好了，有了叔叔阿姨的帮助，一切都会好起来的。

我会为家、为校、为祖国争光的，更为我自己争光。

2003年5月17日　星期六　晴

停电的家中，黑秃秃的，大家都坐炕上。三个学生都争先恐后地讲述自己的老师、学习及老师对自己的态度。小弟小，只会说：“老师都打过别的学生，没打过我。”大弟和我一级，但岁数也小，他的讲述是这样的：“我上一午级的时候，在上课的时候向别的同学要馍吃，被老师发现了，在我的头上打了一戒尺。上三年级的时候，我是体育委员，没有调整好队员，叫老师罚我在操场跑了三圈。上初中以后，只叫英语老师罚写英语单词。”小弟等不及地说不出话来了，“姐姐，你呢？”“你姐姐我还用说，在咱村上学的时候，谁不说我是咱村的大学生？在预旺上五年级的时候，几个镇统考，我就是其中的第二名，还有一个大奖呢！不过这个大奖叫校长发给了班主任，没能到我手中。每回过‘六一’的时候，哪个老师不请我给他们学生教舞蹈。在几个镇都做节目主持人，是唯一的独唱——《青藏高原》，还是‘三好学生’呢！上初中一年级的时候，期中考试，我考了全年级第一，每个老师都对我祝贺，像亲人一样对待我。上了二年级的时候，去了三次北京后，期中考试，数学、物理、英语一落千丈，只有语文是班中的小小第一。这次，师生们都对我另眼相看，特别是校长。不过，我想也许是老师们的一番苦心，以这种方式来鼓励我，叫我回到从前……”

2003年5月20日　星期二　阴

这一个防“非典”的假期，不知不觉已过，今天又来到这充满阳光、充满欢声笑语的校园里了。走进校园，建筑已快完结，植树节时植的小树已发芽，长出绿叶。整个校园像变了样，焕然一新。走进宿舍，舍友们围成一团，讲家中的喜与忧，但大多数都是喜。有一个舍友给她的侄女教算术和英语，说：“你妈妈早晨给你两个苹果，下午姑姑给你两个苹果，一共有多少苹果？”小女孩说：“不，你没给我苹果，你撒谎。”“耳朵用中文是耳朵，用英语是ear。”“姑姑，那另一个耳朵呢？”大家都哈哈大笑起来。我认为这小女孩很聪明，问得很有道理。一个耳朵叫ear，那两个耳朵不就是“two ears”吗？还有一个是讲忧的，她是这样讲的，她爸爸常年不起，妈妈有病，老抱着个肚子。因为妈妈回来晚了，爸爸还常常打锅、打碗，说锅、碗不装饭是干什么的。饭做不好，妈妈还常常要挨爸爸的臭骂。她心里难受极了。一想到这些，她希望在这个世界上没有自己最好。看到她流泪痛苦的样子，我真想上前去安慰她，可我没那个勇气，我一去会使她更伤心。我从不把家事告诉他人，但看到此时的情景，我明白了很多，这也是迫不得已。家中人对她毫无同情和理解，只能在知心同学中哭泣，才能消除心里的忧愁。

2003年5月22日　星期四　阴

在今天下午大扫除的时候，我们初二（一）班打扫厕所，被别班称为厕所所长。听到怪生气的，便转身到厕所里面去铲东西，并且洒灰消毒。但刚到厕所里边，就听见班主任叫我，叫我拿上日记本，到校长办公室。我的心一下子掉到肚子下面去了，打扫厕所让人头痛、心烦，可听到这个消息，让我比打扫厕所更头痛一倍，这不是比喻像厕所的什么东西，而像在用什么样的方式都不能倾诉自己的心声似的。这时，我真想让人去代替我，我愿在厕所里做任何事。

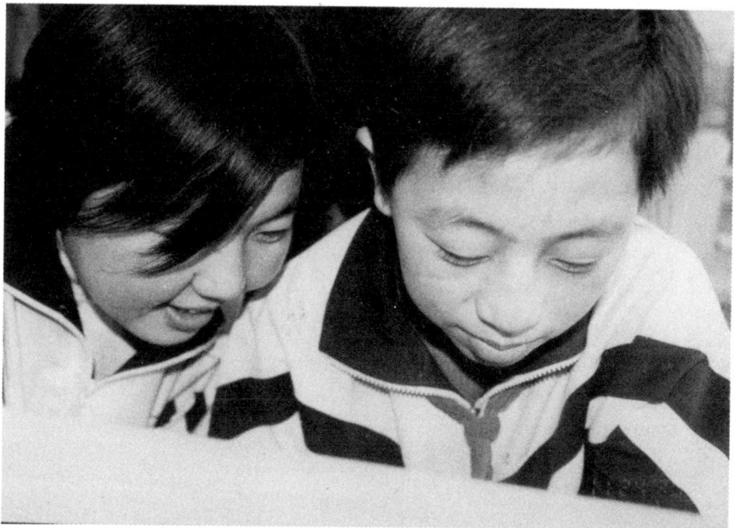

马燕和弟弟一起温习功课，在学习上，马燕是两个弟弟的榜样

2003年5月26日　星期一　阴

下午放学了，我从教室里拿出凳子在院边做作业。班主任到我身边说：“马燕，临上自习10分钟时来一趟，我有话对你说。”进入班主任的房屋，班主任在吃饭，两个女儿在一边玩耍。班主任便叫我坐了下来，对我说：“我想对你说的事是关于学习和日记。我手里一只旧锤子，但今天它有某种权威——暂时充当拍卖锤。我要拍卖的东西，就是在座诸位的生涯。”

生涯？一个叫人生出沧桑和迷茫的词语。我大致明白什么是生存，什么是生活，但很不清楚什么是生涯。我只是一天天随波逐流地过着。

老师说：“一个人的生涯，就是你人生的追求和事业的发展，它可以掌握在你自己手中。生涯纯属于你的价值观。通常当人们谈到生涯的时候，总觉得有太多的不可把握性，埋藏在未知中。其实它并非想象中那般神秘莫测。今天，我想通过这些话，让你比较清楚地看到自己的爱好，预测自己的生涯。”

谢谢老师对我人生路的关照。

2003年5月28日　星期三　晴

在今天的历史课中，我才真正了解到抗美援朝时期的艰难困苦。

这时，我豁然开朗，原来爷爷不是老红军，而是志愿军，也可以说是解放军。想想看，爷爷已是82岁的高龄人了，愿他长命百岁。

2003年6月18日　星期三　晴

在第二节课中，语文老师叫同学背诵古文，都背会了，老师叫我们集体背一遍。我背到最后一段脑子一昏，忘得一干二净了，便停止了背诵，被语文老师看见了，把我叫起来重背最后一段。我站起来，却连第一句都没背出来，站在那里一动不动地看着老师。老师的眼睛透过眼镜看着我，好像眼珠快要蹦出来似的。我不知道是老师近视的缘故，还是我的一举一动太使老师失望呢？老师看了我许久，没有让我坐，便继续讲课。我是越来越站不稳了，腿直打颤，我叫它停止动，它却不听。大约20分钟过去了，老师见我支持不住，便叫我坐了下来，走到我身边，用一种鼓励、期盼的眼神看了我一眼，便走上了讲台。我从老师的眼睛里看到了未来，看到了老师对我的一颗期盼之心。老师一年又一年，一日又一日地给我们站在讲台上讲课，我仅仅站了20分钟，就……不知老师怎样熬过这关，学生向您真诚地说声“老师您辛苦了”。您是学子们心中的天使。

2003年6月20日　星期五　晴

病了两天的妈妈，卧床不起，使家人都很担心。看医生，打了针，吃了药，仍是老样子。妈妈痛得不成人样，这使家人很为她担心的。自从妈妈病了以后，不吃也不喝，若吃了就别想休息，非把你疼死不可。我实在不忍心看妈妈这样痛着又叫她挨饿，便洗了手，准备去做饭。一辆黑色小汽车停在了咱家门口，妈妈病着身子去迎接，好像病没有了似的，不知妈妈是热心好客，还是紧张导致了她的病一下子没有了呢？他们是银川电影院的，想以我的实际来拍部电影或电视剧，他们想要详细的情况，和妈妈谈。啊！但愿让我亲自来拍这部电影或电视剧，体验一下当演员的感受，因为当一名歌星或演员是我的夙愿。

2003年6月21日　星期六　阴

今天下午吃完饭，和家人在一起休息了一会儿。妈妈看了看表说："五点钟了，该到学习的时间了，你们学习，你爸给驴砍草，我去田里锄草。""妈妈你有病呢！若晕倒在赤地（田地），谁照顾你呢？""没那么厉害，我还好着呢！"爸爸先走了，妈妈还在洗锅，我便到这屋打开电视机，一边听音乐，一边写作业。妈妈听见了电视机的响声，过来问我："我叫你到这屋干什么来了？""妈……写作业来了。""你在干什么呢？"我一声不应，妈妈气得哭了，"你若这样，就应该去洗锅，我差点晕死在厨房里了！"妈妈流着眼泪拿着锄去了田里，我很想拿过妈妈手里的锄头，我去田里锄地，可我怕妈妈这样会更生气，更伤心。我便坐在凳子上，女儿错了，我会努力再努力，妈妈您为女儿操碎了心，妈妈，我爱你。

2003年6月26日　星期四　晴

"无论男人或女人，每个人都想在有生之年中轰轰烈烈地爱一次。

对于痴情的少男少女来说，轰轰烈烈地爱一次，将是一生中最大最珍贵的财富，不管这种爱的结果如何，也不管这种爱是对还是错。”

最近班中好像有恋情，想告诉我们这些少男少女们，不要早恋，现在不是播种爱情的季节，是学习的最佳时光。希望我们大家都走好人生之路。

2003年6月28日　星期六　晴转多云

太阳炙烤着大地，火辣辣地照射在我们每一个身上。浑身上下像有什么东西在爬动，真是难受极了。但爸爸妈妈看上去好像没有感觉似的，手一动，一大堆豆子就成了一团。我不知道他们这一辈子背朝天面朝黄土地是怎样熬过来的，是他们习惯了，还是出于无奈呢？在我感觉里面这种日子里煎熬的，度日如年。同时希望爸爸妈妈苦中有乐，苦中有甜，苦中有味。

2003年6月29日　星期日　雨

外面的细雨下个不停，使我们的心情都非常地焦虑，特别是妈妈，她看着外面的细雨下个不停，我们不能去学校，肯定会耽误学习，又会挨老师的处分，她的心里忐忑不安。其实，我的心里是非常高兴，天啊！你这么下，一直下到天黑，我会很感激你的。星期四放假到现在，我觉得好像没有在家度过似的，一天都在忙忙碌碌的工作当中，和爸爸妈妈在豆地里度过的最多。好像没跟爸爸妈妈玩过，没有一起吃过饭。

时间对于我来说太短促。好高兴啊！今天我没有离开家，更没有离开我的家人。在这一下午里，我和爸爸妈妈既打扑克又一起做饭、煮豆角，真是开心极了。看到了妈妈笑得甜的样子，真希望她永远笑下去，永远开心、快乐。

2003年7月8日　星期二　晴

快要上考场了，我紧张得不知所措。上考场铃响了，原来临考老师是我曾经的老班主任。这时，我也松了口气，卷子发下来，我答得特别快，半个小时过去，我已答完了卷子，开始写作文。不一会儿，作文写上了，老师便拿起作文看了看，说："好，再检查检查。"听了这句话，我的激情一涌而出。那么亲切，那么耳熟，我还像是三班的学生，流连忘返。的确，我一直感觉在三班，好像并非到别班，每次考试都忘学号，写的就是在三班时的学号，每次考完时，都要重新改次学号。不知在三班待久了，成了惯性了，还是根本的留恋。其实，在这个新班，师生们都对我特别好，但我就是感觉不到师生之间的那种纯洁的爱，好像我一直在陌生人群中生活着，在孤独的空间中学习着。也许是我多虑了，想到了不应该想的，是我身在福中不知福罢了。

2003年7月9日　星期三　阴

十门功课都结束了，感觉都不错，就是数学中的几何，我把最后的一道证明题证错了，$\angle 1=70°$，$\angle 2=110°$，我却写成了$\angle 1=70°$，

∠2=125° 了，真是粗心到了极点。正在悔恨的同时，我们的英语成绩出来了，我是我们班第一，我听到了我的英语成绩：102分，我向前走了几步，仔细听了一下，又证实了一下自己英语成绩的正确性，我高兴极了。正在兴奋时刻，又出现了一个大难题：领押金。我丢了押金条子，没办法领出来。到新班主任面前开证明，他说我领书时，在老班主任那儿，叫我到那儿去查看。喊声报告，走进屋里，满屋都是三班的学生。大家异口同声地说，一班的学生到三班做什么？管得着吗？管得着。开证明来了。为什么不要你们班主任开？我班主任不是在那儿坐着吗？那是三班班主任。可也是我的班主任啊！大家都笑了，老师让我坐在椅子上，给我开证明。

2003年7月12日　星期六　晴

坐着一个卖豆子的车，到了预旺的十字路口。各个路口都有几辆大汽车，很多人都围着主人求他买自己的豆子。看到这情形，我不希望爸爸拿着东西去求别人，俗话说：“人在，货在，还怕娃没干粮吃。”爸爸和几位叔叔站在一旁观看，站了许久，也不见一人来买我们的豆子。看到他们在一旁着急的样子，我真有点担心了。如果今天的豆子卖不掉，成绩考不好，回去更是雪上加霜，不知该怎样去面对妈妈等待已久的心。正在这时，一个爸爸认得的老主人家过来了，叫爸爸到他那里去卖。这时，我放心了，跳下车，就直奔班主任的小卖部，在跑的过程中，我的心快要跳出来似的，不知是担心还是喜悦。一股劲地跑到了班主任的房间里。老师，我取通知书来。考得怎么样？不怎么样，自己看吧！我找了好久，就是找不着我的通知书。老师帮我找着，给我，在我的脑袋上打了一巴掌，好好学习马燕，在这次考试中，语文你是全校第一，102分，总分在全校占第十几名，明年考个好高中。顿时，我的心平静了下来，开始了我从未有过的喜悦。叔叔阿姨，亲人们我终于奔出个样来了，在耽误功课中，我终于挣扎出一个头来，我不知该怎样分享这份喜悦，这份快乐。今天的这种结果，不知是自己努力的结果，还是像园丁的老师指导的结果，还是叔叔阿姨们的一言一行激励了我。我真心地感谢所有对我学习有过帮助的人，和他们来同享这份快乐。

2003年7月14日　星期一　雨

一股闪电，一声雷吼，下起了大雨，不一会儿院中满是水。突然，大门中进来一个打伞人。妈妈好像认得，这么大的雨，上哪儿去了？就到这儿来歇脚，快。后面还有人呢。是谁？一些记者，快去迎接吧！他们可能会滑倒在地。妈妈赶紧冒着大雨去迎接。妈妈有病，冷雨淋了，一定不是她好受的，更使家人不得安宁。听到这消息，我既兴奋又烦，又对他们的工作产生了情感。冒着大雨，的确不容易。不一会儿，他们一个扶一个进来了，脚上满是泥，在外面又淋了阵雨，冲洗了脚丫才进了屋。他们很热情，又显得很渺小。他们叫妈妈拿出资料，拍了照。又和妈妈谈话。一个胖叔叔和我们一起拍照，问话。不一会儿，大雨又来了，车司机催促他们快一点，不然，就回不去了。不知他们谈得怎样了，就已出发了。

在西海固地区，每一滴水都要发挥最大的作用

2003年7月15日　星期二　雨

早晨起来，外面下着蒙蒙细雨，万物寂静，一切生物像开了花似的，满面的笑容，像对对方问好。一看我出去了，大家都淋着雨整齐地向我鞠了躬，用清脆的声音向我问声好。雨点儿落在我的额头上、脸上，就犹如我此时的心情。雨水淋湿了我的衣服，冷得我直打战。杨慧不知你此时此刻在做什么。你最爱淋雨，此时，你是否和我一样在雨中淋雨。淋雨真好，可清洁你的秀发，可以洗掉你脑中所有的烦恼。告诉我，你在做什么？可千万别放弃啊！我也在尽心尽力地帮你。我们俩一起上，一起走在人生路上。在这次的考试中，你英语全校第一，我语文全校第一，这就足以证明我们是命运中注定的好姐妹。我好想你——杨慧。

2003年7月22日　星期二　雨

妈妈生了我们姐弟三个，只有我一个是女生。好想要一个姐姐，更想要姐姐、哥哥、妹妹什么都全了，那该多好啊！上初一的时候，跟和我非常合得来的一个女生，我们结拜了姐妹，有难同当，有福同享。她现在上大学，却毫无音讯。我寄去了好几次信，希望她过得好，有什么事找我。就在她困难、上不起学的时候，我叫人家帮助了你，可现在却不理不睬的。每次校长夫人发信，我是多么希望有你一封信，得知你的消息，是否过得好。我等了你整整两年了，却一点也听不到你的消息。不知你是否还遵守你的诺言；若不记得，我写信给你看，我对你好失望——姐。

希望你我成为永久的知己姐妹。虽说没有宏大的仪式，但我真心对待。不求同年同月同日生，只求同年同月同日死，让我们好好把握。

2003年7月24日　星期四　晴

爸爸不在家。下午，妈妈的弟弟们去拔麦子。我拔麦子，拔两把手都拔破了，黄脓止不住地流。下午，妈妈就把我留在家干活，给驴砍一袋草，给鸡拌食，把房地洗干净，小心来客人，把晚饭做好，把馒头蒸熟，把开水烧下，为明天做准备。馍馍做熟了，做饭没盐了，就去小卖部买，可小卖部家没人，可能人都拔麦子去了吧！正在发愁的我，不知该上哪儿弄盐去。二伯家的三女——马芳拿着锄头去锄草，见我低着头，问：姐，你怎么了？没什么。没什么在这儿干什么呢？买盐做饭，可主人不在，晚饭没法做，你三妈回来可怎么办？没关系，我家有呢。昨天集上，我爸正好买了一袋子。走进二伯的院子。大姐来了。大姐来了，怎么没吭声呢？也不在小妹家转转，只记得二伯家。不，一会儿就去。二妈呢？在屋里。借上盐，准备回家，但脚还没迈出门槛，就呛了一嘴灰。大姐说我真是越来越胖了，三爸、三妈给你什么好吃的呢？气得我直发抖。接过话语：反正比你吃得好，看你像个鬼似的。二妈、大妈都看着我，我转身离去。走在路上越想越气，早知如此，何必当初呢？我早就料到到她家不会有好果子吃。前几天，我还为大姐喊冤，希望你能过上好日子。可今天看来，我是白喊了。更重要的是我并不了解你这个人。我最怕别人说我胖，更恨别人说我胖。我是胖，但这是天生的，不是我吃胖的。说人家胖，你可以在背地说，干吗在人家面前说呢？这叫人家多么不好意思，多么尴尬，到了一个不能收局的地步。我真是讨厌极了。

2003年7月25日　星期五　晴

爸爸出门好几天了，不知和舅舅的瓜卖掉了没有？更重要的是爸爸的身体怎么样，收获是否好。从我放暑假的第一天起，就听见爸爸说腰痛，肚子左边也痛。在这样炎热的夏季，爸爸和舅舅开着三轮车卖瓜，用来换买豆子、麦子的钱。不知爸爸辛辛苦苦这么些天赚到钱吗？从我放暑假的第一周的星期五开始，只回来一次。爸爸穿的半袖褂，胳膊晒得脱皮，脸晒得跟咱们邻居黑壶一般，整个人像非洲黑人一般。中午，爸爸在沟里饮驴上来。看到爸爸额上满是汗珠，我不由得联想到爸爸在这十几天里所经的风吹雨打，好像爸爸卖瓜的影子已在我眼前。他和舅舅简直渴疯了，找不到水，急得焦头烂额，不知所措。爸爸，你此时此刻在哪里呀！是否喝上水，女儿在为你担忧呢。爸爸，希望你快点回来，大家都盼着你回来拔麦子。妈妈有病，我们姐弟几个实在是顾不过来。爸爸，你回来吧！

2003年7月26日　星期六　晴

当！当！当！钟响了三下，我隐隐约约已感觉到有人在起，硬止着瞌睡劲睁开了眼睛，看见妈妈在洗脸。妈妈，这么早就起？嘘，小心吵醒你弟弟。你弟弟拔了好几天的麦子了，够累的了，叫他再休息会儿，你也再睡会儿，待会我叫你。妈，这么早起来做什么呢？给驴添草，给鸡拌点食，把家里收拾一下，把院扫干净，再给咱们娘几个弄个馍馍，烧点开水，就别问了，快睡觉。就这样，妈妈离开了屋，我也睡了下来。不知不觉已四点半，妈妈叫我们起床，赶紧上塬拔麦子，去晚了就该晚回了。两个弟弟都懒洋洋地起了床，下来洗脸。小弟还哼哼地念叨着，我还没睡醒呢，就叫人！被妈妈说，若没醒，就留在家干活，给驴砍草，把中午的饭做下，我们回来吃。弟弟听到这些话语，赶紧醒了过来，不，我硬拔麦了，都不给驴砍草，别人地里光光的，叫我上哪儿找草？大家都在笑声中离开了家。

2003年7月27日　星期日　阴

麦子拔回来，感觉都很累。中午，妈妈和弟弟们在大树下乘凉，我和爸爸便进屋摆成“大”字的姿势开始睡午觉。大概半个小时过去了，我觉得很不自在，硬睁开眼睛，快把眼毛都拔掉了，隐隐约约看见三个大姑娘在我眼前。我还以为午时见鬼了呢，赶紧闭上眼睛继续睡。这时，她们几个开始捉弄我了。原来是小学同学。马萍在同心读初中，马小红在预旺读初中，只有马小燕在家劳动。见了她们，我情不自禁地问起了她们的学习。萍学习还好，小红语文、英语都没及格，这让大家都很失望。但小燕，我只能问你妈妈好吗？庄稼收完了吗？我们大家都目不转睛地盯着小燕的那双炯炯有神的眼睛，渴望读书的眼睛。她看着我们每一个人的笑脸，情不自禁地流下了她苦苦寻觅的、渴望的泪水。这时，大家都各自看着对方。妈妈热泪盈眶，对马小燕说：“孩子先别哭，让我来想办法。你们和马燕一样是我的女儿，我向何阿姨说说，能否帮助你一下。”这时，大家都欢腾了起来。

2003年8月2日　星期六　阴

爸爸、弟弟都出去砍草去了，妈妈有病，需要我在家照顾。我给妈妈做了点面条，她刚吃一口就吐，没办法，只好放下手里的碗，趴在热炕上。妈妈痛得满头大汗，我不知所措，在门口里走来走去。突然，我听到有声音，我从听觉中还没醒悟过来时，校长已经到了院中。妈，我们老师来了。别急，后面还有人呢！从出租车上下来的，原来是武老师。妈妈听到有人来了，病也不知上哪儿去了，一下子没有了，只是出了一身冷汗。就这样，我们大家都进了屋。武老师问我，怎么没去砍草？我砍草去不是耽误了您的时间了吗？这时大家都笑了。他又说我吃得是白胖白胖的。听到这句话，我又有了老毛病，产生了一种憎恨感。我是天生胖，而不是吃胖的。不过，武老师还是为了我而来。他想以我以前所经历的写一些材料，要把这些材料加到九年义务教育中去。希望他们搞好，能走向成功。

2003年8月3日　星期日　晴

写给白衣天使：

地球得了感冒，宇宙戴上口罩。

太阳为我看病，月亮为我送药。

在患者的眼里，你们就是明亮的太阳。

在月亮的眼里，你们就是人类的骄傲。

2003年8月8日　星期五　晴

进入学习状态的我，正在全神贯注写作业，突然听到家门口有车号声，嘀嘀嘀三响停在了我家门口。一个人喊，有人吗？这是马燕的家吗？我们是《沈阳日报》的，想了解马燕的一些情况。我从注意力集中到从惊慌中醒来，走出屋外，是的，这就是马燕的家。你可能就是小燕吧！是的，有事请到屋吧！进屋，倒了杯茶。你的家人呢？对不起，他们不在家，上塬拔胡麻去了。需要帮忙吗？我去找他们。好的，辛苦你了。就这样，我匆匆地离开了家门，去田间找爸爸妈妈。到地头上看到爸爸妈妈在劳动，双腿跪在一起，两手两把胡麻向前。看到此时的情景，我不知道怎么了，浑身上下发冷。我不知道这“冷”字是忧愁还是喜悦，总觉得心里有说不出的滋味。妈，家中来人啦！赶紧回去。是谁？是《沈阳日报》的。有多少人？有七八个人吧！爸爸妈妈听到这消息赶紧向家中跑去。看到他们远去的背影，我不知道该如何。到了家中，他们谈得很激烈，也很火。两个小时过去了，他们和家人合了影，离开了家，使我们家中更火。

2003年8月14日　星期四　晴转多云

大弟去外公家了，小弟串门去了，爸爸妈妈去田间锄草去了，这下我可好好地轻松轻松，大看一场电视了。不然，全家萝卜白菜各有所爱，每时每刻多多少少也有一些小纠纷。我写作业的时候，弟弟想看电视。他写作业的时候，我想哼哼、唱唱，听听音乐。爸爸休息的时候，我想看电视，爸爸就喊吵死了！吵死了！妈妈在缝衣服、缝被的时候，听到有叽里呱啦的声音就喊："谁把电视打开了，快给我关了，费电死了，用上些电，拿啥交呢？"不过，妈妈虽说嘴皮子上不让我们看电视，其实心底想让我们多长长知识，只是怕影响我们的学习罢了。电视是妈妈的业余爱好，也成了妈妈的家庭教师。每次周末回家，妈妈都给我们讲个不停，她所知道的东西都是从新闻上得知的，也就是从电视上得知的。今天在五点的《半边天》栏目中，我得到了一些启迪。在"妈妈请你原谅我"中，我不约而同地也想到了我自己的母亲。采访中的南南在她幼年、童年时总有一种压抑，但可怕的是这种压力，都是她妈妈给的，所以她从小就很害怕、憎恨她妈妈，她很想知道妈妈为什么对她那么严厉。有一次期末考，她在班上第二十九名，学校开家长会，此时的妈妈看到女儿不理想的成绩，当着大家伙的面就把她从老师站的那个台阶上踢了下去，转身就离开了。南南上了大学的第二年就不想上学了，去了温州、上海。十点钟，该休息了，明天接着写吧！

2003年8月15日　星期五　晴

南南很小的时候就有一种沉重的压力，因为妈妈把一切的希望都寄托在了她的身上。她从童年到青少年一直不敢正面看妈妈。妈妈对她很严厉。在那一次，她才真正了解妈妈。在一次期末考试中，她成绩排在第二十九名，她妈妈把她从台阶上踢了下来。回来就罚站，打她，那时候她非常恨妈妈。早晨她妈要去出差，她就想让妈妈赶紧走，好让她好好地睡上一觉，然后吃些好东西。然后，她偷看妈妈出差拿的是什么好东西，结果只看到了妈妈自己做的咸菜。这时，她热泪盈眶，才真正懂得了，懂得母亲对自己付出的一切。那时候的哈尔滨很冷，妈妈离去的背影像在风雪中飘散。她去了同学家一回，就想看看外面的世界，想到外面干番事业。于是，就给学校请了病假，背着妈妈偷偷地去了温州、上海。在外面的两年里，她干了一番事业，总算没辜负妈妈的心血。看到此时的南南，不知我今后是怎样的？这么多人对我的希望，我是否也能成功地实现呢？

2003年8月16日　星期六　晴

今天看了封求助学生的信，使我心灵深处从未有过地激动了。其内容是这样的：

亲爱的叔叔阿姨你们好，不知近来身体可好，工作顺利。我是××，可能看到我的名字、字迹，你们会发愁。叔叔阿姨我没任何办法了，新学期开始了，爸妈要我辍学。我不想，不想象二姐那样，去年出嫁，今年就有了孩子，我想上学。叔叔阿姨求你们了，这是最后的一次机会了！叔叔阿姨伸出援助之手帮助我吧！就像其他孩子一样。叔叔阿姨求求你们了，我的学习处境危在旦夕。

看了这封信，我不知道她从哪里寄，我的心灵深处涌起了一种内疚感。我不知道该从何下手，虽然是几句简单的语，但字里行间却充满了无助与无奈，我的心里矛盾极了。

2003年8月18日　星期一　晴

亲爱的何阿姨、韩叔叔你们好，好久没和你们联系，听到你们的声音了。我可真想你们。不知你们此时此刻在做什么、干什么？您的学生现在是到了危机时刻了。家中来来往往的记者多极了，我不知道我该怎样面对他们，就总是躲避着他们，不知该对他们说什么、不说什么。今儿家中又来了些，他们好像是拍电视剧的，每次见到记者我就像慌了似的，没魂了，心跳个不止。他们的到来使家中又添了一份喜讯，更添了危机和忧愁。可能这一走，使我们家中又出一场战争。我不想让妈妈再受到伤害，我希望这次能平平安安。

2003年8月19日　星期二　晴

昨天的叔叔阿姨、哥哥姐姐们都在我家住了一夜。他们和爸爸妈妈谈得很投合，直到12点左右。他们的谈话使我们在小屋的人无法入睡，感觉很瞌睡，但就是睡不着。不知他们都聊了些什么，大家都是泪水满面。大概1点过去了，他们都休息了，唯独妈妈一人没休息，她的眼泪总是流个不止。我不知道她又想起了哪年哪月的伤心事无法入睡。公鸡打鸣了，妈妈这时才感觉困了，拿过枕头休息了。不到一个小时，妈妈就赶紧起来给客人做饭了，边做饭边和客人交谈。妈妈上上下下，左左右右都在工作着，一夜之间，妈妈已不成人样，不过还好，妈妈的脸上总是挂着笑容，没晕倒呢！饭吃了，他们越山头，下洼坡，感觉他们都是很快乐的。大概一个小时过去了，他们和父老乡亲们告别，要离开此地了。听到这句话，我的心非常遗憾，我感觉没跟他们接触过似的，更让我遗憾的是，临走前没握个手。但愿再见！

2003年8月31日　星期日　小雨转多云

星期六回家使人沮丧，星期日返校使人感到忧愁、孤独。一周没回家的我们，兴高采烈地准备回家，一到街上就看见妈妈那副苍白的脸孔。妈妈，你怎么了？哈哈（小名），你大姥爷去世了，我得赶紧去做事，准备做后事，所以只能让你和弟弟回去。把家里的事都收拾好，特别是驴，把驴喂好。你二伯耕地呢。就这样，我们大家都匆匆离开了彼此。回到家中，无一人影，满院的鸡屎，没有一点儿朝气。要是妈妈在，那该多好啊！满院都是朝气，满屋都是欢笑声。或许妈妈现在问我在学校里的表现呢，或许妈妈在痛诉自己的苦衷呢，妈妈，我想你，在街上的那一刹那间，我没有看清你的面容，但我看见了你的心。妈妈，我的表现很好，在政治课上表现良好，作业本常是“优”。同学们都提意见，老师偏心名人呢！妈妈，女儿会努力学习的，您放心，女儿绝不会让您失望。对了，妈妈，别太痛心了，人死不能复生，顺其自然，节哀顺变吧！返校时我依恋家，家好比我的母亲。妈妈，我想你，好想和你在一起。妈妈，我想死你了，希望在今天，你能到学校看我一回，我想你，妈妈，我好想大哭一场啊！妈妈。

2003年9月1日　星期一　晴转多云

由于家人不在，我和大弟已是家中的真正主人。爸爸妈妈去给大姥爷办丧事，家乡退耕还林，我家得种苜蓿。二伯牵着驴，背着磨，喊弟弟一起去磨地，不然，地有点潮湿，磨的地不好，所以只能让弟弟踩磨。二伯，能不能不让弟弟去，我们快要走了。不行，一个小时就磨完了，一个小时过后再走。弟弟走了，只有我一人在家，英语家庭作业做完，闲得无聊，就给弟弟和我洗衣服。刚洗完，马叔叔的三轮车要去预旺，急急忙忙的我，赶紧把晾的衣服收拾起来，把弟弟的书收拾起来，赶紧就跑出去。叔叔等会儿，车便停下了。你要下去吗？是的。马义朝呢？叫我二伯叫去磨地了。这个人呢！怎么做一把的活喊一个孩子呢？等不？叔叔你看吧！那就等会儿吧！等了好长时间，车上只我一个人，现在成了满车人。大家都问弟弟呢？得知情况，都责怪二伯。现在不管怎样，只要弟弟来就好了。可到现在仍不见弟弟，真不知道出什么事了！小弟啊！姐现在好想你啊！希望你快快回到校园来，回到姐姐的身边来。

2003年9月2日　星期二　晴

我在教室门口做作业，被好几个男生叫了好多次，我还以为是他们在搞什么秘密活动呢！喊了好几次，我都没有反应。最后，终于有位男老师出动了。马燕你在干吗？办公室有人在等你呢，怎么把你叫不动呢？对不起，老师，我在做作业，我还以为他们在弄着玩呢！现在什么时候了？还弄着玩儿！就这样，我一路匆匆，走进校长办公室，靠窗边的是校长，门边的椅子上是一位身穿牛仔衣，小平头，带相机的一位先生，想他就是找我谈话的那个人。还有个人，身材不是很好，头很大，眼睛略小，脸上稍带些小坑窝，想必他是司机。进去之后。老师，有事吗？我可是作业一大片。校长说，这就是马燕，有什么话和她谈吧！出版社人说，你好！马燕，我是……你好，有事请讲。出版社人说，马燕，你的事情好感人啊所以现在这个故事不仅仅是你一个人的故事了，也是我们大家的故事，不，全世界的故事。所以我们费尽心思从法国把你的版权买了回来，准备在国内九月中旬出版。所以希望你能和妈妈去参加。参加什么仪式，我根本不清楚，因几次去北京，学习下滑很快，所以后半学期好不容易把学习赶上来，再次去北京怕是有危险。老师们对我的学习也很重视，开始校长不同意我去京，最后不知怎么和老师商量了之后，又同意叫我去京了。去京固然是好，但我的学习怎么办呢？多多少少会有一些影响。今天我们谈话已好长时间了，又没能够接受老师的指导。哎！真不知道以后该怎么办了！

2003年9月9日　星期二　晴

家中的客人总是络绎不绝，而准备了两天的妈妈更是忙得雪上加霜。她既要接待客人，又要准备迎接中央电视台的来临。由于校长电话中解释不清，妈妈准备得匆匆忙忙，妈妈准备了两天，才够四五个人的丰餐，可到头来，无一人影，把妈妈可累坏了，这也无所谓。村中、村外的人们为了自己的女儿已经在我家跑了两天了，嘴唇已完全破裂，想必鞋底也快漏洞。天快黑了，仍是无一人影，妈妈既安慰他们又为他们担忧，为他们宽心。没办法，只好把准备好的丰餐让大家吃了。看着他们吃得津津有味，我的肚子却咕咕地叫个不停，我想拿过一点儿，留着自己吃。可一想到妈妈，妈妈为我如此分心，叫我怎能不为之动容呢？

哎！看到此时的场景真让人痛心呢！父母为什么要对他们抱如此大的希望，这也使我们做儿女的开心。父母对儿女付出太多太多，父母为儿女太累太累，今天抱的希望全化为乌有。有句俗语：“父母的心在儿女上，儿女的心在石上。”真是可怜天下父母心啊！

2003年9月16日　星期二　晴转多云

离去北京的日子越来越近了，心上的压力也越来越大了，心里简直矛盾极了。重重困难都困扰着我，死缠着我不放。最近上课总是注意力不集中，听着听着就进了幻想中的北京。不知不觉一节课下来了，到做作业的时候，只会做出答案，做不了正确步骤。想到这些情形，体会到这种情景，真是发愁啊！去年去北京几乎没有好好地上过一堂课。课堂上没坐稳，记者来了，教室里没进去，有人电话来了，校园里没进去，叫去京呢！简直学习就不打心上来。三次去京的我，学习一下子一落千丈，平时名列前茅的我，一段短暂的时间后，却成了被别人轻视的一个热点人物，从而使我失去了学习的信心，失去了积极向上的心态。一天总是在空想，在幻想中生活、学习，最后，导致了我的学习成绩不及格。听到这令人失望、心灰意冷的消息，妈妈失望地哭了，伤心地哭了。孩子啊！这真的……真的是你真实的成绩吗？不是的，对吗？妈，这确实是我的真实成绩，这也是我的根本所在。妈妈傻了，放声大哭……我从妈妈的哭声中得到了启示，同时也体会到了父母对儿女的一颗希望之心。初二期末，我终于赶上来了，到了前几名，但仍未到我以前的位置。正准备在初三期中赶到我理想中的位置去，可这一下倒好，可能又一次下滑，再一次被别人的眼光轻视。真希望……真怕……

2003年9月18日　星期四　阴

痛，心痛，痛，头痛，整个晚上都在拉肚子，抱着头乱滚，痛得我快要发疯了。起床铃响了，全宿舍人走光了，只有死命不掉，活命不长的我在屋子里找脸盆。啪的一下，脸盆烂了，我也晕倒在了地上。咣当一声，宿舍门开了，老师进来了。马燕你怎么了，不要紧吧！今儿你去北京呢，怎么能成这样呢？老师把我扶到教室里。大概20分钟过去了，妈妈来到了教室门口，同学都出操回来了。我在整理书籍，同学开玩笑说：走时，千万别哭，眼泪会冲鼻子的。你们若再说，我真的哭了。大家都在笑声中解散了，离开他们心里还真有点难受，虚虚的。坐上公共汽车，一路上吐个不停，头晕得要命。路上坑坑洼洼的，人难以行得通，犹如人生的路坎坷不平。上了飞机是那么快，那么平稳，愿我也能早日飞向蓝天，走向成功之路。

2003年9月19日　星期五　晴转多云

再一次来到北京感觉不一般，一切是那么美好，那么趣味无穷，那么和蔼可亲。也许是前几次我幼小，根本体会不到这种人间之美，人间的感动。今天我长大了，感觉一切都变了模样，感觉真的太好。6点左右，我、妈妈和石涛叔叔要去韩叔叔那里。透过车窗看楼上的每个闪光点、高速公路上穿梭不息的车流，平地而起的高楼大厦闪着五彩缤纷的光，真像天堂一样。在路上大约走了半个多小时，每走过一个地点，石叔叔总要讲它的来龙去脉，使人感觉历史一下子出现在了自己面前。不知是石叔叔的语文水平好，还是我就有一种奋发心、爱国心，真的，了解一切是那么美好。我在历史的角落里还没有苏醒过来，已经到了韩叔叔家办公室门口。石叔叔按了一下门铃，我再次听到了这种美妙的声音，真的感觉很亲切，很兴奋。进院之后，黑、白皮肤人太多，他们都好像在等我似的，见了我像见明星似的高兴。他们都试着和我用英文交谈，有的喜欢中文，学说中文和我交谈，真是太有意思了，太高兴了。说这说那的，不知不觉已到了12点钟，我和他人交谈时没注意到韩叔叔的讲话，我觉得这一点很遗憾，我应该郑重地感谢他，我很想在他们面前倾吐我的心声。感谢韩叔叔、何阿姨及其他叔叔阿姨让我及其他孩子有了今天，重新步入校园的生活。

2003年9月20日　星期六　晴

终于来到了少年儿童活动中心，参加“热爱上学的孩子”的首发仪式。其实，也是我的《马燕日记》的首发仪式。进了儿童中心，来来往往的人简直是太多了。进去后，那么大的一个场，人来人往的，还真有点胆怯，但到了那个场就不那么遐想了，面对了眼前的实景。在一个最大的会客厅中集合，张娣姐和那么多人在外面迎接客人，说明这书的重要，他们似乎都很感动，有的掉下了眼泪。我的眼泪再也含不住了，赶紧到那个大客厅旁边的另一个大得多的大客厅。妈呀！完了，这才是真正的首发式。里面坐满了人，但大多数是记者、学生、出版社人和外地人。刚到门口，大家都向我走来签名，人简直是太多了，一个个地成队了。在这时候，真想我的杨慧帮我一起签名，不过这样我挺高兴的，像是电视中的明星一样。在签了还不到一半的时候，首发式就已经开始了，出版社人、何姨、韩叔、妈妈、石叔，主持人都到了主席台上，唯独我一个在下面。主持人叫起了我的名字：“今天这本书的主人公也到场了，赶紧上来吧！燕。”我小心翼翼地上了讲台。在这一时刻，我感觉很光荣。但上了主席台就不是我自己了，在他们的交谈中说起了过去，我再也讲不下去了。停了好一会儿，心情平静了，讲了一点，但在这几句话里却有着深远意义、远大理想。老师、学生及其他人都鼓起掌了。这使我特开心。但说下一个问题时，我哭了，不由自主地哭了，说不哭偏要哭。不过这样也好，我还是我，还是这块土地上的我。

在北京为《马燕日记》签售

2003年9月21日　星期日　晴

清华是我向往已久的学校，也可以说是我的夙愿。在家乡还没有通电的时候，就听说过清华、北大。村人们都说谁谁家的孩子聪明，将来一定会有出息的，若考到名牌大学我们整个村子都沾光了。但那时候女孩读书很少，他们把所有的希望都寄托在了男孩子身上。从那时起，我就有一种希望，我要考入清华北大，让村民沾光。通电了，从电视看出清华北大的学生在给美国总统布什提问题，也可以说是交谈，他们的英语水平是如此高，没有一点打住的地方，很流利，很通顺。啊！高兴极了，美极了。我和张娣姐、辉辉姐走了一个道又一个道，总是走不到尽头，比我家乡大得多。它里面什么都有，小湖里有鱼，水里有什么花，真是美极了，壮观极了！绿油油的一片，像是到了草原上的感觉。只是可惜，我们只能在外面看看，没有看到它的内脏、读到它的内脏。没有读到它的内脏没关系，以后我会读到它的，可没看到它的内脏实在是太可惜了，好不容易进一次清华北大。但愿在几年以后，我看到它的内脏。

2003年9月22日　星期一　阴转小雨

我们大家都在高速公路上行驶着，车灯犹如春天里的红花，不，犹如情人送给他（她）所爱的人的红玫瑰；车犹如蚂蚁搬家似的拥挤，真说不出是怎样的一种美，简直是海阔天空。马路灯、车灯、房屋灯，明溜溜的，像月光下的小溪，真是美极了。更让我开心的是，我见到了赫赫有名的白岩松白叔叔。并且今天的这个节目是由白叔叔来主持。红灯停，绿灯走又给我们带来些不便，中央电视台的人正等着。特别是白叔叔，他的时间真如金。这时可把石叔叔急坏了，但是没办法，只得等。夜越来越深了，我睡着了，不知不觉已到了中央电视台门口。下车后，有好多人来迎接我，客气极了，更让我不能接受的是他们都把我当小孩看待，我已经15岁了，一个初中三年级学生了。走了一个台阶又一个台阶，终于到了化妆室，他们先给韩叔叔、妈妈化妆，后给我化妆。从未化过妆的我，今天化妆后感觉特别漂亮，美极了！一个叔叔正给我弄发型时，白岩松叔叔进来了，看上去简直是……给我的第一感觉就是好。一个高个，特酷发型，浓眉大眼，戴眼镜，淡红色上衣中显露出了他的热情，并不像电视中的那种冷酷无情的严肃感。叔叔进来了，白大姐好，小燕子好。叔叔好。各自握了下手，给我的感觉就是亲切，没有距离，“叔叔一点不可怕哟！”“叔叔可怕吗？”“从电视里看，特严厉、特凶，今天如此见，感觉如此之好，这样做节目就不用担心了。”“怎么，你怕？怪不得穿一身黑，想吓唬我？”“不，不，白叔叔，别误会，我一直就这样。”“叔叔开玩笑的，小燕，这样搭配不错嘛，黑色衫，白衣领真有你的。”在这种玩笑与半玩笑的谈话中，我们彼此之间都没有了拘束感，倒把大家都惹得哄堂大笑，但韩叔叔听不懂，经人翻译，也禁不住哈哈大笑了起来。这种感觉真好，若人人都像今天这样，人人平等，没有拘束感，那样多好啊！在笑声中，我的化妆结束了。白叔叔和大家一起进了演播室——《新闻会客厅》，还没走两步，大家就叫我闭上眼，走了不远，睁开眼，哇！好大的……我的照片及更多家乡的照片。“好看吧！燕，想你从未见过如此之大的相片。”“是的……”“节目做完送给你。”“谢谢。”带好话筒、耳机，准备进场了。在做节目时，更感觉到了一种亲切感。每次白叔叔问我问题时，总要说，小燕，告诉白叔叔什么……这种问语，是从未有过的亲人的问语，今天竟出自于一个主持人——白叔叔之口，真是特别高兴，特快乐。今天的话语太长了，有时间接着写。

2003年9月23日　星期二　晴

10:40的飞机票，赶下午5:00就可以到家了，可倒霉的是咱吃饭迟到了，晚了一步。在起飞半小时之前登机，可现在只差15分钟，真是倒霉极了！没办法只好等下一班的航班3:20。这下可把我急坏了，本来今天就可以到家，明天就可以学习，可这倒好，明天还不能进入校园正常上课。到了等候室，还没坐下，就有好多人拥上来。你是马燕吧？是的，有什么事吗？对了，我们在电视上看见过你。同龄人说，你真棒！我也会努力的。老一辈人说，小女孩有出息，好好努力学习，未来的大门永远为你敞开着。听到这些话语，我由衷地也有了一些感谢之情。还有一位大学老师、大学教授鼓励我好好学习，将来上大学去他们学校学习，免费上学。这真使我太感激，也使我有太多压力。有这么多的叔叔阿姨、哥哥姐姐关心我，我将来会怎样呢？

2003年9月24日　星期三　晴

在早晨7:30坐车赶来上课，这几天坐车实在是太累了。车行驶不久，就感觉累，不知不觉醒来已到了学校门口。在下车时，碰见了政治老师，我给他打招呼，他像从未见过我似的，不理睬。好生气的我，擦身而过。走进校园，大家都注视着我，学校的老师都问我，回来了？北京好吗？好玩吗？老师，一点儿都不好玩，累极了！瞎说，好玩得很，好得很，就是想学习，想学校的每一个角落。那就好好学习，抓紧赶课，后天要月考了。我的天呀！是否太仓促？可能别的同学已有了充分的准备，对我来说简直是不知所措。别人家的复习工作都做好了，我却连新课都没上，坐在那里像一摊泥似的。老师都鼓励我，别担心，你能行。真的很希望，希望上天有眼，给我一条明确道路，给我一个光明前途。感谢。

2003年9月25日　星期四　雨

下课了，大家都在教室里追逐打闹，只有一个身带极大压力的小女孩在窗边看书，且是苦涩的、无味的。她的脑海里充满了伤感，浑身上下无一力气，被压力这种东西折磨得有气无力，满脑子都充满了幻想。妈妈，妈妈我怕，明天就要考试了，现在的感觉是恐惧，对考试毫无感觉，脑子一片空白，什么都不知道。妈妈，我真怕，怕这次考试再给我考糟，真希望能顺顺利利地通过这次考试来验证我的能力、我的努力，不过你放心妈妈，女儿不会使大家失望。

2003年9月26日　星期五　晴

啊呀！一场可怕的战争下来了，给我的感觉是半信半疑。开卷政治好，可我一下来就什么都不知道。下考场铃响了，同学把卷子交了，都在一起议论纷纷，这题怎么了！那题怎么了！应该选C，不应该选B。一张卷子杨莉好像错了两道题，是政治老师指出来的。听到大家的这些言语，使我不由自主地激起了一种伤感。从考场上下来，最怕对答案，因为这样会给你带来不快，带来心理上的压力，导致明天的考试不能正常发挥。

2003年9月29日　星期一　阴

爷爷病倒了。平日他的骨头总是硬得很。现在成绩突然有点下滑，爷爷的身子骨就很脆弱了。我真的很害怕。晚上，客人络绎不绝，看爷爷病好点了没有，并且说我是好样的，好好学，让爷爷及家人以后过上幸福的生活。面对他们这颗希望的心，我真有点担心，爷爷的病是否和我有关，我是否应该毫无负担地向前追赶。看着大家一张张可爱而又熟悉的面孔，我真的该奋勇前进了，但路途中我仍然担心着，担心着我的所作所为。

2003年9月30日　星期二　雨

我累了，累极了！各个方面的事都冲着我来，我实在是顶不住了。明天，明天就是我们伟大的祖国母亲的生日，大家都准备着喜气洋洋地过好明天的国庆节，而我的家中却大闹一番。从我星期日回家，家中的人就络绎不绝，早晨8:00至晚上6:00，晚上7:00至夜晚12:00，整天使我无法入睡，无法进入正常的学习状态。他们从早到晚都是大嗓门，我们的屋顶都快要震塌了，小声说和大声说不是一样的吗？干吗那么大的嗓门呢？生怕别人听不见。北京人就是好，要礼貌有礼貌，什么都好，特别是他们那悦耳动听的声音，是那么地温柔、祥和。家里来来往往的人太多太多，使我们一家人完全进入不了正常的作息时间。妈妈陪他们，不能干活，把所有牢骚都发到了我一个的身上。妈妈你说我干吗呢？所有的人不是我请进来的，更不是我招惹进来的，是他们自个儿进来的。是啊！人人都有一颗希望之心，谁不希望自己的儿女将来有出息，为祖国、家乡做点贡献呢？而落在我身上的担子实在是太沉重了，我实是受不了了。

2003年10月2日　星期四　阴

在屋里做英语大课堂的我，突然听到有个男人声。姐，小姐姐！怎么了，他姑父？昨天来了个电话，忘记告诉你了，好像是北京人，说今天晚上8：00有你们的节目播出。对了，昨天，我还看到你们了。是啊！昨天我们也看到了。好了，那就这样，我回去了。不坐会儿吗？不了。哎呀！我的妈呀！这下我可惨了！刚才还在聚精会神地做题呢！现在心都快到肚子里去了，满脑子都是当时的情景。白叔叔问我的问题，韩叔叔听不懂的法语，吧嗒……数百件的机器照射着我们，简直太身临其境了！离节目开播还有两个小时了，我心跳得厉害，紧张得厉害。真不知道图像上的模样是怎样的。虽然已上过好几家电视台，但我都没亲自看到过自己出现在屏幕上的模样。心里紧张极了，节目快快开播吧！

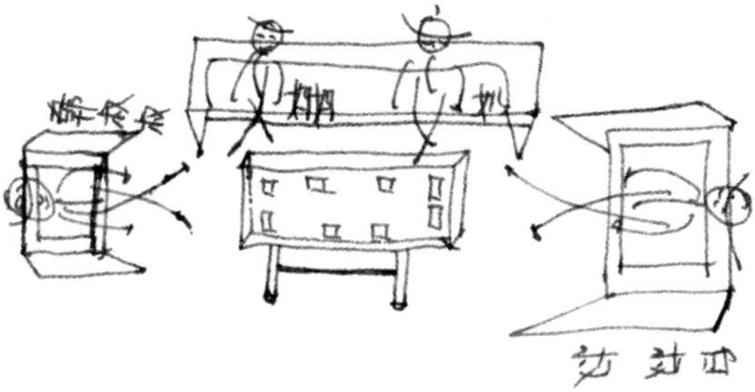

2003年10月3日　星期五　阴

心通通直跳。又叫我们白熬了一天，在家的爷爷整天抱着个电视机，等待着看他的孙女，从电视中出来的孙女。他一天死盯着电视，看孙女露面，但始终没有出来，让他很失望。他也不知道休息了，忘记了休息的时间。从电话主那里得到了一点儿消息，说是什么时间的8:30播出我和妈妈做的节目。所有老乡的激情都集中在了一起，都有了一种想看的欲望，却又不敢想。得到消息的第一天，晚上8:30，家中人山人海，虽不能这么说，但也差不多。许多有电视的人家，也聚集了不少人，像我家一样。虽说电视台很令人失望，但我也看出了村人们对我的关爱。他们想看看外面的世界，想通过我看看世界，同时也想看看我和大名鼎鼎的白岩松——白叔叔怎样聊天的，怎样对话的，中央电视台的主持人是怎样的。从他们的身上，我也看到了一点点希望，不，看到了真正的希望。我很希望我们大家都能走出这个没有文化、处处令人伤心的小山村，走向世界。

2003年10月10日　星期五　雨

上晚自习了。自习铃刚响，校长冒着寒风，顶着大雨，手中拿着电灯到教室门口：马燕在吗？心血来潮的我，进入化学实验中的我，毫无反应。大家都着急了，看我无反应。校长等着呢！都喊我。我还没有注意到，还以为是问问题的同学。我们的新英语老师喊我，马燕，校长叫你呢！就这样，我匆匆忙忙地离开了教室，也不知发生了什么。更使我难堪的是，大家都哄堂大笑，好像是一种嘲笑：专心到如此地步，叫两位老师请，真是太……这些嘲讽对我无所谓，只是我觉得校长那几句既普通又简短的话，对我来说太可贵，太重要了，尤其对一个学生而言，得到老师的一点关心，就像温暖的太阳在你心中，像母亲的心温暖着你。好像有一种从未有过的奋发感和谢意，更重要的是自豪感。我感觉我真的太幸福，有那么多的人关心我，温暖着我。我和校长踩在风雨中的路途上，冷得我直打哈欠，打战。怎么了？没事。天气冷了，把衣服多穿。嗯，知道了。衣服在这里吗？没有。下周拿来穿着，天气冷了，小心感冒，这对学习有影响，在关键时刻可不能掉队啊！是的，老师。平时拉黑脸的人，心却如此温暖。进了校长办公室接电话，但始终不见电话来。我等啊等……

2003年10月12日　星期日　阴转小雨

昨天到家，不知不觉今天就要离去，真是舍不得离开这个家，更舍不得离开被家人围成一团的妈妈，被病折磨得有气无力的妈妈。昨天，我们大家伙都在暖洋洋的炕上坐着，回来时冷得我不知所措，我冻得直流鼻涕。但在炕上一会儿就暖和了。炕上的温度高，给了我暖和，妈妈本身也给了我温暖。真的很希望再回到昨天，贴在妈妈的身边，让她给我讲近几天发生的事，给我讲近几天家中里里外外的事。一天到晚妈妈不得安宁，没有一会儿她能开心、愉快，像完全没病痛的人。雨越下越密了！不行，赶紧得走了！不然，一会就下不去。背上行李，我和弟弟在雨中出发了。妈妈拖着病身子出来送我们。妈妈不要送了，小心冷雨会使你更加疼痛。不要紧，妈妈送会儿，这样我也就放心了。路上小心，加快步伐，小心遇雨或遇上坏人。我俩过了一个又一个山头，村庄越来越没了，妈妈的影子早已看不见了。雨越下越大了，我心里也有了害怕。这时真的希望有个亲人在身边，不知妈妈这时在做什么？

2003年10月19日　星期日　晴转多云

不知为什么，为什么在一周当中想着星期六，想着星期六回家的好消息。感觉回家真好，在家的每一个角落总是舒服的，在每一寸土地上感觉总是美好的。每一周中的星期六是我的一线希望，是我回家的唯一希望，星期六也是我最开心的一天。特别是那暖和和的炕、暖洋洋的被窝。在我那无忧无虑的被窝里舒舒服服地睡一觉，比什么都好，感觉真是美极了！更重要的是星期六特想妈妈，想和妈妈坐在一起。特别在炕上，妈妈坐炕上摇来摆去，我睡在妈妈身边听妈妈脱口而出的小故事、近几天所发生的事，但大多数是妈妈的苦衷，是妈妈一言难尽的理论学说。我真的很担心，担心妈妈有一天会被身上的压力所压疯，成为别人嘲笑的对象。妈妈这样一个没有文化的女人，身上的压力是一般人未能承受的。妈妈给她最信任的人打电话诉说苦衷，却被她说一顿，妈妈感到无比痛心，更觉得无助，身边无一亲朋好友似的。我很希望大家伙有什么不满的，可以尽管冲向我来，不要总对我妈妈发不必要的火。我妈妈够累的了，我不希望有人来伤害她。

2003年10月23日　星期四　晴

好让我心乱啊！看到他们又叫我耽误课。物理课刚下，妈妈来到了教室门口。马燕，你妈来啦！是吗？太好了！喜悦带给我的却是极大的压力，我真的不知道该高兴还是惆怅。马燕，你的王叔叔来了！来了就来了，关我什么事，不可能处处都有我来插手吧！不管怎么样，你都要见一见，问候人家一声。妈妈，我的课程很多，我的压力也很大，所以请你放我一马行吗？我实在是太累了。不行，必须得走。就这样，哼哼闹闹地进了校长办公室。我们大家彼此问候了一下，开始谈正经事。王叔叔说，要我写一个委托书，签上名，要求马孝安翻译成阿拉伯文，能使更多的人关心中国宁夏。他说的这些话，使我迟迟不能做决定，我的内心起了不应有的矛盾感。但是最后，王叔叔的解说、校长和几位老师的解说使我写下了这份委托书。他们说不管怎么样，我们都要从实际出发，为我们的家乡做贡献，为我们的民族、国家谋利益，才能使社会进步，科技更发达。于是我写下了委托书。

委托书

特此委托：

马孝安叔叔将我写的日记《马燕日记》翻译成阿拉伯语，能使更多阿拉伯世界的兄弟姐妹了解中国宁夏，了解我的家乡同心预旺。

马燕

2003.10.23

于同心预旺三中

大概就这么些，可能漏掉了些，但实质内容就是这样的。耽误课是我最不开心的事，我希望再有事，最好别叫我误课。

2003年10月24日　星期五　晴

下周的今天就要月考了，而我还在这里散漫、心不在焉，尤其是周六，总期盼假期的到来。回家的感觉真好。下午在上物理课时，老师的嗓门如此之大，而我却在梦中遨游，眼始终盯着黑板，但心早已飞回了家。一声马燕，使我震耳欲聋，我的妈呀！是物理老师在叫我回答问题呢！马燕你读一下电流表的示数。我却不知所措，上到哪儿了，讲到哪儿了，糊里糊涂地说了一个数字8.5，却答对了。老师看着我的表情不对，叫我坐下又继续讲。老师说，看来有些同学还不够理解，再来一下。多谢老师的再次讲解。像今天这种程度发展，我是注定要完蛋了，以后可千万别发生类似的事。

2003年10月29日　星期三　晴

一时的热潮，现在已化为灰烬，我成了被人嘲笑的对象。本来心情不太好的我，到三班又弄个狗血喷头。我真是伤心极了，伤心到了极点。下晚自习了，我去找马绘萍给她电话号码，让我伤心的是刚入三班门，李小萍就在我的肚子上打了一拳，在三班，这是我们姐妹友谊的一种表现，也就是姐妹之间的问候。小萍一拳，我反过一拳，感觉好痛。班中的学生都大声起哄，友谊来了，名人来了。不知所措的我只能说谢谢。

2003年10月30日　星期四　晴

为什么，为什么本地方的人心胸这么地狭小，素质如此地差？我的错别字是多，我是记流水账，又怎么样呢？尽管如此，我是出了书，并且不仅拯救了自己，更拯救了其他的孩子，这难道不好吗？为什么不看长远呢，而只知坐井观天呢？从北京回来，我就怕别人看了会说这样那样的话。但妈妈却给一位让我很生气的老师看了，他说，马燕日记没有什么，错字连篇，外国人及整个世界到底看中了马燕的什么呢？妈妈听了很生气地说，哎，老师，亏你是一个知识分子！你怎么不假思索地就讲出了这番话呢？外国人是出于好心、善心，看到了孩子的一颗真诚的心、一颗纯真的心、一颗求知的心。马燕她不是一个大作家，更不是一个什么文学家。至于错字，是每个人都有，不可能老师就不会写错字吧！何况这些日记是一个11岁的孩子在四年级时候完成老师布置的作业写的，她写的就是一天中所见所闻，谈不上所想所感。至于世界人关注，是看中孩子的一颗真诚的心，真实的故事，他们要的不是她的学问，更不是你的……老师站在那里一动不动，只是觉得很不好意思，很没有面子似的，脸如秋天的红苹果似的。我真的很不理解他们。

妈我真担心你，会有一天被别人吃掉。

2003年11月2日　星期日　阴

出远门是最累的一件事，也是最激动的一件事，使我这个中学生大开眼界，学到不少社会知识。在银川待了两天，我感觉很累，每天都好像生活在别人安排的地方，感觉累极了。但让我很轻松的是，在我既瞌睡又累的情况下，一个很有名的主持人来到了我身边，我既惊讶又兴奋，感觉如梦。马燕你好吗？很好，你呢？我也是。马燕你稍等，我去化妆了。虽然是句简单不过的话语，但让我感到极大的鼓舞。在她的一言一行中，我才懂得了人际关系应该是什么样的，什么才叫有素质。阿姨穿一身黑色服，戴黑眼镜，一头黑秀发，看上去真是美丽极了。更重要的是，不是她的外貌美，而是心灵美。心灵美才是一种时尚美，像阿姨今天这种文雅、和蔼可亲的态度，就很美丽。

马燕读书人的手，再也不像妈妈抓发菜时那样干枯多皱了

2003年11月7日　星期五　雪

在秋雪与秋风中，冷得我直哆嗦，脸上没有什么东西包裹，所以只能在同学家住一宿。不知妈妈是否很担心我，也很生我气。是的，妈妈，我很想你，也很想家，这是我生平第一次在外面睡，虽然同学一家人都对我很好，但我还是有一种独在异乡为异客的那种感觉。不过，由于文科和理科中的物理、数学给我争了光，心里已得到点点满足，但我总觉得还有很大很大的缺陷，学习不是为了应付考试，是有计划地去学习，将来有头脑地去适应这大千世界，有计划地去走完你人生的旅程。妈妈，我想你，虽然身隔千里，但心是相通的。妈妈，女儿是你肚中的一只小蛔虫。

2003年11月9日　星期日　雪

爸爸、弟弟们、我一起上路。在冬雪中，我看了爸爸对我们子女的疼爱，更从爸爸身上看出他对我们的期望。大弟没回家，只有我和小弟在冬雪中不敢走，四叔的两个儿子和我们一起走，爸爸仍是不放心，把大弟的东西拿上，我们一起走。在路上，爸爸说这说那的，我的泪水已结冰。我从爸爸的话语里可以听得出他是为了我及兄弟们好好地学习，不要辜负了家人对我们的希望。爸爸讲自己的故事，我感觉到了那时的苦难，更看到了爸爸那时的可怜相。爸爸那时上学，一周只有两个高粱馍，不管是刮风还是下大雨，从没人管，也从没人问起，如果那时稍微好一些，我也不会……从爸爸的话语中，我知道了那时条件的艰苦，再想想我们现在的条件，真不知道现在该怎样学，才能对得起爸爸的那颗期望之心。“洁白的雪花飞满天，白雪覆盖了我的小脸，漫步在小路上，留下脚印一串串。有的深，有的浅，有的直啊，有的弯。朋友，啊！想想看，道路该怎样走。”爸爸，好了！不用送了，该到学校里了，你要是再送，看来我的人生道路要你扶持了，我要自立，不希望你这样。爸爸看着我笑了，停住了脚步。

2003年11月11日　星期二　小雪转晴

上课铃响了！大家的心里都有一副很沉重的担子。吵闹的过程中，物理老师进来了。上课。老——师——好。怎么了？没吃饭？坐下吧！同学的头不敢抬，不敢面对老师的那双眼睛，恨不得把头往抽屉里一塞。好，我们的物理成绩考得好，从总体上说不错，三个班平均分差不大，只差零点几分。这回考四十几分的都算不错，因为咱们刚刚接触电路，还没有完全钻入里面，所以这次考不好可原谅，下次就不行了。到发卷的时候了，老师一个一个地挨着给读成绩，全是三四十分的，只有一个最高的71分，一个最低的20分。老师给她发卷时，看了她一眼，说：“你真是创世界纪录。”大家哄堂大笑，在嘲笑与被嘲笑中，我也是其中的一个。在笑得上气不接下气的时候，物理老师喊到了我。马燕，你好几章内容没上，怎么不好好补一补，竟考六十几分。昨天那个记者问我你的成绩，我都羞得不好意思说了，你不努力还指望什么。我差点从讲台上下不来了，快晕倒在地了。老师的话虽然刺痛了我的心，使人的脸面无光，但能看出老师对我的一份责任，使我肩上的压力更重。

2003年11月14日　星期五　晴

“尊重”，一个多么神圣的词。在人成长的时期，都希望受人尊重，也学着尊重别人。尊重别人是一种美德，受人尊重是一种幸福。而在今天，今天的晚自习中，一个常常教导我们的老师忽视了这神圣的词：“尊重”。月考结束了，分数也知道了，数学老师要发卷了。一个，一个，一个挨一个地批评，一个接一个地表扬，但大多数都是挨批评，而我考75分，受表扬。老师说：马燕去京耽误了，考得不错，与高分只差十几分。我气极了！当时，我很希望老师狠狠地批评我一顿，让我有动力，有前进的方向。下来就是四五十分的，二三十分。马少莲45分，她一瘸一拐地上了讲台。马少莲你是不是在学，你一天定吃定坐的，连操都不上，你就这么考试？老师在她的头上打了一巴掌，她哭了，哭得很伤心，很为难。这巴掌带给她的不是痛，而是心灵的创伤，一个永远也不能用话语、表情来抹掉的伤痕。谁不想活蹦乱跳，谁又想定吃定坐呢？她的现实是任何人无法改变的，所以我们每一个人要照顾她，给她心灵上、精神上的安慰。

2003年11月17日　星期一　晴

在睡梦中，我被一阵嘈杂声惊醒了，模模糊糊的我睁开了蒙眬的眼睛，看见在我身边的不是妈妈，是来自北京的人。那位阿姨呼噜噜地睡在我身边。妈妈呢？妈妈上哪儿去了？抬头看，妈妈正在锅上做开斋的。看见妈妈那劳累的样子，我真的好心痛啊！我很想下去帮她，但不知什么时候又出来一股冲气，我一下子起床，感觉很生气，心里很烦……再睡一会儿吧！怎么这么早就起？一会儿，你叔叔阿姨和你还要谈话，送你去学校呢。不，我不，我现在就要走了。为什么呀？昨天，我没上自习，今天又不上课，成何体统，我还是个学生吗？昨天我要走，你们都不让我走。我现在重要的是学习，不是用来应付人的！我需要的是知识，不是你们的闲谈。我也不是你们大家的佣人！你在说什么！不是你叔叔阿姨的帮助，何至你有今天？你有什么知识可学？你真是太自私了，就算你不为村庄，也要为了我，不，为你自己，去帮助别人。留下来和他们谈谈。不，妈妈，我已初三了，明年就要考高中了，若考上高中，我才是村中的财富，才是一个有利于他们的人，现在我只是一面镜子的影子，不是一个真正的镜子。妈妈哭了，我也哭了。不知在这泪水里夹杂着一种怎样的感情？不知这泪水里蕴含了怎样的情意？但我永远是爱你的，妈妈，我会完成你的希望，你的心愿。

2003年11月19日　星期三　晴转多云

本来我学习就很累，在今天的晚自习中，化学老师又说，女生在小学、初中都是尖子生，但一旦到高中，你们女生就后退了、下降了。所以现在你们女生要好好地学习，要刻苦学习，且要有学习的方法，为将来的高中打点基础。你在高中是第一，若不努力、刻苦，稍不留意，在二十名、十几名的随便就把你拉下去。所以说高中阶段的男生是非常厉害的，是很聪明的。老师为什么到那个阶段男生就上升而我们女生就下滑了呢？对不起，我不知道，这是许多心理学家研究出来的，也是从我们的生活经验中得出来的。听了老师的讲解，我更加主动、紧张起来，我感觉更加地累，大脑运转加速。但我还是对学习很麻木，尤其是物理，很麻木很麻木，感觉会做又不会做。现在我真的很担心我的中考会有问题。尤其是一个女学生。若我现在是一个男生，会不会对中考怀疑呢？不，我作为一个女生，要给众多女生一个榜样，女生的智力不是很容易就下滑的。我要考上高中，实现我远大的理想，我要为家人争气，别成别人眼里的笑柄。我要上高中，我要上高中，我要上高中。

2003年12月3日　星期三　晴

不知不觉已星期三了，离考试的时间越来越近了，我的心跳更加厉害。不知这种心跳加速有益还是有害，我希望我们大家的成绩都是理想的。我的肚子饿极了，赶紧把试考完，让我美美地吃顿米饭，我想死米饭和咸热菜了。哎！先别过早地想了吧！不知这次试怎么考呢。若这次试考得很好，很理想、很棒，我会很兴奋，比吃十顿饱饭还要好，还要高兴，还要更有精神。我看着书，不知不觉中已在空想世界中遨游了一回，还在继续遨游，被一个亲切而又熟悉的声音叫醒了。姐，你有馍馍吗？一个眼睛红肿、流着泪的男孩站在我面前。你怎么了？盼盼。姐，塞塞没馍了，我借给他了。噢，你我都没有吃的，倒给别人家，真有你的。他不停地流泪。别哭了，跟你开玩笑，助人为乐是好的，姐欢心。走，咱借吃走（去），只要试考好就行。

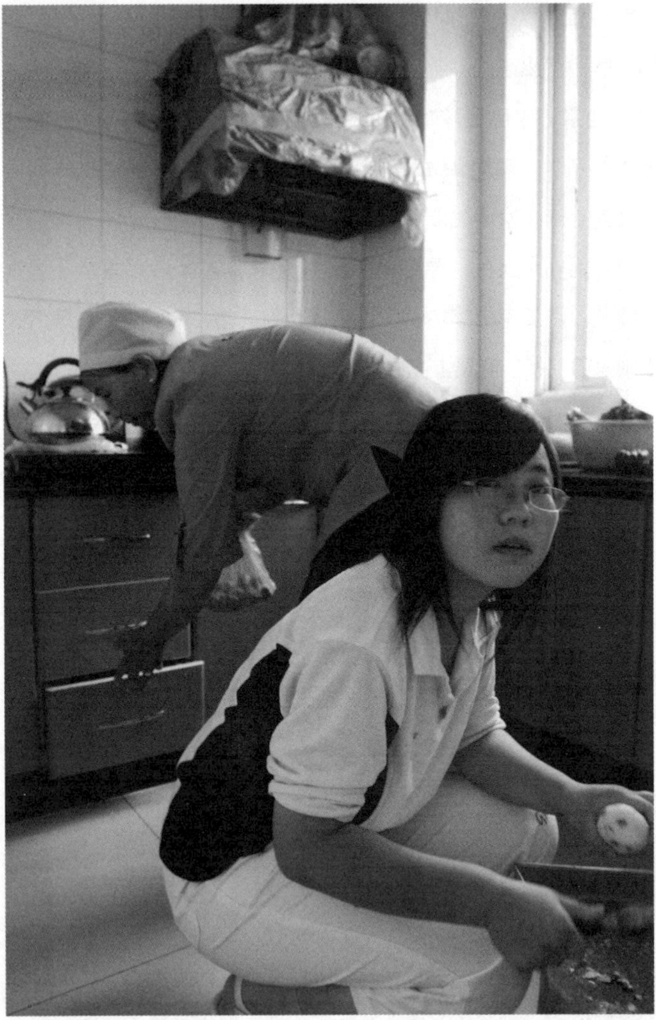

马燕帮妈妈做饭。和从前相比，家庭生活已大为改观

2003年12月9日　星期二　晴

韩叔叔和何岩萍阿姨终于来了，我相思已久的天使终于降临到了我的身边。叔叔阿姨，我好想好想你们啊！你们给我的第一感觉就是好、善良，具有一颗金子般的心。下课了，我和杨慧迫不及待地等着去赶集，找爸爸买蜡。还没等我把杨慧叫起，已有一个老头儿站在教室门口等我。马燕，去见老外。老外？哪里的老外呢？是韩石。是韩叔叔吗？是。啊，我太幸福了！见了韩叔叔，叔叔，你好吗？真高兴见到你。我也是。我们相互拥抱了，问候了。何阿姨在沙发上给谁打电话，所以我们只是握了个手。离开这么久了，只是这样表达了一下自己的感情，我觉得太单薄。见了他们我兴奋不已，有千言万语要表达；但这回，更多的是他们问问题，我们答。这更让我感觉叔叔阿姨和我的距离是否真的很遥远，给我的话语简简单单的，给别人的话语却带有诗情画意，这使我感觉很无助，像是叔叔阿姨们的眼光转向了他们，而扔下了我，永远地抛弃了我似的。尤其是给他们礼物不给我礼物时，我的泪光是如此地无奈，但我想这都是因为我自身的心理因素，是自己的心胸狭窄罢了！叔叔阿姨们的心胸永远是宏大的、开阔的。听到他们要给学校盖宿舍楼，资助学生，我是多么地高兴，这我就足够了，这也是对我的厚爱。

2003年12月10日　星期三　晴

好冷啊！好饿啊！好冷啊！又感觉头脑很麻木似的，一天到晚不知大脑在运转，整个人像泥佛似的，不知阴阳，不知东西，不分清白。原因是在物理成绩上，它使我沮丧，使我有消极心理和逆反心理，导致其他各门功课都听不进去。昨天，叔叔阿姨去同心了，不知现在这个时候，他们是否在我家乡——张家树。此时此刻他们在做什么？村里人是怎样的一种反应。我希望叔叔阿姨不要受到伤害，能帮助更多的孩子完成他们的学业，尤其是五叔家，他们七个女儿，加上爷爷奶奶，一个大家庭十一口人，吃起饭来，一天最少也得七八斤，他们哪里这么多吃的呢？何况爷爷奶奶已经年过八十了。我求善心的叔叔阿姨帮助他们。昨天在马小梅家，因她爸爸去世，叔叔阿姨资助了他们姐弟三个。他们现在真是无忧无虑了，只希望妈妈的病早点好，快乐地生活。看着他们现在这样，我真高兴。我很希望能自立，不希望听到别人说我穷。

2003年12月14日　星期日　晴

心里好难过，好难受，总觉得心里有几分歉疚，特别是对父母亲。这学期的课上完了，要上下学期的课，可是我没书，我到处去借书，却无一家是好书，不是借人了就是糊墙了。我去借书时，弟弟们走了。现在只有我一人，没办法，在家和妈妈多待一会儿，我很想很想蹲在妈妈的怀里美美地睡一觉，舒舒服服地睡一宿。可爸爸总是嫌不够快：快走，不然起风了，下午冷得很，夜里你妈一人在家还害怕呢。这时，妈妈也开始叫了，快，快去洗头，叫你爸爸送下去，你一个人，我们不放心。爸爸把车发动了，喊我走，妈妈还在给我系围巾，叫我把脸捆住，别让我冻着。下去了好好学习，努力地努力地学习，要给妈妈争气。透过围巾看妈妈，妈妈脸上充满了希望。我很想扑上去，抱住妈妈大哭特哭一场。妈妈，你叫我怎样才能学习呢？这次的月考使女儿很沮丧，但你却对女儿依然是笑嘻嘻的。女儿不知道你这笑里到底蕴含着怎样的含义，妈妈，女儿是否让你很失望，很没面子。现在女儿自己也不知怎么了，感觉很无助很无助，尤其是看到别人有书，而唯独你女儿没书。没书的感觉，实在是痛苦。妈妈，女儿会让你看到自己的女儿的理想成绩，我的真面目。

2003年12月17日　星期三　多云

我咳嗽、流眼泪，喘不过气来，疼得人无可奈何，真想大叫一声，把我所有的疼痛都消除在这吼声中。妈妈，今天下午好几个同学都没来上课，可能不是打针就是输液。晚自习上又有几个同学没来，想必也是这样。而我只能坐在冷冰冰的教室里，干咳嗽。有时，很难咳出来，这种咳嗽实在是太困难了，不是鼻涕就是泪，还挺脏的，挺厌恶人的。当然，还有更多的学生同我一样，坐在冷冰冰的教室里，干咳嗽，仍受着度日如年的痛苦。妈妈，我好想家，好想扑在您怀里，睡在咱家的烧炕上。咱们不是常说："肚子痛了跑去，头痛了耍去。"可我总是不能动，一动就是咳嗽，头晕，发冷。这时，我就想起了奶奶的话语，若感冒了在烧炕上睡一觉，立马见效。于是，我就很想家，很想妈妈，让我睡在烧炕上，妈妈用热手巾擦我的额头。想我这么点小病，就诉了一大堆苦，就那么地需要亲人的安慰，而妈妈呢？她常年在外，每次都有生死决战的一回，特别是冬天，山头离家乡遥远，难道妈妈也要这么痛诉吗？想起妈妈以前的处境，妈妈实在是太苦、太累，在那遥远的山头无一亲人。再看看现在的日子，妈妈现在的处境，真是感谢何阿姨、韩叔叔以及更多的叔叔阿姨。

2003年12月19日　星期五　晴

政治自习课是男生们的天地，是女生们的地狱；男生发挥特长，女生们头不敢头，更不敢出声。政治老师每次讲一道习题时，总给咱们讲一些男女之情，不过这种男女之情是纯洁的，是相互鼓励、激励对方学习的动力。老师还没说出口，男女同胞们已脱口而出，比老师还叙述得动听、有情调。我们应该正确去面对，面对实际问题，心理早已成熟的问题。但由于种种原因，她们很虚伪，不敢面对现实，也不知其道理，这样使她们心很乱。

2004年2月16日　星期一

我的人生是美好的，是幸运的，但同时我也是可怜的，是无奈的。妈妈为了我不知吃了多少苦，受了多少累，多少委屈。以前，她为了我能上学东奔西跑，而现在，为了我的前途而东奔西跑，更多的是应付。在家里来来往往的人很多，她三天三夜没合眼，她付出了一切。她更多的是希望能说她自己女儿的事，让世界各国的好心人帮助更多更贫困的山区孩子，让他们学到他们所理想的知识，让祖国明天更加美好。用妈妈的话说："独花开放不算春，万紫千红才算春。"这就是妈妈的理想、妈妈的心愿。

哎呀！在北京的那几天里，我是真的累坏了，没日没夜地工作。

白天签名售书、记者访谈，夜晚赶车，整夜地在火车上度过。不过，我的累只是体力上的累，而不是心理上的累。很多人问我，我现在状况不同，身份不同，起码是一个小名人了，你感到累不累，有没有压力？我很乐观地告诉他们，多多少少有些，但最多的是前进的动力。我不喜欢别人叫我名人，更不希望自己成为名人，我只是预旺中学初三（一）班的一名普普通通的中学生。

2004年2月18日　星期三

妈妈，女儿真的好想你，在你和老师讲话的过程中，我真的很想从老师的手中夺过电话，来听听您的声音。不知吴忠有什么活动，有什么奖要领，明天让我一个人坐早趟车过去。我真的很犹豫地上了车，去吴忠领那个奖。在平日，都是妈妈您陪着我，这次真让我一个人出门的时候，你的灵魂是否在我身旁为我壮胆？这个担心还未完，又收到了两封来自远方的信，其中一个小妹妹写道：“马燕姐姐不要骄傲，不要以其他原因而耽误了学习，不要成为第二个张继了。”我真担心我成为第二个张继，我真担心我这次的旅行，会耽误学习。尤其在终考阶段，啊！我真是担心极了！妈妈，我好想好想好想你，亲爱的叔叔阿姨我该怎么办呢？无形的压力压得我喘不过气来。

2004年2月22日　星期日

妈妈，您的病好了吗？女儿真的好担心您的身体。妈妈，女儿好想你。有生以来出门都是妈妈您陪伴着我，而这次我好像长大了，是我人生的一个起点。在去往吴忠的途中，我感觉在妈妈心目中永远长不大的女儿今天长大了，敢独自去吴忠开会。坐在吴忠市第五届扩大会的会议室里，在人来人往中，在众多人群中，唯独我是一个学生，一个预旺中学初三（一）班的学生。主持人每次念到我的名字的时候，大家都用一种尊敬而又稍带轻视的眼神望一下我这个不起眼的预旺中学生。在开会之中，我真正领悟到了人生。不，人生还在后面呢！

2004年2月23日　星期一　多云

心里有很多很多、很大很大的压力压得我喘不出气来，压得我说不出一句话来，压得我话里有虚假味。物理老师好像每次讲课的时候针对的就是我一个人似的，在他的视线里好像全是我，我稍一走神时，他就大声地讲，有时专门问我听懂了没有。他的一举一动，使我感觉很是内疚。他就像我的父母亲一样默默地关心着我，就像天气冷了，叫我穿厚；饿了，叫我吃饱似的。在这么多人的关心下，这么多人的关注下，我该怎样呢？想想自己目前的危机，数学的危机，使我心灵深处有一种内疚的心理。妈妈，女儿该如何去学习，才能不让你们担心并轻轻松松考入高中呢？

2004年2月26日　星期四

一周过去了，得知父母亲都不在家，感觉真的，真的说不出那种难受的滋味。四叔在我家看门，妈妈第一天出，紧跟着爸爸第二天出。

我真的很担心，我不知道我在担心什么。但在我这个少年脆弱的心中是经不起的。得知家中的情景，我在街上晃来晃去，好像没有我下脚的地儿。人群中挤得我喘不过气来，妈妈你在哪里呀！若是真有一天，我离开了人世，我到哪里落脚，又向谁去诉说我的心声，我的痛苦呢？每一个老师都对我特别照顾，这让我感觉又是一个巨大的压力，压在我的两臂，使我不能动，一动就是一个错，一个动就是陷阱，总而言之眼前像是一个万丈深渊，我就在深渊里不能自拔。老师们似乎对我的穿着也是很严厉似的。从小到大，从未穿过牛仔裤的我，今天终于穿上了它，但老师们好像对我的评价是：我飘飘然起来了！我真不知道为什么别的人都可穿牛仔裤，而唯独我不能？我喜欢牛仔衣。

2004年2月28日　星期六

叔叔阿姨们来了！记者们来了！他们来了好多人，也开来了许多小汽车，停在我们教室门口。许多人都很羡慕，都围在自己的教室边观看。他们的到来使我多了几分力量，也多了几分压力。他们来了，自然要带动我的兴奋，显然我要把兴奋表露在脸上，但是也有人说，我骄傲了，瞧把你美的。所以，我尽量压抑我的兴奋，我对你们的兴奋。当然，听到你们四月份要开拍电视剧了，我更是兴奋不已，但在兴奋不已中，也穿插着几分不快。我没有听到什么，但我的同学对我说，记者在问班主任我是否能考上高中，班主任的回答是，有可能，希望她把落下来的课尽快补上去。我讨厌死了，讨厌老师说的这句不尽人意的话，什么才叫有可能考上高中呢？我老是落课，老是补课，补课也是自己补，

马燕一家迁入新居后与韩石合影

谁来帮过我？这更使我感觉压力无限。哎！今晚有个电话访谈，真是愁死人啦，烦死人啦！我想学习！

2004年3月2日　星期二

望着车窗外的鹅毛大雪，我的心里焦乱极了！我真正意识到时间的珍贵。时间如流水，既然它已流过去了，就再也不会重来。坐在车上，冻得我脚跟直痒痒，使我不能分析试题。妈妈在车上也不能很好地入睡，她愁我的出国护照会办不好，又加了个鬼天气，更使妈妈忧上加忧。而我的心思仍在学习上，此时此刻，虽然很冷，但我仍在想，今天不知上了几课时。在课堂上师生是怎样配合的，他们是否又比我多学了些什么？我又少学了些什么？回去，我是否能跟得上，是否再听到班主任的“愁死了”？别人去国外感觉很兴奋、很高兴，而我似乎感觉是一场无形的压力，好像在我的肩上有不少巨大的碎石冲着我，压抑着我，叫我不能自拔。

2004年3月8日　星期一

今天是“三八”妇女节，首先，我向所有的母亲表示祝贺。祝她们节日快乐！天天有份好心情。在这自己的日子里，希望她们是最快乐，最开心的。每个人都认为自己的母亲是最伟大的，而在我的眼里，我母亲是世界上最伟大的人之一。风里来，雨里去的母亲，身体本来就不是很好。在这天里，她为了我，为了给我办护照，东奔西跑。多病的她，看上去已不成人样，但她还承受着巨大的压力，接受着别人的冷淡和轻视。看到妈妈的嘴都跑成了黑烟囱，我的心如揪了一样痛，但我只能为可怜的妈妈流下泪，别的我却是无能为力。妈妈虽然不识字，但她的社会经验总比我强得多，办什么事，都是一不干，二不休，要的净是最好的。我很想去帮助妈妈，不，很想去自立。但妈妈总说：我过的桥比你走的路都多。看到妈妈此刻的样子，我真不知道该怎么办。我的压力也不小，但妈妈的外界压力也是数不尽的，妈妈好像被压力压得喘不过气来，是有声无力了似的，有话说不出了似的。我很想知道他们为什么要这样难为妈妈。不，不是妈妈，我更可怜。我多希望有人乐开怀地为我办护照，让我无一压力地去国外。去国外，我是固然开心，但我的身后也有一些忧虑、一份担忧。无精打采地出去，到了国外，开开心心两三天，回来我又要分担一场“刑事责任”了。这时，我该怎么办呢？若班中的，甚至学校的各个同学都升学了，都金榜题名了，而唯独我，是第二个张继，一个不起眼的落榜者。啊！去法国我是高兴极了，但我身后的事也使我焦虑极啦！惆怅极啦！我若是一个落榜者，我将何去何从？我真不知该如何。上苍啊！你就睁大眼睛照顾我吧！希望我是一路顺风的，希望我的人生路是辉煌的，是不平凡的。我喜欢去国外，但我更喜欢学习。

2004年3月11日　星期四

离出国的日子越来越近了，但我的出国护照仍在办理之中，是不是有可能半途而废呢？今天，妈又从银川打来电话，问校长及各位老师要签字证明什么，真是麻烦极了！从校长的一言一行中，我又似乎感到了出国的危机，老师唉声叹气地，说何岩萍把路走弯了，走曲了，把正帖没发到主管部门，直接发到私人的手中，这事情就不好办啦！出国固然是件好事，但在我的身后也有一丝的忧虑。出去看看外面的世界，吸收一些外界文化，增强自己的意志，扩大自己的视野。去国外，我是兴奋极了，去看看那些热心肠的叔叔阿姨为我们所付出的一切。不同肤色人的友情、亲情，一切都在不言之中。虽然我们说不同的语言，但我们彼此是心心相印的，永不分开的。我的心里也有一些害怕，我从一个星球到另一个星球去面对一些白肤色人，适应一下他们的风俗习惯、文化方向，我又觉得似乎我的压力很大，肩膀似乎抬不起来了。我不知道是什么心理在作怪。为了办护照，不知妈妈此时此刻怎么样？肯定是跑倒了，忙前忙后地都昏过头了。真希望妈妈平平安安，没有一点事，让女儿快快乐乐、顺顺利利出国，高高兴兴、平平安安回国。哎呀！回国后又是怎样的呢？我的终考又将怎样呢？希望我是最幸运的一个，也是最幸福的一个。

2004年3月30日　星期二

哎呀！时间过得真快！不知不觉已从巴黎回来。今天又回到了我向往的地方，我的乐园，我的——学校。明天就要数学测试了，而我的大脑里全是在巴黎的情景。有时一下子清醒过来时，哎呀！我不在巴黎，在学校，是一个面临中考的学生，又怎么能有丝毫的杂念呢？不过现在想想，那也是一段很美好的回忆，正如何阿姨在塞纳河上所说，这将是我人生美好的开端。可现在我最终的目的就是考上高中，用自己的智慧

马燕在巴黎

马燕在巴黎一家书店，身旁为法文版《马燕日记》

在巴黎的一间教室，马燕与何岩萍阿姨一起接受采访

和才干去迎接自己的人生。在巴黎的日子里，我对美好未来充满憧憬，更加地想去奋斗。

智慧和才干将是打开我人生辉煌的金钥匙。

2004年4月3日　星期六

亲爱的何阿姨，您好：

时间过得真快，不知不觉已两星期过去了！不知何阿姨身体是否还好，脸上的包下去了没有。韩叔叔是否回北京，他是否很累，为了我们。

阿姨，由于时间太紧，一直没来得及给您写信，望您谅解。晚上九点钟刚回到学校，就有英国、银川的记者采访，第二天就是连续不断的测验考试。在这几天里，我几乎像是梦游，不管是白天还是黑夜，我都不清楚自己在哪里、在做什么。

阿姨，谢谢您带我去法国，谢谢您一路上为我的操劳，尤其是您给我的教育，特别是在飞机上、琳达家里。阿姨，我从您身上学到了以前我从未学到的东西。下了飞机，我和妈妈一起走着，妈妈问这问那。我也说个没完没了。妈妈问我，何阿姨、韩叔叔都辛苦不？怎么不辛苦呢？韩叔叔不管走到哪儿，都是不停地说呀说呀！何阿姨就是双份的翻译，我说一遍，何阿姨就说两遍，每每我看她的时候，她的嘴唇总是很干裂。妈妈又问我在那里的感觉如何？棒极了！见了那么多帮助我们的叔叔阿姨，还有些老师、同学，他们都面带笑容，开心极了！又参观了许多名胜古迹。在短短的几天里，妈妈，我感觉和您在一起跟和何阿姨在一起的感觉就是不一样。何阿姨在我做错事或有了不对的地方，她都以教育的方式来教导我，使我很容易懂，觉得是的，哎呀真是这样。而妈妈你呢？就是土办法，老一套，使我似懂非懂。妈妈看上去好像很不高兴的样子，一会儿又说：孩子，你长见识了，长大了，以后要做一个有利于社会，有利于人民的人。

何阿姨真是太谢谢你们了，谢谢你们为我，及更多孩子所付出的一切。虽然我口头没表达出来，但你们所做的一切，我都看在眼里，记在心里，这种感激是无法用语言来表达的。尤其是听妈妈说，您跟妈妈在一起的时候，您在想我的未来是什么样的。在法国韩叔叔说，等我完成学业，在中国找上工作，他再回法国。当我听到这些话时，我热泪盈眶，我不知道该说什么。只想了一句话：何阿姨、韩叔叔你们太好了！你们为了我们太辛苦了！我们永远不会忘记你们，我们会加倍努力学习的。

2004年4月14日　星期三

尊敬的领导，你们好：

不知近来身体可好，工作顺利。谢谢你们对我的关心与支持，谢谢你们给我这次出国的机会。让我看到了外面的世界，使我更加憧憬美好的未来；更让我看到了世界如此之大，知识如此之重要，它可以用到全世界。

在巴黎，我看到巴黎古老的建筑与古老的文化，见到了不同肤色的人，他们都对我非常关心，非常友好。

在2004年3月19日到24日之间，我们大家都在参加图书博览会，但每天也有不少记者的采访。他们了解中国，了解宁夏，了解中国大力支持教育，重视人才，宁夏在快速地发展。

在图书博览会上，我见了许许多多的中国作家，见到了许多中国留学生，这使我更觉得知识的重要性。

在巴黎，我见了许多极普通善良纯朴的外国人，他们为了教育，也极大地献出了自己的一切。这将使我们中法友谊更有深远意义。

这就是学生——马燕在巴黎的旅行生活。

2004年4月24日　星期六

我的初中生涯就快要结束了！我该面临人生怎样的抉择呢？高中的大门是否在等待着我、欢迎着我？我是离你很近，还是很远？我会尽最大努力去奋斗、去依恋你。

我的妈呀！仅仅的，仅仅只剩下三十多天了！我该面临怎样的人生抉择呢？我是否很顺利，又是否很多艰难险阻？不管怎样，这是我生命中与高中的一次较量、一次最大的挑战，我会用尽全力，再接再厉的，我将我付出所有的、一切的努力。

我报考了六盘山高级中学，一心想考一个好学校，为我的父母亲减轻负担，让他们也为自己的儿女自豪一把，让我也洒脱一把。但愿我如愿，顺顺利利上高中！

2004年4月26日　星期一

值日生在教室里打扫卫生，教室里满是灰尘，更是叽里哇啦声一片，有追逐打闹的，有欢歌笑语的，有埋头苦干的，有的不知是在做什么，鬼鬼祟祟的，像小偷似的，摸藏东西似的。咳，肯定是写情书的，这正如班主任说的“情海泛滥”。这也是进入青少年时期的症状。但我还是希望这样的事不要发生，尤其是在这中考阶段，这也会很容易地毁掉一个人的前程，一个人一生的命运，我们到应该恋的时候，就大大方方地，拼死拼活地爱一场，何必现在这样偷偷摸摸呢？既怕老师知道又怕同学耻笑的。

慢吞吞地，一大群男生从语文老师那边来了，说谁谁考了多少，谁谁不及格等。有的看着我。你们怎么了，都神经病了？我还活着呢，脸上还没麻子呢。马燕，你考得真好啊！怎么了？你没考到中等。怎么了？不会吧！不会了？去看看，别太自以为是了。谁自以为是了。一听到这个不好的消息，我的耳朵像雷震一般，照这样下去，怎能考个好高中，怎能上六盘山？

2004年5月2日　星期日

好冷，好凄凉，外面的雨里夹着雪花，好像在迎风起舞，又好像是欢送谁，风里像是带着悲气。

风，呼呼地吼着；雨，不停地淅淅沥沥地下着；雪，在空中不停地飘舞着。趴在窗前的我，眼泪早已湿透了衣裳，眼睛早已看不清，眼前很迷茫。面对此时情景，我想起那句歌词：天在哭，我在哭，你在何处。爷爷的病是一天不如一天，一时不如一时。人生如梦，梦如人生。爷爷一生的坎坷不平，一生的遭遇，使我感到人生不过如此罢了！使我对人生好绝望，似乎彻底地脱离了这个社会的人际关系。

看到爷爷的病万般无奈，我再次感到人生的不易，人生的可贵。

2004年5月9日　星期日

数学卷子发下来了！看到惊人的数学成绩，我的心碎了。天哪！我怎么能如此考数学呢？照这样下去，我能考一个好的高中吗？此时此刻，我该怎么办呢？我该怎样做才好呢？发现一个不理想的成绩能让大家有无力回天的感觉。老师在讲台上不停地说呀、教呀、骂呀，但下面鸦雀无声。老师看到此时此刻的我们，鼓励我们别泄气，这次的失败是成功之母，可使今后更加地发奋图强。听到这些的话语，我不由得泣不成声，眼前模糊不清。妈妈，现在你在做什么呢？若现在我把这不理想的成绩告诉心高气傲的妈妈，妈妈的第一反应是什么呢？是失望、怅惘？不，不是这样，是泪水早已淹没了母亲的心，想她未必是站着的，恐怕早已晕倒在地。妈妈，女儿此时此刻该怎么办呢？我又该怎么做呢？女儿真的是好担心，好担心自己的学习，好担心你的身体，好害怕别人的嘲笑。看到今天的数学成绩，妈妈，我对高级中学——六盘山好像灰心了，好像我终生与它无缘似的。怎么一开始我就碰上了钉子呢？难道你真与我作对，让我与你终生无缘？尽管如此，但我不会放弃，我要与你拼搏到底。俗话说：“万事开头难。”总有一时，我会打败你。我要胜过你——高中。

不知怎的，到了关键时刻，我的思想好像不正常了，好杂乱啊！

我要好好调节调节，尽快进入到紧张的学习状态。我要向高中大门冲刺。

马燕在家复习功课

2004年5月17日　星期一

爷爷，你在哪里？你到底在哪里？您的孙女想您。您不知道您的孙女有多么地想您吗？您是那么那么地疼爱我，又怎能离我而去呢？您不想睁开眼睛看看我吗？您不想看您心爱的孙女吗？您是那么地爱我。

爷爷离开了我们，永远地离开了我，离开了这个美好的大世界，到一个谁也不想去的地方，到人世间的另一个星球上去生活了。爷爷，我们大家现在非常地想念您，您现在在那边过得好吗？

爷爷，您这一走，叫我怎么活呀！您就这样地走了，与我们所有的人都脱离了关系，可孙女怎么活呀！两次的模拟成绩都不是很理想，爷爷，您说我能上高中吗？能上一个好高中吗？爷爷，我的心里矛盾极了！您能为我解开这个心中的矛盾吗？能解这个心中之谜吗？

爷爷，我想您，此时此刻您是否也在想孙女呢？

爷爷准备入土了，而在爷爷的院子里却没有了立足之地。人是那么那么多，此时的场景像是落了一场风调雨顺的白雪，好像天地间几乎所有的人都在给爷爷戴孝，都在为爷爷祈祷。

爷爷是个可怜的人，但同时他又是一个伟人。爷爷从小就很孤独，从小就失去了父母亲，失去了亲人的关爱，世人称他为流浪儿。爷爷到十七八岁，被国民党抓去当兵，他又投向解放军，在朝鲜战场上打仗三年，为朝鲜人民迎来了新生活，帮助他们重新踏上了幸福生活之路。我爷爷是爱的使者，然而这一切对他来说都不重要了，因为他永远地离开了人世。

第四部分

（增补）

2007年至今

2007年马燕高考结束后，飞往法国巴黎，目前就读于巴黎索邦大学。

“也许巴黎什么也给不了我，巴黎也造就不了我什么，但巴黎可以给我和让我得到真正的友情。在爱与被爱的包围下，我将继续着脚下的路，继续我在巴黎的研究生生活。”

奶奶篇

当我第二次回国回老家的时候，我曾经那个熟悉的村落已经不是从前的样子了。这里起了翻天覆地的变化，山头绿了，鸟儿多了，地里的庄稼长得好像从未有过的茂盛，但村民们的房屋显得越来越不起眼，甚至有些已经倒塌、被拆除了。

就像弟弟经常跟我聊到的那样，如今的村子，已经不是以前那个充斥着欢笑，村民相见问长问短的那个村子了，也不是那个经常可以让我们在大中午，听到村里的爷爷们赶牛赶羊的吆喝声的村子了。在这里，我再也听不到，那个在漫山遍野“谩干花”（方言）给我壮胆的白胡须老爷爷唱的，我们听上去似懂非懂的山歌了。我熟悉这个村子的每一个山头，我知道哪里长了棵树，哪里又多了几根草，谁家的地头边又长出了我们家小羊羔爱吃的青草。

这么多年过去了，我为什么还会对这个唱山歌的老爷爷记忆犹新？小时候，爸爸妈妈经常外出打工挣钱，留下我和弟弟们操持整个家，家里的两只羊，一头带病的老牛，就成了我们最大的难题。早上我们和其他孩子一样去上学，趁中午休息的时候，我和弟弟赶紧回家，拎起背篼，就冲向我们认为最有可能有牛羊爱吃的青草的地方，其实那个时候大旱，哪里有什么青草，但没办法，我们得拼命地寻找，要不然，牛羊可就挨饿了。

那个时候，我们年纪小，经常会听到大人们或是同龄人讲的鬼故事，故事里的冤魂野鬼经常会在山间孤僻的地方出现，有时候一阵旋风过来，卷起院子里的某个东西或是在山头拔起根稻草，我们就会觉得鬼来了，它要来索命了，心里害怕极了。而那个时候，傻乎乎的弟弟，我说什么就是什么，屁颠屁颠地跟着我，好像我就是他的大山，他的依靠，他没有一点畏惧心理，很有男子汉的气概。而这个时候高度紧张害怕的我，只能抓紧一切时间去寻草、砍草。有时候，镰刀砍到手了，砍到脚背了，出血了，我也不觉得疼，只想着快点填满背篼，回去上学，生怕一不小心，镰刀缝里会滚出个人头来。几年前发大水，以前在山头上的很多坟墓都被洪水冲坏了，村民们时不时就会从庄稼地里捡到头骨。而这个时候，在田间山头放牧、唱山歌的老爷爷就起了至关重要的作用，他不仅可以缓解我紧张的心理，还可以让我和弟弟安全到家，不被鬼魂缠身，抓到一个孤僻的破窑洞里往嘴里塞土。

而如今的村子，由于生态移民，村民们已经搬到更有发展前景的地方去了，现在留给这个村子的只有沉寂与孤独。虽然这里植树造林了，封山禁牧了，看上去山清水秀了，但没有村民们的陪伴，没有村民们的耕种，没有村民们的欢声笑语，它看起来了好像更穷困潦倒，更落寞了。

现在对我来说，它更是我的伤心地，一个我永远都不愿触碰的地方。这里不仅没有了可爱的村民们，也没有了在这个世界上最疼爱我的奶奶，她永远地离开了她的儿孙们，离开了这个本不该属于她的悲惨世界。

记得第一次回国看奶奶的时候，她已经一病不起，不认得自己的儿女，更听不到任何一句她爱听的话了。可当我去看奶奶的时候，奶奶却拖着病痛的身子，使出她所能使出的所有力气从病床上爬了起来，睁大了眼睛，把我从上到下打量了一番，然后流着满是异味的口水，对在场的所有人说："我的心头肉回来了，我的心头肉来看我了，奶奶的'老娃子'（昵称）终于来看奶奶了。"

为了防止奶奶流口水弄脏自己衣服，在医生的建议下，大家时不时地会在奶奶嘴里放点能吸水的东西。可当我看到奶奶满口都是卫生纸的时候，我再也控制不住自己的情绪了，哭得稀里哗啦，不成人样。现在的奶奶已经瘦到皮包骨头，以前的奶奶骨骼挺大，现在一下子病倒了，奶奶的大骨头都到哪去了，是被病魔吞噬了吗？在经过一番悲喜交加的情景之后，大家都恢复了平静，回到了原来的常态，奶奶看起来也精神多了，坐起来竖着耳朵，能听我们说几句话了。

而这个时候几个婶婶和哥哥姐姐们就开始拿我打趣，开奶奶的玩笑。他们说："奶奶真偏心，平时生病的时候，躺在床上谁也不认识，谁说话都听不见，可现在孙女回来了，身子也不疼了，从床上也能坐起来了，也能认识人了，耳朵也不聋了。"而这个时候，再看看奶奶，虽然仍是流口水，情绪上却异常兴奋，根本不理会婶婶及哥哥姐姐们的添油加醋。是啊，哥哥姐姐们说得没错，奶奶就是偏心眼，在众多儿孙中，奶奶就是给予我特别的照顾。

很小的时候，无论哪个叔叔家过节或祭祀、杀牲，总会请奶奶去主持大局，而这个时候，没出息的我就会屁颠屁颠地拽着奶奶的衣角跟在她身后，寸步不离，尽管知道自己很遭人嫌，受过很多叔叔婶婶的白眼，我还是不气馁，顶住压力，继续跟着奶奶，因为跟着奶奶一定会有肉吃。而这个时候，奶奶就会千方百计地从厨房里给我捞肉，哪怕只有一小口也觉得开心。有一次周围眼睛太多，奶奶把一块肉死死地攥在手里，生怕不小心会掉，而等我拿到的时候，那块肉已经没什么油水了，都快被奶奶捏成干柴了，肉上只有奶奶的手汗味儿，但吃起来还是很香。

记得妈妈告诉我，在我还不记事的时候，奶奶经常带着我去各位叔叔伯伯的家，大家都管我叫小拖油瓶，哪儿都有我。

有次，在大伯家，我吃了人家太多的酸菜，大伯不开心，给奶奶脸色看，还说我。这个时候奶奶就不开心了，开始发威了，奶奶在大伯家不吃饭了，也不理会大伯了。自那以后，谁也不敢动我说我了，尽管他们还是很不欢迎我，但有奶奶在的地方，他们就不敢吭声，不敢拿我怎么样。后来，慢慢长大了，记事了，就不再跟着奶奶让她为难了，也理解了大伯当初为什么会因为一口酸菜跟我置气，那个时候谁都不容易，谁的日子都不好过，如果我吃太多，那么大伯家的哥哥姐姐们就少了份口粮。

可是，记事了，长大了，对我来说，并不是一件好事，我是家里的小大人了，爸爸妈妈就可以把家里所有的一切都扔给我，他们跟着村民们去很远的地方去拾发菜挣钱养家。而那个时候，小弟弟还不到一岁半，妈妈刚刚给他断奶，他整天哭着找妈妈，要吃奶，他的一声哭泣，我的整个世界都崩塌了，魂儿都没了，他哭，我也哭，大弟弟在旁边看着也哭，就这样，我们姐弟三人哭成了一团。

这个时候，六七十岁的爷爷奶奶就成了我们姐弟三人唯一的救命稻草，奶奶白天从五叔家过来，帮我们做好饭，给我们洗漱，帮忙带一带小弟弟；晚上，爷爷会来跟奶奶轮班，陪我和弟弟们过夜。有时候，爷爷奶奶实在抽不开身，我们姐弟三人就自己睡，睡到半夜三更，听到弟弟在咳嗽，会被吓醒；听到牛在外面磨牙、打喷嚏，会被吓醒；听到院子里树叶摩擦的唰唰声也会被吓醒。生怕盗贼闯进我的家，牵走我们家的牛，抱走我的弟弟。

没错，我的童年就是在惊吓与半惊吓中度过的，不过还好，我的童年里，有爷爷奶奶的陪伴。虽然，他们现在都不在人世了，但我依稀还能记得他们的模样，那个永远停留在我记忆中的可爱的慈祥的温暖的面孔。在爸爸妈妈不在的日子里，在去往我家跟五叔家的那个山间陡坡的路上，有一个小老太太的身影，她的怀里抱着小弟弟，背上的背篓里装着大弟弟，还有一个拽着奶奶左下角衣襟的我，有了我们祖孙四人不停穿梭，好像那条小路，在我们的脚下变得更干净明亮了，一条杂草丛生的道路，突然成了一条大白道，正如当今的柏油马路。

记忆中的奶奶永远都带着一个盖头，好像从未拿掉过，盖头上总会别着两枚大小不一样的针，分别穿着白线和黑线，每当刮风下雨的时候，这两条身穿白衣黑衣的巨龙就在奶奶的头顶上手舞足蹈，龙飞凤舞，偶尔也会根据风向东倒西歪，有时候雨水过猛，它们会死死地扒在奶奶的盖头上，一动不动，任凭雨水冲刷，就这样它们跟了奶奶一辈子，也和奶奶相处了一辈子，而奶奶也用它们给自己的儿孙们缝缝补补了一辈子。

记得，妈妈曾经说过，奶奶是她这辈子遇到过最好的婆婆，什么事都让着她，迁就着她，对她的爱，对她的宽容无限大，对自己的亲身女儿也不过如此。有一次，家里终于可以揭开锅了，可是生活中总有些意外，炉子里没有要烧的煤了。而一大把年纪的奶奶，为了妈妈，为了我们这个家，从五叔那里偷偷地转走了几块，正好放在背篼里带着五花卷

马燕与爷爷奶奶

的牛粪下。为了不让五叔多心，最后还把煤块放到牛槽里，心想五叔再怎么找也不会找到那里去。结果好事的五叔，爱开玩笑的五叔还是穷追不舍，在那几块无处安放的煤里又多加了几块，半开玩笑地说奶奶偏心老三，偏心三儿媳！

可谁又知道，可怜天下父母心，爷爷奶奶都一大把年纪了还在尽力地帮着每个生活不如意的儿子，以他们认为对的方式，就像奶奶从五叔家给我们拿煤一样，奶奶也会从我们家长得好的菜园子里，摘几棵大白菜送给四叔、五叔。

现在想想，好心疼奶奶，在我的记忆中，奶奶好像从来没生过病，永远都是忙忙碌碌的样子，浑身上下总带着些泥点子，盖头也从来没有带正过，总是偏向一方，盖头上也总有些小孩子的手印。没错，就是我们这些需要被照顾的孙子孙女的手印。奶奶是没有机会生病，她这一生太忙碌了，没有时间去生病，没有时间去照顾自己。人生中唯一一次生病，就是她永远地离开了我们。

奶奶从小就是孤儿，自她懂事起，她就在一个新家帮忙照顾比她小的弟弟妹妹，长大成人后，把她许配给了同样是孤儿的爷爷。爷爷更可怜，到临终的时候，他都不知道自己的亲生父母是谁，也从未见过他们。奶奶虽然同样没见过自己的父母，但最起码知道自己的父母是谁。爷爷奶奶这辈子都是苦命人，可怜人，两个人在世的时候，从未见过爸爸妈妈，也从未得到过爸爸妈妈的宠爱。

他们苦尽一生，也没有好好享几天清福，儿孙们的日子刚刚有所好转，他们就离我们而去了。希望爷爷奶奶在另一个世界里，能够生活得快乐，没有那么多磨难痛苦；更希望他们在那里能够找到自己的父母亲，能够享受前世没有的天伦之乐。

最后，我也希望离开这个村子的村民们，在新的地方能够过上幸福的生活，喝上甘甜的雨水。

爸妈篇

对于一个身处异乡多年的游子，能够回家，回到爸爸妈妈的怀抱，那是一件多么令人渴望，令人欣喜的事情。可就在我带着满心欢喜，带着快要见到爸爸妈妈的激动心情，踏上国土的那一刻起，戏剧化的事情发生了。

雷声滚滚，风云四起，广播通知飞机因天气原因，无法准时起飞，有可能延误，请大家谅解。平时，在电视剧里才能看到的剧情，没想到也会发生在我身上。看到机场焦头烂额的工作人员和着急忙慌想要回家的旅客，那个场面真是慌乱极了。有人不停地找工作人员理论，有人不停地给家人打电话，也有人滔滔不绝地分析着外面的天气。

而此时的我，陪着一个六十多岁的老奶奶，拎着大包小包游走在告示栏和信息咨询处之间，成了加强版的女汉子。这个时候因为急切想要见到自己女儿的爸爸妈妈已经早早地到了银川河东机场等候，准备接机。他们知道飞机延误事件后，心急如焚，扯着嗓子，用嘶哑的声音，不停地给我打电话，问我在北京这边的状况。

等到第二天在河东机场见到他们的时候，我简直不敢相信自己的眼睛，那两个站在我面前，黝黑无比，憔悴不已的人，竟然是我的爸爸妈妈。原来他们因为担心我，直接在河东机场外面，在包来的出租车里蜷缩着过了夜。看到眼前的父母亲已不是从前的样子，他们的脸上多了些皱纹，他们的耳鬓多了些白发，爸爸的步伐开始变得缓慢，妈妈的话也开始变得越来越多。爸爸妈妈见到我的那一刻，激动到连怎样拥抱我都成了问题，真的是应了那句“捧在手里怕掉了，含在嘴里怕化了”的状态。更有意思的是，妈妈还跟爸爸吃我的醋：“为什么从机场出来先抱的是爸爸而不是妈妈？有一个姑娘在你之前出来，而她先抱的就是妈妈而不是爸爸。”哈哈，而我像哄小朋友一样哄着妈妈说：“无论我先抱谁，对你们的爱都一样，无论你们俩谁的拥抱都是女儿这一生最温暖的拥抱，也是给我爱最多的拥抱。”在这一路颠簸的三四个小时里，虽然因为路况不好走走停停，但这一路走来，我们一家人的欢声笑语从未断过，连专心开车的司机师傅也加入了我们的行列。与父母久别重逢，内心的狂喜真的不能用语言来形容，恨不得24小时跟爸爸妈妈时时刻刻黏在一块儿，而我也真的这么做了。我不会放过和爸爸妈妈相处的每一分钟，晚上我会和爸爸妈妈同屋，睡在一张我许久未亲近却甚是想念的大炕上，爸爸睡左边枕头，妈妈睡右边枕头，而我就像刚出浴的小婴儿，被爸爸妈妈裹得严严实实放在中间，听着他们你一言，我一语，讲这些年家里发生的故事。

可能他们真的是老了，讲着讲着，就听见左边的“火车”要开动了，右边的“大皮卡车”也要卸货了，多年不曾遇到这种情形的耳朵饱受折磨，耳膜也快震破了。在两人的双面夹击下，感觉整个房屋都天旋地转，而他们两个人也配合得相当默契，你一下，我一下，很有节奏地进行着。可是没过多久，情况发生了转变，妈妈的呼噜声变得越来越急促，而爸爸的呼噜声却慢慢地有意地拉长了。这个时候，我就知道，他们肯定在睡梦中相遇了，不知道发生了什么不愉快的事情，他们吵架了。

可不管吵成什么样，妈妈永远都是那个有理的人，而爸爸永远都是那个和颜悦色地哄着妈妈，让着妈妈的人，相信在梦中，这一幕又出现了。

由于时差关系，我的困意后半夜才来找我，而天真的我以为，爸爸妈妈的呼噜声应该在后半夜就此打住。可万万没想到的是刚刚所发生的一切都只是前戏，是他们为后半夜的重头戏而热的身。接下来发生的，让我既害怕又心疼。后半夜的他们，不仅仅是“火车”跟“大皮卡车”那么简单了，他们的呼噜声开始变幻莫测，无规律可循。更像是两台出了问题的水泥搅拌机同时发动了，在他们使出全身力气打着后半夜令人恐怖的呼噜声的同时，他们的女儿为他们的呼吸困难，喘不过气来而担忧。看着呼吸如此不匀称的他们，真的好心疼。儿女的事业都在向积极健康的方向发展，正如他们所期许的那样，可如今留下的只有相依为命的老伴儿，一个彼此嫌弃，却又不离不弃的老伴儿。在妈妈的眼里，爸爸哪儿哪儿都是缺点，浑身上下没有一点优点，而对爸爸来说，妈妈亦是如此。可这一路走来，他们彼此相互扶持，相互包容，日子虽然辛苦，可他们因为能够拥有彼此而幸福。妈妈每天都把不喜欢爸爸这三个字挂在嘴边，可她的一举一动都代表着我是如此地喜欢你。妈妈每天都会嫌弃爸爸抽烟嘴臭，可她却从来不嫌弃从爸爸嘴里经过的骨头。

爸爸爱吃肉，妈妈爱啃骨头，这已是我们家的惯例。可是后来我才发现，事实不是这样的，爸爸因为一场大病，牙齿全部掉光了，现在躺在爸爸嘴里的一口洁白整齐的牙齿全都是假的，所以现在的爸爸吃任何硬一点的东西都会伤到牙床。妈妈心疼爸爸，所以这么多年来一直都说自己喜欢啃骨头，不喜欢吃肉。而爸爸每次吃肉的时候都会瞥一眼妈妈，然后随便咬一口，骨头上留下满满的肉给妈妈啃。有时候，大半夜的，妈妈突然

马燕全家

想吃杏子，想吃鸡腿，睡得迷迷糊糊的爸爸，就会被窝里爬起来，很不情愿地说：“大半夜的，想吃这个，想吃那个，要是嘴馋的话，拿鞋帮子抽两下就好了。”嘴上虽然这么说，但他还是会穿好衣服，从车库里推出陪伴他多年的老摩托车，到大街小巷帮妈妈买她想吃的东西。回到家，斜躺在靠背垫儿上的爸爸，抽着老旱烟，看着吃杏子的妈妈酸得尖叫，直皱眉头的样子，心里就会得到极大的满足，一脸坏笑的幸福样儿。爸爸性情温和，天生慈心面善；妈妈性格刚毅，天生争强好胜。如此南辕北辙，性格迥异的人，竟然会因为一个能说会道的媒婆，和丈母娘看上女婿没话说的道理，就这样走到了一起。那个时候刚刚退伍的爸爸，英俊潇洒，高大魁梧。而妈妈那个时候是出水芙蓉，落落大方的大户人家千金（当然，也只是与爷爷家相比），是我们现在常说的白富美，就是这样一个门不当户不对的两家人因为爱而走到了一起。现在还经常听到爸爸妈妈拿他们80年代的爱情互相打趣。爸爸说：“要是当时没有看到你那双肿得快要化脓的手，我才不会收留你呢。”而妈妈说：“要不是她外婆当时逼迫我，我才不会嫁给你呢。”殊不知，他们早已互生情愫，爸爸在吃到妈妈那双快要化脓的手做出的美味饭菜时，他对妈妈的爱就已经在心里悄悄生根发芽了；在妈妈对爸爸还有些迟疑的时候，因为从小的军人梦，爸爸送她一身女军衣，自那身军衣后，妈妈把整个身心都交给了爸爸，而妈妈也总在爸爸和几个乡镇组队打篮球的时候，穿上那身满是爱意的军衣，站在人群中最显眼的地方，为爸爸加油，而她的这一出现，一句加油，成了跟随爸爸这一生唯一的忠实观众。

而如今的他们，岁月已经过去一大半儿，他们还是在不停地为生活忙碌着奔波着。在与爸爸妈妈相处的这段时间里，我每天都能从他们的身上闻到一股大料味儿，胡椒面味儿，甚至指甲缝里都是各种胡椒粉，而此时再闻闻捏在爸爸手里的五毛钱、一块钱、两块钱，甚至五块钱都是这个味儿。这里不仅有大料味、手汗味，更有爸爸妈妈的辛苦味。而如此辛苦的他们，用自己的辛苦钱，也在为贫困山区做着他们力所能及的事情。

有时候，看到疲惫不堪的爸爸妈妈，我会情不自禁地走上前去亲亲他们，大弟弟就会斜眼瞟我一下，坏坏一笑，估计心里想的是“老姐出国没几年，学会这一套了”。可他不知道的是，我的内心多么挣扎，多么心疼。像这样能够亲亲爸爸妈妈的日子，我还能有多少？

弟弟篇

巴黎，在这个寸土寸金的地方，要想找到一处满意的住所，那是比登天还难的事情。尤其一个人住，必须要找到一个安全的区域，可是大半个夏天过去了，我还是没有找到合适的住所，要么价格太高，房子太小，要么不够安全。最后，经朋友介绍，我住进了一栋八层楼的阁楼里，虽然每天爬楼梯有点辛苦，起码房子是新的，房子的大小和价格都是我能够接受的。更重要的一点，这个区域很安全，也是个很有名的景点，从这里到埃菲尔铁塔的距离也就一百多米的样子，打开窗户，几乎伸手就能摸到塔顶。在这里，每天晚上都能看到让所有游客为之兴奋的那一刻——铁塔灯光闪烁的五分钟，当铁塔金光闪闪，照亮整个巴黎的时候，游客们的尖叫声也弥漫了整个巴黎。在短短的五分钟时间里，你会看到这个世界上所有美丽的画面，有求婚表白成功，相互拥吻喜极而泣的；有家人朋友在一起为彼此祝福而欢声笑语的；有彼此不了解的陌生人没有一点防备而互相拥抱的；更有一群特殊的人群手捧玫瑰花，腰系闪闪发亮的小铁塔，穿梭在不同的人群中，没错，他们就是那些向你讨价还价的可爱的小商贩们，他们也是这里的别样风景。这种时候转过头，再看看塞纳河上那些缓缓靠近岸边的游艇上的游客们，不停地向河岸上的人们招手、呐喊，好像在喊许久未见的亲人，失散多年的朋友，在那一刻，你会觉得在巴黎这个神奇的地方，什么奇迹都有可能发生。

在朋友的帮助下，房子是找到了，可接下来困难就接踵而至。首先，就是搬家的问题，在这里，出门在外的人，经常拎着大包小包满大街找房子搬家，已经不是什么稀奇的事儿了，而我已经是第五次搬家了。尽管每次都困难重重，不过只要有朋友的帮忙，不管搬到多晚，总会收拾出一个属于自己的窝。可这次不同，大夏天的，是法国一年四季最长的假期，没有几个朋友在巴黎，有的出国旅游了，有的回国了，有的出去打工了，没有他们在，我感觉整个巴黎都空了。其实实际也是这样，每到夏天，巴黎本地人就会少一半，走在大街小巷，根本听不到有说法语的人，各种稀奇古怪、陌生的语言响起，恍惚间，会觉得自己在另外一个地方，另外一个国度，根本察觉不出这里是令人向往的法国巴黎。

那没有朋友的帮忙怎么办呢？我不能让房东觉得我是个没有朋友，没有人气，不受欢迎的人，更不能让自己看起来孤单落寞。于是，从背包里拿出我浑身上下最值钱，也是陪伴我多年，弥足珍贵的老朋友诺基亚。在手机通讯录，接近两百个电话号码里，没有找到几张熟悉的面孔。在巴黎，这也是我第一次认认真真地看了一下电话里的通讯录。天呐，这些人这些号码都是从哪儿来的呀，我认识他们吗，怎样认识的，我不知道！可是这么多人里面，却没有一个可以帮到我，哪怕是不帮我搬东西，只要站在我身边跟我说说话，聊聊天，让我觉得自己没那么凄凉就好。每次搬家，都会让我有一种被人遗弃，无家可归的感觉。

没办法，我只能勒紧裤腰带，挽起袖子，头顶大大的太阳自己搬喽，管他房东怎么想呢！正当我搬得起劲，挤地铁的时候，电话铃声响了，是俄罗斯小胖夏琳（Charlène），我的天呐，我怎么把她给忘了！大救星就这样出现了。在这个大夏天迎来了第一个帮我搬家的朋友，可生活中总有些意外，这位朋友有心帮忙，老天却不给她机会，由于体格过大，楼梯太窄，她自己能从一楼爬到八楼都已经很不错了，更别说帮我搬箱子，拎行李了。

所以我只能让她在楼梯底下帮我看东西，一个人一趟一趟地搬箱子，在休息的间隙，和她说说话。可就在搬到还没一半的时候，夏琳接到了在法国南部留学的男朋友打来的电话，说要来巴黎看她了，叫她去车站接他。夏琳满脸的喜悦，看着我说怎么办，那还怎么办，当然是去接他喽！说完这句话，一个飞吻给我，头也不回地急驰而去。哈哈，我的天呐，现在我终于知道什么叫重色轻友了。夏琳带着满心的欢喜去见属于她的幸福，留下一个汗流浃背的我和一个咳嗽都会有回声的楼梯间。

偌大的巴黎，竟然没有人可以帮我，这个时候要是两个弟弟在我身边，那巴黎这个神奇的地方就真的出现奇迹了！不过，奇迹不仅没有发生，而且还让我发生意外。从想弟弟的那刻起，我就有些力不从心，从巴黎想到国内的点点滴滴，突然之间泪奔，一不小心，眼前一模糊，咔嚓一声巨响，我最重量级的行李箱不见了。一阵剧痛之后，我明显感觉到自己的脚错位了，瞬间肿了起来。而此时的行李箱，经过无数个360度大转弯之后，顺顺利利从六楼滚到了一楼，毫发未损地躺在了那里，只是里面的东西已经所剩无几。顺着扶梯望下去，那些躺在楼梯台阶上的花花绿绿的床单被套，各种瓢盆碗盖儿，罐头、通心粉以及搬家之前没吃完的米粉，都被摔得粉身碎骨，东倒西歪如同半残疾的自己。过了不久，八楼的邻居出现了，住在一楼的管理员也出现了，不知道他们是因为听到了那声巨响，还是因为我不争气的哭泣声。那时，可怜无助，狼狈不堪的我早已无暇顾及尴尬，只要有人能把我顺顺利利地抬到八楼就好。

在数小时之后，邻居们帮我简单地安排了一下，帮我清理了伤口，矫正了脚踝，我只能一动不动地瘫坐在床上，看着它慢慢肿大的样子，先是轻微的紫颜色，后又开始慢慢变红，再后来就是两种颜色的混搭。用小指头轻轻一摁，就有一个窝陷下去，放开手就会凸出个包来。慢慢地越来越疼，边缘越来越痒，痒到令人抓心挠肺到不知所措的地步。

邻居们走后，看着屋里乱七八糟的样子，再听听肚子里翻滚的气流，不停地咕咕叫着，再看看挂彩的腿，蹭破皮的胳膊及差一点断掉的脚，突然间有点后怕，想想当时那种凄惨的场面，如果当时没有那个扶梯卡住我，我会不会也像那个重量级行李箱一样从六楼滚到一楼？如果那件事真的发生了的话，我绝对没有那个行李箱那么幸运，毫发无损。

还在暗自伤神的我，突然接到了妈妈的电话，问我是否安妥了一切，有没有累着，刚搬到新家有吃的吗？要是距离近，这点东西，你两个弟弟分分钟就可以帮你搬完；要是距离近，爸爸妈妈给你准备好吃的，搬完家就可以开饭。是啊，要是距离近，搬家根本就用不着我，两个弟弟分分钟就可以搞定；要是距离近，我也用不着空着肚子，还内伤加外伤的。在接到妈妈电话的那一刻起，我哽咽不止，但我也绝对不能让妈妈听出我的声音变化，也绝不能让她知道我受伤的事情。如果她知道了，会担心得整夜睡不着觉，不停地给两个弟弟打电话，然后拿爸爸撒气。

挂了妈妈的电话，我就狂哭不止，想想在国内的时候，只要姐姐需要，两个弟弟就会随时出现，那种被呵护，被心疼的感觉在这里再也感受不到了。小的时候，他们就是姐姐的小跑腿，只要我烧菜做饭，弟弟们就会很懂事地帮忙生火，只要我挑水饮牛，他们就帮忙牵牛赶羊。即使有时候不愿意，在我的强权下，他们还是乖乖待在我身边，当我的小跟班。

在爸爸妈妈不在家的日子里，我一直以为是我在照顾弟弟们，我是弟弟们的依靠，殊不知他们才是我真正的靠山。小时候的弟弟们爱打架，脸上总是旧伤未愈，新伤又起。那个时候我天天担心，生怕哪个同学跑来找我说马燕你弟弟又跟谁谁打架了。其实，他们哪里是打架，那是被人打，只是嘴硬不承认罢了。后来我才知道弟弟们打架的真正原因，据说全是为了我。只要班里有男同学争做他们的“姐夫”，他们就跟人家拼命，跟村子里的男孩子偶尔打架也是如此，只要人家多看两眼自己的姐姐，他们就会把人家放倒，自己也被打得半死。现在想想，弟弟那时候的举动虽然有点幼稚，还是让我心里暖暖的。

其实，那个时候，在我照顾他们的同时，他们也把力所能及的爱给了姐姐，尤其是那个还不过十岁的稚嫩的肩膀。现在淘气的弟弟，偶尔还会拿这件事说事儿，说自己之所以那时候没念好书，全为姐姐打架，保驾护航了。每天都在观察哪个男生对姐姐图谋不轨而耽误了学习。而我也经常打趣说，好吧，这也算是一个学习不好的正当理由。

可就是这么可爱，这么拼尽全力保护姐姐的弟弟们，我却因为二伯的一句不确定的话，用恶魔般的拳头抡打在了弟弟的身上，每每想起这件事，我都会深深地自责，心痛不已。那是一个寒冬，爸爸妈妈都跟着同村的人去了嘉峪关捡发菜，把我和弟弟们上学的事儿全交给了留在村里的二伯，当时二伯伯爽快地答应了。可就在关键时刻，他改变了主意，不帮我们交学费了。而那个时候已经是学校最后一天报名领书了，我心急如焚，一定要抓住二伯这根最后的救命稻草。第二天就是集市，所以在第一天的一大清早，刮着飕飕刺骨的寒风，我就叫弟弟去二伯家确定一下他明天是不是要去赶集。如果他去的话，我们到学校报道领书就有希望；如果他不去的话，我们就彻底没希望了：因为那个时候，我们不仅没有钱交学费，很有可能在重男轻女的情况下，我连上学的资格都没有了。可就在弟弟带着冻得发紫的脸蛋儿和快要化脓的手，连续跑了好几趟之后，都没有给任何结果。可就在最后，同样是困难重重，节衣缩食，顶着家里八张嘴吃饭的压力，二伯伯很为难地像挤牙膏一样，挤出了两句话："明天去或不去，还不一定呢"。就因为二伯伯这模棱两可的态度，我在弟弟的身上拳打脚踢了个遍，看他一动不动，也不知道找个借口跑掉，死死地愣在那里任由我拳打脚踢，这样的他更让我生气了，抡起巴掌就向他发紫的脸蛋儿上打去，一巴掌下去，弟弟已经疼得暴跳如雷，哭得已经没有任何声气儿了。是的，贫穷让我们每一个人都变得缩手缩脚，可我不知道当时哪儿来的气，为什么要打他？可能就是弟弟在转述二伯的话时的那种语气和那种事不关己的态度惹怒了我，也有可能是我自己太担心太害怕，如果错此机会，我怕永远都回不了学校了。可现在想想，做姐姐的我真的很不应该，他当时还那么小，一个不到十岁的小孩，他完全有可能就是模仿二伯的语气和态度口述的呢，我有什么理由来责怪他呢？当时的弟弟，虽然个儿没我高，但是力气已经远远超过了我，如果他反击，要还手，完全不在话下，瞬间就可以把我放倒。可他并没有那么做，任由他平时最爱的姐姐，相依为命的姐姐拳打脚踢。这一表现就是完全的好男人，真男人不打女人的角色，可也就是这一举动，让姐姐我深深地自责，悔恨，至今不能释怀。

全家人聚在一起时，有时会谈论起小时候的事情，哪怕是芝麻小事。而每每这时候，弟弟都会说，爸妈，你说我小时候为什么会那么听姐姐的话，又为什么那么害怕她呢？姐姐说东我不敢往西。还记得小时候姐姐打我最狠的一次，我也没敢反击，现在想想还真不是我的作风，我小时候那么会打架，打遍天下无敌手，竟然只怕我老姐。而这个时候的妈妈，半开玩笑地说："小时候哪家的兄妹不打架，你要是觉得委屈的话，那么这么多年，你吃的、穿的、用的以及你上学所有的费用，都是你姐姐给的。要是没有你姐姐的话，相信你早就辍学在家了，还哪有机会坐在那亮亮堂堂的大学教室里学习，说不定现在在哪个建筑工地搬砖、抬钢筋、和水泥呢！也说不定娃都一堆了呢！"而这个时候的弟弟，哈哈大笑着说："看我妈说的什么话，我们只是在找童年的记忆罢了，我可不在意我老姐打我的轻重；再说了，现在有几百号人拿着我姐姐的版税钱读书，我可是我姐姐的亲弟弟啊，她不供我，能说得过去吗？还有，什么叫生了一堆娃啊，我们又不是小猫小狗，一生就能生一堆。"可不是嘛，我们姐弟三人，对爸爸妈妈来说可不就是可爱的小猫小狗，无论此时的我们身处何地，心里永远都会念着爸妈，想着这个家。

转眼间，我已经出国好几年了，弟弟们也开始在自己的大学里有了新生活，经常和妈妈打电话的时候都能听到他们的新动向。当妈妈告诉我，他们在学校谈恋爱，找女朋友的时候，我觉得好好笑，怎么可能？妈妈电话里头说的人，绝对不是我弟弟，听弟弟的爱情故事就好像是在

马燕与两个弟弟（2006年）

听别人的故事一样。在我的心里，弟弟们永远都是长不大的小屁孩儿，永远都是陪伴在姐姐左右的小跟屁虫，怎么可能一下子就长大了呢？我始终都不能接受这个事实。后来在与弟弟聊天的过程中发现，弟弟真的是恋爱了，还是很认真地在爱对方。在正式向女朋友表白之前，弟弟花了一年时间来观察和打听，在一切时机都成熟的情况下才表明了心意。我很欣赏弟弟做人做事的认真态度，但始终理解不了谈个女朋友有必要花费一年的时间来考察吗？而弟弟给我的答案是："姐，我是个很认真，很专一的男人，一旦陷入爱情，我就会认真地对待我的爱，对我的爱情负责，所以，我只想谈一场以结婚为目的的恋爱。"听了这句话，我非常感动，突然间意识到弟弟长大了，学会了认真，学会了责任，很为他高兴。而像这样认真对待爱情的男孩子，应该是所有期待爱情的女孩子的首选，而像弟弟这么认真这么痴情的男孩子应该屈指可数了吧。

一晃眼的工夫，我又要别离我亲爱的家人了。在我回国两个月后要返回巴黎的时候，大弟弟因为要参加司法考试，没能出现在机场送我，家里其他的所有成员都出现了，就差大弟弟露面了，可是等到最后，过安检登机的时候，他还是没能赶来。那一刻，我突然觉得自己好像犯了错的孩子，弄丢了弟弟，没有照顾好弟弟，惊慌不已，那一刻，我的整颗心好像也莫名其妙地被人掏空了一样。

而此时的小弟弟看到老泪纵横的老姐姐，眼泪也开始在眼眶里打起了转儿，鼻子也开始酸痛了起来。看到小小可爱的他为姐姐流泪，心疼姐姐，我突然意识到，我得好好把握现在的弟弟，说不定再过几年因为学习工作的关系，在机场连小弟弟的身影也不见了。想到这种凄凉的场面，我的眼泪再也控制不住了，连安检的大叔也给我递纸巾了。

看到一脸忧伤而依依不舍的父母亲，我又一次崩溃了，我真的不应该在这个时候流泪；看到心疼女儿而不知所措的父母亲，我真的好难过好自责。我不是因为弟弟没来送我而难过，我只是觉得像这样别离的日子将会越来越多，彼此见面的机会将会越来越少。

在家的这段日子里，大弟弟正好忙着复习司法考试，小弟弟也正好在忙着实习，圆着自己的警察梦。而我和弟弟们相处的日子加起来也不过一个星期，所以和他们在一起的每一分钟都弥足珍贵。而看到他们为自己的学习和事业认真努力的样子，还真有点不适应。仿佛昨天那个调皮捣蛋的弟弟们已不复存在。而他们也一直都是爸爸妈妈的骄傲，大弟弟经过自己的努力，还没毕业就拿到了律师职业资格证，向着自己的事业冲刺；小弟弟也因为从小的警察梦，也正向着他的人生轨迹慢慢靠拢。

所以面对长大的弟弟们，我必须去理解和适应他们的变化。长大了的弟弟们，将来终会有一天，他会为他喜欢的人倾其所有，奋不顾身；也会为他喜欢的事业努力奋斗；也终有一天，有个幸福的女人将会有一个重要的角色而占据他的整颗心。而大弟弟的幸福已经出现：是的，他们终于有情人终成眷属了，在双方父母见面时，双方父母为了儿女也愉快地成了一家人。是的，他们订婚了，过不了多久，他们将会称彼此为老公老婆，这个世界上最美最有爱的称呼。是的，我也应该张开双臂欢迎这个我从未谋面却又如此熟悉关于她的一切的新家庭成员。

说来也奇怪，在想到弟弟和未来弟媳的时候，突然听到了张宇的那首人人为之动容的歌《给你们》，一定是特别的缘分，才可以一路走来变成了一家人。不知道是个什么样的可爱女孩儿，能让弟弟为之疯狂，为之欣喜；让爸爸妈妈的心开始慢慢地向她靠拢；让弟弟慢慢学会长大，学会责任并为之奋斗；更难能可贵的是她能让爸爸妈妈每天多了份期待，多了份喜悦。有时候给妈妈打电话，听到电话那头爽朗的笑声，我就知道她们婆媳之间又互发短信了。妈妈是个只上过半年学的人，不会的生词，用几个大大的标点符号代替，弟媳也会猜出那几个标点符号代替的是什么。有时候不经意间问问爸爸，有了儿媳妇，是什么感觉？而爸爸给我的回答总是简单直接："高兴，喜欢，像疼女儿一样心疼。"

放下电话，莫名地有了一种失落感，有点小吃醋，这个新晋的成员，不经意间俘获了家里所有人的心，严重威胁到我在爸爸妈妈心目中的位置。可她不知道的是，姐姐的心也开始慢慢地向她靠拢，姐姐的心也开始慢慢地向她走近。很感谢她能让我的父母如此喜欢她，也很感谢她能让我的父母如此幸福快乐，更感谢她的是在没有我的日子里，让爸爸妈妈少了份牵挂。

青春篇

来到巴黎，经过三个月的语言学习，我找到了自己人生中的第一份工作，给邻居家的小孩当家教，教她中文。可在一个小时的学习时间里，她用了半个小时的时间跟我叙述她的感情史，听完之后，我愕然、诧异。

七岁时候的我在干什么呢？整天想的都是怎样照看弟弟，照顾好家里的牛羊，可能连男女朋友这种词都没听说过吧！更让我惊奇的是，一个刚刚上中学的姑娘，竟然可以邀请她的小男友在家里和她一起学习中文。而当我奇怪，为什么这么小的年龄，他们的家长就允许她做这样的事情的时候，她妈妈给我的回答，至今都让我觉得很有水准。

她告诉我，孩子自己是有判断对错的能力，在这个年纪他们需要这样的玩伴，这样更有利于他们的健康成长，在这个年龄他们应该学会爱的能力，更要学会爱人的能力。

的确，在这里，你会发现，法国的成年人对待小孩儿的时候都是以一种平等的、温和的口吻跟他们做交流，小孩儿的语气有时候更像大人，所以当你在地铁站或是某个咖啡馆听到一对父子或是母子对话的时候，你会感觉到他们不像是父子或是母子之间在交流，更像是在与某个老朋友对话。

而那个时候的我们在做什么呢？家长老师整天把严重打击，禁止早恋挂在嘴边，有时候，甚至让我们怀疑恋爱就是一种道德败坏，以至于现在的我们，到了恋爱的年纪，也不敢迈出第一步。其实那个时候的我们，真的很简单很单纯，只是在青春期，那个异性相吸的阶段，想要彼此偷看两眼，在人群中不经意地看到对方，从喜欢的同学旁边不经意地走过，仅此而已，真的没有老师家长想得那么复杂。

而中学时候的我在做什么呢？除了忙外出时落下的功课之外，还要忙着应付络绎不绝的记者和各大电视台的采访，说到这里，真的应该好好感谢一下我的中学校长马成贵老师，感谢他因为我而热情接待的所有媒体记者，也感谢他因为我而调整的所有课程。也很感谢这些媒体朋友，让我能够有理由随便进出校长办公室而沾沾自喜，因为在那个时候，能够进出校长办公室，对我们来说是件无上光荣的事情。当然，也很感谢这些媒体朋友的大力宣传，让更多贫困山区的孩子能够继续圆他们的读书梦。

很惭愧，在诸多因素的影响下，我的中考成绩很不理想，没能考到自己梦寐以求的和大家所期望的省重点高中。后来经过多方努力，在教育局吴主任的帮忙和引荐下，我顺利地进入了市重点高中——吴忠中学。而吴老师，他是一个很可爱，很平易近人的教育界老头儿，他很看重贫困山区的教育问题，在他的一生中，教育是他的终生事业，为此他也为我们的教育事业立下了汗马功劳。

吴忠中学，多么美丽，多么令人心动的名字。在那里，我遇见了一批令我敬仰和喜爱的特级教师，也是在那里，让我第一次有了没有后顾之忧，轻松快乐学习的机会。

李玉红，我最喜欢的数学老师。一直都对数学情有独钟和敏感的我，在初中三年里，我几乎没怎么上课，一直在接受各大媒体的采访，那时候的成绩真是一落千丈，再加上让我毫无头绪的几何题，让以前在班里遥遥领先的我，到最后，甚至到了垫底的地步。很可惜，在李老师的教导帮助下，我还是没有太大进步，但这丝毫不影响我对数学老师的喜欢。她是那么的美丽，那么的可人，站在讲台上的时候总放着光，尤其是在她怀孕的时候，挺着个大肚子还坚持在讲台上。而那个时候的她，就更加散发着母性的光芒，让整个讲台都光芒四射，耀眼无比。不知道那个时候，没有傲人成绩却敬她爱她的学生，老师有没有注意到。

董慧敏，我最敬仰的语文老师。她的课，应该是同学们最喜欢最轻松的课了，因为在她的课堂上，我们没有背诵，没有抽查，没有堆成山的习题。有的只是诗词默写，只要按老师的要求做，我们都会有傲人的成绩和令老师家长满意的答卷。在她的课堂上，我们不会走神，开小差，只会被她带到我们所喜欢的和想要了解的世界里。

买建华，教我一年的化学老师。虽然他没有高大健硕的身材，没有帅气的外表，但他笑眯眯会说话的小眼睛总会令人着迷，再加上他孩子王般的性格，总会和我们打成一片。在他的课堂上，同学们毫无畏惧之心。为了提高学生们的成绩，老师经常会在课堂上给我们一些小惊喜和小幽默。哈哈，至今我还记得他的至理名言："在我的教学里，就没有不及格这一说，我会把你们的成绩像提裤子一样提起来。"现在想想，还真是一位可爱的老师咧！

张广，大家最爱的政治老师。他应该是那个时候学校里最帅气的男老师，他的言行举止是男同学争先恐后要模仿的；他的为人也是女同学找男朋友时的参考标准。记得唯一一次模考，拿了年级第一，结果卷子还没完全发完，就有同学高喊着说老师，卷子出问题了，我们的成绩不对。之后，就有同学不断地找老师要成绩，改分数。看着他们改得不亦乐乎，我也想参与一把，改一改成绩，保住第一，让老师知道我的存在。可最后一想，都考完了，改个成绩能有多大意义呢？喜欢老师，不给他找麻烦才是正道。那年，最可怜的就是文科班的女生，进了文科班就如同进了女儿国，可只要张广老师一走进教室，我们所有的烦恼遗憾就都没有了，有的只是满脸的喜悦和仰慕。那个时候，我们高三九班的文科女生是全学校美女最多的班，可如今那些可爱又熟悉的面孔们，你们都在哪里呀？好怀念那个时候的我们，青春洋溢，洒脱无比。

缘分天注定，这话一点都不假，在我离开那个校园的时候，我们的师生情并没有就此结束。第二年，张广老师顺理成章地成了大弟弟的代班主任，在那个年轻气盛，青春期叛逆，荷尔蒙躁动的年纪，弟弟下滑的成绩一天一个样，每天都低出新高。但很幸运的是他遇到了一位好老师，张广老师每天都会很认真地教导他，严厉管教和监督他。苍天不负有心人，最后弟弟如愿以偿地考到了自己理想中的大学，选到了自己中意的专业，也开始了自己的大学生活。

冯芳，我觉得是美女中最有气质的物理老师。在她的课堂上她会让学生们抓住每一个点，会调动学生们的积极性和参与性。有时候，她让我觉得她更像一个灵魂的洗礼者，她会让我们无条件地相信她，让我们非常有安全感，甚至到最后都会情不自禁地爱上她。哈哈，有时候，她会让我们觉得冯老师在当时所有的美女老师中是衣服最多、换衣服最勤的老师。在私底下，我们都亲切地管她叫“又换了一身新衣的老师”，但无论我们管她叫什么，都改变不了我们对老师的爱，对老师的欣赏。

李怀泽，当时相对来说是年纪最大的地理老师。他也是一个让我觉得最愧疚、最对不起的人。因为在他的课堂上，近乎一半儿的人都在睡觉，而我也是一半儿中的一员。在没有兴趣的课堂上，加上酷热的高温天气，那睡意可不早就漫上心头了嘛！而认认真真，从头到尾听课的，也就那几位对地理知识感兴趣的。在铃声将及，快要下课的时候，老师会说：“好了好了，睡觉的都把头抬起来，还有一点点就讲完了，这点非常简单，只要你们认真听，一听就会。”可是，一个学期过去了，我还是没有学会怎样去看经纬度。现在，在外面走得多了，看得多了，才突然意识到，学好地理知识是多么的重要，这个时候的我，不仅觉得对不起老师，更对不起自己。

张晓珍，她是刚刚大学毕业给我们试教的年轻英语老师。在她的课堂上，虽然没有人敢睡觉，但也没有人很喜欢这门课。她布置的所有课外作业，都是我们在上课前五分钟做的，还好那个时候只有完形填空和阅读，我们只要手里有笔，分分钟就可以把ABC搬到卷子上。而那些认真做了卷子的人也没几个，永远都是那些喜欢英语和英语成绩好的人。

多年之后，在与老师聊天的时候，你会发现，其实那个时候的小把戏，老师全知道，只是不愿意揭穿我们罢了。她很理解当时的我们很辛苦，所以她在讲课的过程中极为认真，尽量让每一位同学都能够注意力集中。多年之后，我们也懂得了老师的良苦用心，慢慢地也学会了感恩。

马丽萍，我最敬重的班主任，也是我的历史老师。她是高中三年来和我们相处时间最长，为我们操心最多的家长，她也是第一个让我感觉到最平等教书育人的教师。在我们爱她敬她的同时，偶尔，也会跟她来一个游击战术，和她玩躲猫猫。在困意弥漫整个早自习教室的时候，我们会提前下早自习，说好听一点是为了上好第一节课，说白了其实就是为了早点去食堂买早餐不排队。但只要老师或校领导从窗户前经过，教室里立刻就会变得鸦雀无声，坐得整齐有序。前一秒还是血雨腥风，大大的厮杀；后一秒就是晴天见日，日光高照。为了防守阵地，我们有绝对的部署，有站岗放哨的，有打探敌情的。为了我们的战绩，哈哈，我们也是有绝对的团结精神的。相信大家都知道上中学的时候，每个老师都喜欢搞突然袭击，给我们一个措手不及。画面是这样的："来，同学们，把桌子拉一下，挪一下，我们来个小测验，一个小时后交卷，完事之后，继续上课。来，快一点，别磨蹭了，抓紧时间。"

那个时候，我们是多么地讨厌老师搞突然袭击的举动，可现在，时光飞逝，连讨厌的机会都没有了。不过，还是很感谢当时所有校领导给予我的关心和照顾，也很感谢所有为我付出的辛勤教师，让我能够继续畅游在知识的海洋里。

初来乍到篇

在来法国之前，我相信法国对大家来说是个充满艺术文化气息和举世闻名的浪漫之都。但法国对我来说，有着一种特殊的意义，更确切地说是法国某些人影响了我的成长，帮我完成了继续学习的梦想，更使得今天的我梦幻而又奇迹般地留学法国。在此之前，我一直希望能够有机会去法国学习，与它亲密接触，感受它的文化气息和艺术氛围。

2007年，高考结束后，机会终于来了，果断放弃在国内读大学的机会，收拾好行囊，离开了家人和昔日的亲朋好友，带着大家所有的期许和感恩的心踏上了留法之路。有机会出国，也使得爸妈有机会去北京送我，由于是第一次来北京，他们看什么都觉得好奇，带着这种好奇与对大城市无限的憧憬，我们玩了一整天，算是在离开祖国之前，向爸爸妈妈做的最后的道别。看着他们玩得很开心，一副什么都不在乎的样子，其实，我知道，他们的内心有多么挣扎，多么舍不得。

在长达数十个小时之后，我终于到达法国巴黎戴高乐机场，来到这个熟悉却又如此陌生的国度。飞机上的数十个小时，让我莫名地有了种紧张感，看到环绕在我身边的那些蓝眼睛，大鼻子，不同肤色的人种，说着不同语言的陌生人时，我开始怀疑自己的能力，不断地问自己，在接下来的日子里，我有能力在这个陌生的国度生存和学习吗？我有能力和他们一样，在这里度过我人生的一段美好时光吗？看着与自己如此不同的他们，我开始对自己的决定产生了怀疑。

但在凌晨两点多，看到韩叔叔顶着一头白发在机场等我，还一遍又一遍用熟悉亲切的声音不断地向我嘘寒问暖时，我的这些顾虑一下子烟消云散了。在那个时候，我就懂得，尽管我们的肤色不同，语言不同，但人都是情感动物，只要我们有真情实感，认真付出，不论在哪里，我们都可以友好相处，快乐生活。在见到韩叔叔的那一刹那，我没有了之前在飞机上的担忧，也没有了之前对自己的一切怀疑，看到机场的他，像是爸爸妈妈在机场接我回家一样。从那一刻起，我就知道，我虽然暂时离开了生我养我的祖国，但我又来到了欢迎和愿意照顾我的第二故乡。

在没有大批记者和摄像机的情况下，我和韩叔叔，两种不同的人种，说的都不是自己的母语，用第三方语言英文简单地交流着，但我们彼此间的谈话自然轻松了许多，再也没有了之前重复过上百遍甚至上千遍的话题，聊的只是家长里短，让我们彼此又亲近了许多。在忽明忽暗的月光下，看着他为我忙前忙后，找行李，拎包的样子，突然好像又看到了父亲的背影，瞬间对韩叔叔多了一种心疼。想到这么多年，那么努力爱我和帮我的韩叔叔，我们却从来都没有直接用自己的母语交流过，但现在一想到马上就可以在这里学习法语，用世界上最美的语言和他交流，说感谢的话给他听，就有一种说不出的喜悦，好像失去多年语言功能的孩子，终于开口说话了，特别兴奋。

为了让我能够在巴黎，感受同样来自家的温暖与欢乐，韩叔叔等一行人，把我安排在一个会说中文的法意家庭里，让他们给予我更多的家庭式欢乐与喜悦，使得第一次出国门的我，不那么过度地思念家乡和亲人。阿莱西亚（Alessia），她是之前我认识的住在北京的意大利朋友，她也是帮助很多宁夏孩子的家庭成员之一。在这个会说多国语言的家庭里，有两个聪明帅气的弟弟，一个漂亮可爱的妹妹，也由于我的加入，顺理成章地成了他们的大姐姐。为了让我能够更快融入到这个大家庭，他们还专门请了一个会做一手中国好菜的阿姨，让我尽可能地尝到家乡菜的味道。

在和他们相处的几个月时间里，我的法语水平倒是没怎么进步，可这几个小家伙的中文水平却是突飞猛进。与他们相处久了，都会觉得自家的小孩儿比其他的外国小朋友漂亮聪明得多。在阿莱西亚和奥利弗（Olivier）因工作原因出国出差的三五天里，我更有一种做姐姐的使命感和责任想要把他们照顾好，仿佛又回到了小时候，不过与以往不同的是，身边多了一个帮忙的阿姨。现在，一眨眼的工夫，几年又过去了，而远在纽约的他们还那么一如既往地带给人温暖，而那几个可爱的小家伙也毋庸置疑地长成了帅气的小伙、水灵的姑娘。

很庆幸，在巴黎的这几年，有很多来自身边朋友的关心和照顾，所以我一直都有一种被爱包围着的感觉。在与维罗妮卡（Véronique）同居的日子里，看话剧，听歌剧，赏画展都不在话下，她不仅让我领略了高雅文化，品尝了高端生活，还让我认识了好多影视界的明星朋友，彻底体验了一把公主般的生活。

维罗妮卡是法国最著名的喜剧演员克鲁彻（Coluche）的妻子，在他车祸去世后，所有相关演艺和慈善事业都是维罗妮卡在帮他打理。克鲁彻的慈善之举并没有因为他的离开而结束，每年，他的妻子和演艺界的朋友都会号召和组织全法国乃至欧洲有影响力的演员和歌手在世界各地举办他们永远不变的主题演唱会《les Enfoirés》，而得来的所有收益，都只是为了慈善事业。

每到周末，维罗妮卡邀请朋友来家里做客时，都会邀我盛装，陪她一起和出席的客人共进晚餐。而每次我都会有一些难为情，我一个穷留学生，用妈妈的话说，我是一个从大山里滚出来的生葫芦，跟这些生活在上流社会的人有什么好聊的呢！其实不然，在通过几次对话之后，我发现他们会跟我天南地北地聊，聊各种有意思的话题，还会照顾到我的情绪和反应，他们不是我想象中的那种名流的样子。他们会很友好，很认真地跟你讨论每一个话题，很耐心地跟你解释每一个你听不懂或理解不了的单词。

几次宴会之后，我也积累了不少经验，在接下来的所有大小宴会上，为了避免冷场、尴尬，我都会提前做好准备，上网找一些有意思的话题。通过他们，我也恶补了不少课外知识。在他们华丽的外表下，其实也有着我们普通人的喜怒哀乐，过着我们普通人过的平淡生活。

在这里，维罗妮卡和所有的巴黎人一样，咖啡永远是她生活中不可或缺的东西。她喜欢在有露珠的浪漫清晨，坐在靠窗边的露天台的椅子上，来一杯浓郁清香的咖啡，一张报纸，一份面包，以这样的安静方式来迎接新一天的到来。而每次在我用餐时，维罗妮卡都早已为我准备好了面包、黄油、果酱和煮好的咖啡。每当她出国出差时，也会早早地给我安排好一切，留下便条，嘱托好打扫的阿姨。每次回来都会给我和她的家人带小礼物，所以对她的每一次出行，我都很期待，像极了小时候等待妈妈的感觉。在这里，我也用我人生中第一杯浓郁的咖啡细嗅过属于这个城市的味道以及这个城市给予我的温暖。

莫妮卡（Monique），是我至今想起来都很心疼的人。在那个寒风凛凛，雨雪交加的早晨，她拖着病痛的身子，一直陪我在警察门口排一个永远也看不到头摸不到尾的队，只是为了签证，拿到学生居留。不知道为什么，那年的学生签证非常难，准备好的所有材料，到了警察那里还是会缺一少三，给你找出一大堆麻烦来。后来才知道，那段时间是中法关系最紧张的时候，没想到外交关系也直接影响着我们留学生的命运。

看到排在我前面的队友们，瑟瑟发抖着，好不容易排到了大厅，暖和了些，但见到工作人员之后，没几分钟，又都茫然地离开了。看着他们一个个失望而归，我的心也开始慌了，果不其然，轮到我的时候，警察的脸还是没有雨过天晴。在我尽量用两个月学到的法语词汇跟工作人员争辩的时候，莫妮卡生气了，她要为我和其他需要签证的留学生打抱不平。她开始找领导谈话，和他们理论，但和他们僵持好久之后，他们的态度依然很强硬。没办法，最后莫妮卡只能给她的丈夫伊万（Yvon）打电话，没几分钟，我的审核通过了，居留拿到了，紧接着，后面国际友人的签证也都轻松过关了。为了这个签证，为了这个身份，还真是一波三折！现在想想，在那个寒冷的冬天，有了莫妮卡的陪伴，整个冬天也温暖了许多，而我在伤心难过，想家的时候，她的怀抱也成了我温暖的港湾。

在巴黎，这样一个没有亲人陪伴和照顾的城市，像莫妮卡和伊万这样，不是亲人胜似亲人的朋友我还有很多，一直充当法国妈妈的艾曼纽（Emmanuelle）和帕斯卡尔（Pascale）也给予我很多的照顾和关心。记得那是刚刚从天主学院读完语言，考上索邦的时候，为了能够让我有更好的学习环境，她们几乎找遍了巴黎所有的学生公寓。最后，千辛万苦把我送进一家只有将来很有可能会在国家最重要的机关部门工作的精英和持有法国国际生身份的学生才可以入住的高级公寓。

在那里，我被公寓负责人审查了一次又一次，在待定很多次之后，终于打破保持了六十年的规定，破格让我入住。在那里，近百人的面孔中，唯独我与众不同，也让我真真切切感受到老外这个称号。在那里，我的法语水平迅速提高，甚至学会了一些连法国人都不一定知道的行话，也是在那里，我才真正意义上看到了国内外教育的差异。

为了让我能够顺利入住这个独一无二的学生公寓，艾曼纽真是做了很多工作，费了不少心力。看着她为我忙前忙后，不知疲倦的样子，我很心疼地告诉她，其实没必要这么辛苦地为我，这些事我都可以慢慢来自己做。而她给我的回答，让我的心疼了一下："妈妈都是操心的命，不管你现在多么独立，多么能干，在妈妈的眼里，你始终都是一个孩子。"

更让我心疼和感动的一次谈话，是在我被人打量和跟踪几次之后，她让我买了所有人身保险，还语重心长地告诉我："你现在是个大姑娘了，拥有一张异国风情的脸，如此可爱漂亮，一定要学会保护自己。遇到想要搭讪聊天的没什么，但万一遇到坏人或是劫匪，一定不要吝啬你的钱财。"最后她一脸严肃认真，用略带含蓄的口气告诉我："如果劫匪想要你身上的东西，只要不危及生命，什么都可以。"其实，话音未落，我就已经知道什么意思了，作为妈妈，她已经预想到可能发生或不能发生的事情，全方位地为我的人身安全考虑。而我一直都没有意识到这一点，整天想的都是一些简单美好的事情；更没有意识到，我已经长成一个大姑娘，到了这样令人羡慕却又让家长如此担心的花样年纪。

巴黎，这个美丽的城市，给我带来太多太多的惊喜和意外，在这里，我经历了所有自己以前无法想象的事。从未吃过生日蛋糕过过生日的我，在巴黎，过了人生中的第一个生日，在大家为我准备好的蛋糕面前，准备吹蜡烛许愿的时候，我紧张兴奋到快要瘫倒。我不知道要怎么样许愿，怎样开始，许什么愿，许下的愿会实现吗？许愿的时间会不会太久，耽误大家时间，蜡烛需要一次性吹灭吗？在经过一连串的疑问和无数次的心理斗争之后，我开始模仿电视剧里的女主人公，双手合并，顶住下巴，闭上眼睛，心里默念一二三后，开始吹蜡烛。

在吹完蜡烛后，大家争先恐后地问我来到巴黎的第一个愿望是什么的时候，我才意识到我没来得及许愿，心里只顾默念一二三了。不过现在想想，那次的生日聚会，还真是一次特别的经历，让我很开心。

当然，也有开心后的意外。在法国南部度假的时候，帕斯卡尔和她的家人带我参观了许多有意思的地方，也给我介绍了她的很多朋友。在这里，我第一次感受到法国南北方文化的差异，很明显的就从见面礼仪开始吧。在巴黎，朋友双方见面，随便亲两下就可以，而在南方是要亲三下，甚至四下，而且是很认真，必须要亲到脸颊，如果不幸遇到一个大胡子叔叔的话，你会感觉到整个人都不好了。而我通常为了简单方便，避免两个人向同一个方向亲下去而尴尬，我的唯一指标是亲一下就可以。后来，经朋友介绍，我才知道，只亲一下会让人误解或感到不舒服，会让对方觉得你在传递一种特殊的信号，对人家有特殊的情感。听着他们用略带嘲讽的口吻为我解释得不亦乐乎时，我在祈求，在这个自由浪漫的国度，被异性误解没什么，可千万别被同性误解了呀。

在这里，我第一次看到了无边无际的大海，一眼的蓝，真是美极了，让我兴奋到无法呼吸。可是接下来的一幕让我彻底地没法呼吸了，没见过大世面的我，眼前的一切都让我那么难以接受，简直不敢相信自己的眼睛。看到海里裸泳的人和在沙滩上裸晒的人，我的大脑几乎停止了运作，脑海里只蹦出这么个念头，“这些人是疯了吗？世界末日要到了吗？”在埃莱娜（Hélène）和她的家人朋友全裸着站在我面前，邀请我一起下海游泳时，我委婉地拒绝了，实在接受不了。可是后来，出行游走的次数多了，见多识广了之后，只要泳衣还在我身上，别人裸到什么程度，我都可以接受了。

在这里，我也第一次深刻意识到，我是那么的爱国和想要维护国家名誉的人，在出行游走的时候，只要听到“中国”这两个字，我就精神头十足，不管什么话题，我都要很仔细地听下去。听到好的评论，我就开心；听到不好的评论，我就据理力争，让他们知道中国的好；有时候听着不同的语言，实在不知道他们在说什么的时候，我就自己安慰自己，他们一定都是喜欢和欣赏中国的。

人生中第一次在巴黎塞纳河边野餐，在夜色朦胧的夜晚，塞纳河真的是美妙无比。塞纳河上时不时经过几艘装饰华丽的大船，船上美妙绝伦的音乐让人陶醉，更让人陶醉的是船上的游客们，他们向我们岸边上的人不停地招手问好，我们也使劲儿地回应着，这种祥和的感觉真让人幸福。河岸上五颜六色的灯塔，人来人往，络绎不绝，而最能体现和装饰塞纳河的一道美丽风景的是塞纳河边的情侣们，他们不停地窃窃私语，露出甜蜜动人的微笑，然后害羞似地亲吻着，这种甜蜜幸福的场景，让人羡慕不已！一个不小心，你会看到，塞纳桥上也永远堆积着大量的行人不愿离去，桥上有浪漫的情侣，动听的音乐，更浪漫更动人的是桥上已过花甲的老头儿老太太在霓虹灯的照耀下，在美丽而又美好的夜晚下，轻快的舞步，让人如痴如醉，更让人欣喜的是他们那年轻快乐的心。总之，眼前的一切都那么令人喜悦，那么让人幸福。也许只有在这种场景下，才造就了法国巴黎浪漫之都的称号。

人生中第一次与不同肤色的人在一起学习，感受着来自不同国家不同区域的人文气息，在这里，我第一次发现老师可以坐在讲桌上给我们讲课，学生上课可以随便吃东西，老师不会以你听课不专心或是对老师的不尊重而不允许你吃，他们可以很友好地祝你好胃口，然后继续他们的教程。在这里上课很轻松，不会每节课神经都绷得很紧，老师和同学们的关系也自然很融洽，很友好，更像是彼此了解的朋友。在这里，我不仅学到了法国不同的文化知识，更学到了一种欢乐祥和的生活态度和对事情的从容坦然。

当然，巴黎给过我惊喜和意外之后，也总有让我伤心难过的时候。记得我人生中第一次坐地铁，第一次拼命找回家的路，那个曾经迷失在地铁站里的我像一个无助的孩子，不知道哪里才是我停留歇脚的地方。那个时候，我才第一次感觉到我来到一个陌生的地方，一个没有爸爸妈妈，一个我不能张口说话的国度。也正是在这个时候，让我更确切地体会到法国人内在的热情和助人为乐的精神，在我迷茫不知所措，想要哭泣的时候，一个中年法国人以他父亲般温和的声音主动向我示好，给我解释着怎样坐地铁，怎样去看地铁图，还一直安慰我不要紧张不要害怕，巴黎很小，你不会走丢的。

自他以后，我就熟悉了巴黎所有的地铁线路，不再害怕自己会无声无息地迷失在巴黎的某个角落，而他的这个举动使得他的形象从此在我心中变得高大，而此时闭上眼，我还依稀能看得见他和他女儿可爱的模样。自迷途事件之后，妈妈的话也总在我耳边响起：“妈妈的心肝宝贝，你在法国这个人生地不熟的国度里，人家的人文环境，风土人情，生活方式，你都不懂，一切的一切都要从零开始。一个从小生在大山长在大山里的孩子哪知道那么多，肯定会受委屈和误解，这好比妈妈又把你重新生了一次，生在这个美丽浪漫的国家，让你一点点慢慢长大，练习走路，学习说话，慢慢习惯这里的风土人情。”而此时的我，在新的环境已慢慢长大，很想告诉妈妈，我很好，请你放心。

在法国留学，下课后，根本见不到同学的面，因为他们都早早地奔赴到自己打工的岗位。而我也是其中之一，在巴黎这几年，给我最大的感触就是我较早地进入了社会，较早地接触人际关系，也让我从懵懂青少年一下子就变成了社会所需要的一员，觉得自己很有价值，能够在养活自己的同时还可以为社会出一点力，总觉得是一件非常了不起的事情。

而每次听到家乡谁谁的孩子因为我的帮助而继续圆梦读书的时候，总有一种说不出的喜悦和成就感。为了他们的读书梦，为了给爸爸妈妈减轻负担，也为了我自己生活不那么辛苦，我在上课间隙休息的时候去教书，在周末的时候去法国国家图书馆（Bibliothèque nationale de France）工作，为了他们，为了自己，我尽可能地做到最好。可是后来，我病了，我的眼睛出问题了，可能是因为工作学习过度劳累，紧张焦虑，整夜失眠的关系，我的眼睛里长出了小血球。有时候好不容易睡着，却会突然从噩梦中哭醒。有时候，明明感觉到已经从睡梦中醒来，可四肢乏力，动弹不得，身上似有千斤重物，呼吸也极度困难，像是被什么封住了一样，那个感觉可怕极了，生怕一个不小心，我再也醒不过来，一个人浑身冰冷地躺在这个不到十平方米的小屋子里。在去医院看急诊的时候，没有亲人朋友的陪伴，我手心里还真是捏了一把汗，着实为自己担心了一把，生怕自己的眼睛坏掉，从此再也看不见光明。不过在医院治疗的那段时间里，也让我更加深切地体会到盲人朋友的不易，佩服他们在没有光明的世界里的坚持。

在听到我生病的可怕消息之后，妈妈心疼得用略带颤音的声音命令我，不要那么辛苦，不要那么为难自己，还告诉我，睡觉的时候，不要仰卧，不要把双手放在胸口上。最好，每晚枕头底下放一只鞋子，这样的话，一个人的时候不会太害怕，还可以让自己睡个安稳觉。我知道，这是民间传说的“鬼压床”，也知道这样很不科学，但为了妈妈，为了让她放心，我也就照做了，结果还真是灵验。

第二天早上起来，眼睛是干的，枕头不是湿的，从睡梦中哭醒的次数也减少了很多，也有可能是我的心理作用吧。但无论怎样，在没有亲人朋友的陪伴下，这只鞋子将会一直在我的枕头底下给我壮胆，陪我入睡。在这次生病期间，有很多朋友为了照顾我，争先恐后地想当我的家长，看到她们为谁是爸爸妈妈而争吵不休时，作为孩子的我却正享受着这种被呵护，被关心的幸福。看到她们为我着急心疼的样子，我真的好感动，也许巴黎什么也给不了我，巴黎也造就不了我什么，但巴黎可以给我和让我得到真正的友情。在爱与被爱的包围下，我将继续着脚下的路，继续我在巴黎的研究生生活。

相关报道

中央电视台《面对面》节目

2005年3月8日，星期六，晚10时

主持人：王志

嘉宾：马燕、白菊花（马燕的母亲）

2002年10月，一本中国15岁女孩马燕的日记在法国成为畅销书。日记的主人叫马燕，生活在宁夏南部西海固地区一个名叫张家树的小山村。马燕是宁夏西海固张家树村的第一个女中学生，曾经两次面临辍学。

王　志：你好。

白菊花：你好。你好。

王　志：大姐你好。

白菊花：你好。

王　志：打搅。

白菊花：我是马燕她妈妈。

王　志：马燕你好。我看她这件衣服是照片上穿的那件衣服嘛。

白菊花：这是到北京去买下的。

王　志：到北京去买的。北京好吗？

马　燕：好，怎么不好。

王　志：有什么好？

马　燕：有高楼啊！反正多着呢！

王　志：我看你特别喜欢这件衣服。

马　燕：嗯。

在张家树村，马燕是第一个上中学的女孩，也是唯一一个去过北京的孩子。日记的出版，改变了她的生活。但那之前，她有过两次辍学的经历。

王　志：马燕，第一次辍学是什么时候？

马　燕：是三年级的时候。

王　志：为什么？

马　燕：因为我家里很穷，要供我们姐弟三个上学。在三年级第一个学期，妈妈就叫我喂小羊羔，等喂得大大的，就去卖。然后我就回家了。就这样离开了学校。

王　志：大姐当初为什么决定要让马燕辍学？

白菊花：因为家里没钱，没钱，家里。我们五口人只有她爸爸一个人的土地。靠天吃饭嘛。天不下雨，地就没有收成。就有收成，也收不了多少粮食。就这样，实在困难，没办法。然后她就辍学了。

王　志：你给我算算账吧。为什么会负担不起三个孩子上学？

白菊花：你想一家子五口人要吃对吗？要吃还要穿，还要家里的费用。就一个人出去打工能挣多少钱？我说过，她爸爸出门打工挣一块一毛钱，四十天挣了一块一毛钱，让人给骗了，几乎回不来了。那么咋办呢？干脆叫她辍学吧！

王　志：那三年以前，马燕成绩好吗？

白菊花：马燕成绩好。

王　志：那好不容易都上到三年级了，而且孩子也愿意读书，成绩也很不错，怎么要让她辍学？

白菊花：那时候家里好苦的。实在没办法过下去了。

王　志：那你跟马燕本人商量了吗？

白菊花：商量了。我跟她说，老师已经不要了，一张桌子不行，怎么办呢？还是紧着弟弟上学吧！你在家里给两个弟弟做点饭。

马　燕：她骗我说当时学校里已经没有书了。

王　志：你妈妈骗你说学校里已经没有书了？

马　燕：对。

王　志：怎么说的呢？

马　燕：她就说学校已经没有书了。你先喂羊羔，你喂大大的，然后把它卖了，你再去学校，到那时候就有书了。

王　志：那你当时心里怎么想的？

马　燕：我心里想，妈妈说的肯定是真的。但没想过是骗我的。但是弟弟可以上学，她说我能砍草，能砍得多，就能把羊喂大。但弟弟他不砍草。

王　志：弟弟不会干活。

马　燕：会干活，他偷懒，一到山里就趴那儿睡觉。打一堆草，就趴在那里睡一觉。起来就往回走。她就是看我能砍草，就把我弄回家了。我觉得是这样的。但是不是真的，我不知道。

王　志：是不是真的？大姐？当时是怎么个想法？

白菊花：当时没办法嘛。有办法，三个孩子我能只让她一个女儿回来？我还是没办法。

王　志：但是三个孩子要选择的时候，是选择儿子上学还是女儿上学？

白菊花：我选择男孩上学。

王　志：为什么？

白菊花：我们这个地方女孩从来就没上过学。说女孩上学干什么？将来大学上完以后找对象还是人家的人，就让儿子上学，不让女儿上学。

马燕生活在宁夏南部的西海固地区。这里下辖着七个国家级贫困县，1972年被联合国粮食开发署认定为不适宜人类居住的地区之一。在这样一个靠天吃饭的地方，好地遇上好年景，亩产可以达到两百斤。如果年景不好，连吃饭都要靠国家救济。由于环境闭塞，这里的人依然保留着重男轻女的传统观念。大部分女孩上到小学三年级的时候就要辍学回家。尽管马燕成绩优秀，但她还是在三年级的时候，按照母亲的安排，回家喂羊，给两个弟弟做饭。

王　志：那你当时是怎么给她划算的？女儿以后的日子怎么过？书也没有念。

白菊花：当初还没想那么多，看到孩子晚上睡觉，我特别难受。那时候，没想到她以后干什么，我就想她以后能干什么。这么小能干什么。就实在没办法。

王　志：辍学辍了多长时间？在家待了多长时间？

白菊花：待了一段时间。

马　燕：我记着二十几天。二十一天。

王　志：二十几天？

马　燕：二十一天。

王　志：你记得那么清楚？

马　燕：对。

王　志：怎么会记得那么清楚呢？

马　燕：因为在家期盼上学。我一天把草砍了，就蹲在那小羊羔前面，盼着它快长啊，长得大大的。看我能上学吗？就盼着这一天。

王　志：那二十一天，小羊羔能长大吗？

马　燕：没有长大。它就肥了点。他们就把它卖掉了。

王　志：就卖掉了？

马　燕：嗯。

王　志：那小羊羔到底卖了多少钱？

白菊花：那小羊羔，赚了13块还是十几块钱。

王　志：到你手里才13块钱。

白菊花：到我手里13块钱。

王　志：那13块钱够给马燕交学费吗？

白菊花：不够。我还借了钱。

王　志：那当初为什么不借呢？而让她辍学呢？

白菊花：当时我想，让她混混吧，混混她上学的念头可能就消失了。可是她一天一天问我，每次她给羊羔拔草的时候，那些同学们往学校走的时候，我看她泪眼汪汪的，在门道看呀看。最后没办法，我跟她爸说，还是借钱吧。借钱让孩子上学吧！

王　志：马燕，你那个时候是怎么想的呢？

马　燕：我只想着喂羊羔，把它赶紧喂大了，去上学。其他什么我都没想过。就是这样的。

王　志：为什么那么想上学呢？

马　燕：在我辍学的那段时间，最多的就是和他们一起砍草，一天到晚就只有砍草。印象最深的就是，我砍草，用铲子砍了我的手指，划破了流血，感觉疼得厉害，就想哭。但是在学校里就能坐在那儿写字，就不用再背砍草刀，比较舒服。写字比砍草舒服。就是这样的。

王　志：但是你妈妈刚才也说了，你周围很多女孩子都是上到三年级就不上了。你为什么还要坚持上呢？

马　燕：我觉得她们的生活比较苦，我就想上学。到以后看是否能够改变我们的生活和我的命运。就是这样想的。

王　志：但是大家都是这么过的。马燕有什么不同呢？

马　燕：不是我不同。她们抓发菜，我觉得太苦了。冬天去，每次回来脸上还有伤疤，脚都冻肿了，手也冻肿了。我感觉到这样活着实在太累，太痛苦。我觉得有知识比下苦好。我当时就这么想的。

辍学21天的马燕回到学校后仍然是那年的全班第一名。到了马燕上五年级的时候，中国西北地区连续四年的干旱，让她再一次面临辍学。

白菊花：上五年级的时候，连续干旱四年，地里一分收成都没有。

王　志：这个时候，你跟孩子怎么说呀?

白菊花：我说，马燕，妈妈有个事跟你商量一下。她蹦蹦跳跳说："妈妈，有什么话你就说吧！"我说："你先吃饭吧！饭吃饱了，妈妈再跟你说。"

王　志：为什么要吃完饭才跟她说?

白菊花：我想，她吃饭的时候，我跟她说了，她会哭的。她特别难受，我也特别难受。吃完饭以后，平静下来，我再慢慢地说。"你说吧，妈妈，没事。你憋在心里不好受。"我说："你们三个孩子，家里这么困难，没法上学了。你五年级学生了，你回来吧。"她就头抬起来问："妈妈?"我说："你可以说你想说的话。""那我两个弟弟上学吗?"那时候，她把我问住了。我看了看她，我说你两个弟弟当然上学。"为什么两个弟弟上学，不让我上学?"

王　志：你怎么回答她?

白菊花：我说因为你在家里，你大一点。她说妈妈不行，我还要上学。我说你上学拿什么供养你？她说妈妈你知道吗，现在是科学种田，当个老农也得要有知识。没有知识，种下的庄稼没收成，你知道吗？我说我知道的。她看看我说，妈妈你今天咋能对我说这样的话呢？我是永远不明白。为什么让男孩上学，不让女孩上学呢？我说孩子，你长大以后就明白了。你长大以后，结了婚以后，你有了孩子，你就能体谅妈妈的心情了。为啥不让你上学。

王　志：这个时候你对她的婚姻有考虑吗？

白菊花：那时候，有考虑，怎么没考虑。有人听说马燕辍学，就有人来给马燕提亲。

王　志：但她还很小啊。

白菊花：是很小。我们这个地方文化落后嘛，不管很小不很小，都有人提亲。那时候就这样。

王　志：你这一次就是不打算再让马燕念书了？

白菊花：不再念书了。彻底辍学。

王　志：马燕当时想到这个结局了吗？

马　燕：我想过。以前听村里人说，女孩子出嫁当大人，这以前都很清楚。但她给我说这些，我还以为她要给我奖励呢。因为在过"六一"的时候，学区专干发奖了，我还以为她给我奖励呢。大概听她就给我说了这些，我很难过，不敢想象。

王　志：你妈妈给你说这些以后，你接受了吗？

马　燕：没有，总觉得脑子一片混乱。

白菊花：她哭着给我写了一封信。

王　志：写了一封信？你识字吗？

白菊花：我不识字。

马　燕：是我小弟弟读给她听的。

王　志：什么时候给你写的信？

白菊花：就那一次，我还不知道她写了信。然后她小弟弟说，妈妈，这是我姐姐给你写的信。然后读给我听。

王　志：马燕给我们说说，为什么要用写信这种方式呢？

马　燕：总觉得这样比较诚恳一点。看她是否能从这封信中理解我的心情。

王　志：她是你的妈妈。

马　燕：对。但是她平时，你们看看她，平时脸一扯，对我一点微笑也没有。在我的心目中，她平时好像都没有笑过。

王　志：都写了些什么？还记得吗？

马　燕：敬爱的妈妈，您好。听到你对我说的一切，使我百思不能理解。但你说，做母亲，是为难的。等你长大做了母亲，你就能理解妈妈的心思。这我都很明白。但是弟弟们为什么就能上学，而我就不能上学呢？请解释。就这样。

王　志：你当时心里有把握吗？你觉得母亲会改变主意吗？

马　燕：我觉得不敢肯定。

王　志：怎么想的，当时？

马　燕：看妈妈的表情，脸拉得长，就不可能了。但是那天晚上起来的时候，看到她偷偷地在流泪，我觉得就有一点希望。

王　志：妈妈为什么哭呢?

白菊花：我想，马燕再不能够像我这样生活了。这样的生活太苦了。在外面打工，斗大的字都不认识，男女厕所都分不清楚，活在世上就像明眼瞎子一样，什么都不知道，只能在田里干活，出去抓发菜，在家照顾孩子和丈夫这一类。再什么事情都做不了。那时候我特别难受，一边女儿要读书，一边家庭特别困难。没办法。

马燕的那封信激发了母亲内心的矛盾。在那之后，她又把自己五年级时写的几本日记交给了妈妈。

王　志：那后来怎么想到把日记给妈妈?

马　燕：我觉得她能看到我记了那么多日记，看是否能打动她的心，是否能让我重新回到校园里。

王　志：你想对妈妈说什么?

马　燕：我想上学。

王　志：就这句话?

马　燕：想要上学。就这句话。

王　志：为什么要上学?

马　燕：我觉得上学好。比在家里蹲着好。别的不说，听到我的父母他们吵架，感觉到非常地烦恼。

王　志：但是我还是有点不明白，你已经读到五年级了，别的女孩子可能读到三年级就不读了。家里又这种经济状况，你为什么一定要读？

马　燕：从三年级到五年级，我们那时候读的书更多了，学到的东西也更多了，看到的也多了，总觉得再不要过以前的那种生活。

王　志：过老的生活有什么不好呢？

马　燕：他们一天就知道下苦，去外面打工有时候还被人骗了。就是不被人骗，他们还是挣不上钱。这都是看到的。虽然没有亲身体验过，但是从他们身上可以感受到。

王　志：你为什么一定要改变？

马　燕：我觉得最大的一个启发还是从我母亲身上学到的。她是一个没有文化的妇女，从妈妈这样的妇女身上我感觉到，我们需要知识，那是有用的。

王　志：你觉得凭你个人的能力能改变吗？

马　燕：凭我个人的能力，那要边走边看，还要看我的父母，是否让我学习。不让我上学，那就辍学。回来还是跟他们一样，我觉得。

王　志：那大姐，当时理解女儿为什么要把日记给你？

白菊花：她有三本日记在箱子里，然后她走的时候，把三本日记撇在窗台上。妈妈，你看我日记。我说你撇在窗台上干吗？我又不识字。你看去吧！你叫我弟弟给你读。我说我不读。我不读你的日记，我也不知道。

王　志：你没有看过她的日记吗？

白菊花：没有看过，我不识字啊！

王　志：没让儿子给你念一念?

白菊花：没有的，都没有的。那几天，她给我写了那封信，我看到那封信特别烦。日记嘛，我虽然没有读过书吧，但里面记的是什么？她为什么让我看她的日记？她每次挨饿，或者被别人看不起，她也会哭的。我就知道她在里面写了什么。

王　志：那马燕，当初给了妈妈几个日记本?

马　燕：三本。

王　志：什么时候开始写日记?

马　燕：四年级的时候。那时候，老师布置的一门作业是写日记。要完成他的作业，但是到四年级写的日记，都叫我父亲卷烟抽了。

王　志：干吗?

马　燕：卷着抽烟了，就是卷旱烟。

王　志：给谁呀?

马　燕：给我父亲。他自己要（纸）卷着抽烟的。我放在那儿。结果他找着给卷着抽烟了。

王　志：你是每天都记吗?

马　燕：对。

王　志：别的同学也是每天都记吗?

马　燕：别的同学我不敢肯定。

王　志：那你为什么每天都记呢?

马　燕：我当时觉得把一天所看到的，所想到的记下来。到那时候，上得起大学，或者辍学的时候，看的时候，还有一点印象。那过去了的，将会成为亲切的怀念。

马燕交给妈妈的日记，写在三个作业本上。其中，在2000年9月8日的一篇日记中，马燕写道："今天早晨，语文老师给我们上课的时候，说了两句做人的道理：人要活得有价值，有气势，这样别人才能把你放在眼里。"几天之后，马燕又写道："今天下午我和同学出去买东西，他们几个人都是有钱的孩子，他们一会儿吃这个，一会儿吃那个的，我眼看着没法儿买东西，因为一块泡泡糖都要一毛钱。我从这件事上才知道，妈妈为了让我上学，连自己的病都不看了。而我们一花就是几十块钱，这钱一定是靠着苦干和汗水挣来的。"

马燕用日记记下自己对生活的感受。在一篇描写见到爷爷奶奶的日记中，她说："我再也不能像他们一样，一辈子就是下苦，吃了再下苦。"就是这三本日记，改变了马燕的命运。

2001年5月，在马燕把日记给妈妈几天之后，张家树村来了一些外国记者，其中包括法国《解放报》的记者韩石和他的助手何岩萍。马燕的妈妈因为有的村民在接受采访时没有说真话，就把女儿的日记交给了韩石。

王　志：怎么决定把日记给外国记者的?

白菊花：看外国人挺新鲜的，就跑去看去了。有人说我们这个地方一年收入有多少多少。

王　志：为什么想到把日记交给一个陌生人?

白菊花：有的人说的那些话，我太听不上了。因为我们这里就这么苦，都这样苦。他还让我也这么说。我说我是一个大人，我的话大概你们有的地方不相信。你们真是看到了我们这个地方的环境，一个孩子也可以体验到这一切。我说我有女儿的三本日记，你们看去吧！孩子说的都是事实嘛。我说你们看去吧。他说这东西我看了还给你吗？我说不用了，几张破纸，还我干什么？不用。他说这是你女儿写的？你女儿可爱吗？我说我女儿没在家。

王　志：那你把女儿的日记给他们，跟他们说你家里的状况，你的愿望是什么？

白菊花：当时没有想那么多。巧合吧！

王　志：把日记给了他们以后，后来发生了什么？

白菊花：那是六月份了。六月份，入了伏了。太阳好晒。我说不行，我家里不能待。我必须要捡发菜去。那次我想再捡捡发菜，再跟别人凑凑钱，看她能不能上学。让她读完初中，看她可以理解我吗？等她读完初中，她已经长大了嘛。

王　志：你改主意了。

白菊花：嗯。我改主意了。那时候，心里改主意，还是决定不下来。还有两个孩子，还是决定不下来。我那次病得特别厉害，他们怕我死在外面。啊呀，这死在外面怎么回去呢？我特别难受。我在山里，我说孩子，妈妈这次给你交不起学费了。你非辍学不行了。我在山里特别痛苦。我说这次我的女儿彻底是辍学了。没办法。

马燕的妈妈跟女儿说了辍学的决定之后，还是让她继续上完了五年级。这也许是马燕在学校里度过的最后一段时光。这个时候，连续四年的干旱，让西海固人的生计更加艰难。

王　志：家里这种状况马燕是不是特别懂事？

白菊花：特别懂事。有时候，我跟她爸爸吵架，她就直接跟她爸爸说，爸爸你再不要惹妈妈生气了。你知道妈妈出门特辛苦。你知道吗？我在房子里哭。我一边哭一边骂，这样的丈夫靠不住，为什么我命这样苦。然后马燕让大弟弟看妈妈脸色怎么样。妈妈脸拉得长长的，不敢端饭。端饭，妈妈又骂起来了。我一看，家庭这么困难，我怎么给孩子这么大的压力。我就不哭了。悄悄坐在炕上看着。她大弟把桌子放上。马燕又给我盛了一碗饭，说妈妈你吃一点吧，没关系。我们长大了就会好起来的。她对我这样说，我就吃了点饭，连着眼泪吃了点饭。晚上他们睡着的时候，我就把灯拉开。我看一看，看一看三个孩子。我想妈妈只能给你们生命，给不了你们远大的理想。

王　志：马燕给我们说说，你日记里有时候说挺佩服你妈妈，但是我看你有时候对你妈妈有意见。

马　燕：有时候，她不公平，女孩子不让上学，让男孩子上学，我觉得非常不理解，就对她产生了一种——

王　志：但是家里的经济状况？

马　燕：经济状况我知道，但是我也不知道该从哪里入手去帮助他们，然后就能帮助我自己上学。

王　志：那这些客观条件，也不能让你改变主意？

马　燕：嗯。

王　志：也不能让你不读书？

马　燕：嗯。

接到马燕日记一个月之后，韩石和何岩萍第二次来到了张家树村，这次是专门为了见见马燕。

王　志：马燕是什么时候知道妈妈把日记给了韩叔叔的？

马　燕：就是第二次来的当天。

白菊花：我一直没跟她说，我怕她骂。

王　志：你一直没跟她说？

白菊花：没跟她说。她日记给人的事，我没跟她说。

王　志：当时是什么情况呢？你第一次见到韩石和何阿姨。

马　燕：他们去小学接我。我的父亲下了车，叫住我，就把我的胳膊抓住，还不知道什么事情呢。他就说，快走快走。那是我第一次坐汽车。心里很不好受，难受得很。然后到我家门口，然后他们就把我接进去。

王　志：不着急，慢慢说。

马　燕：我妈妈当天到处借面借油，给他们炸了些油香（当地一种面食）。到第二天早上，他们一下来，跟妈妈就不知说了些什么。

白菊花：第二天早晨他们下来，给马燕留了一千块钱，说小妹你放心。

王　志：留了一千块钱。

白菊花：嗯。

王　志：以什么名义呢？

白菊花：那是他俩个人的钱，说马燕这孩子你不要担心，我们永远不会让她辍学的。让她读下去吧。你放心吧，你开心一点，你病得这么厉害。我当时没想到。北京的……他们这些人是什么人？能赞助我女儿？叫我女儿上学？没想到。他们然后就走了。

王　志：那当时何阿姨跟你说，以后肯定要管你，你当时相信吗？

马　燕：我当时相信。他们非常善良。据我看，他们就有金子般一颗心。好像她的心就在我的眼前摆着，是能看懂她的心的。

王　志：你觉得他们看中了你什么？为什么要帮助你？

马　燕：我没想过。

王　志：你现在想想。

马　燕：按照我们村子里人的说法，说我命运好，可能。

王　志：你相信命运吗？

马　燕：我也不那么相信，还是要相信科学。我们老师时常说，不要相信迷信。但是村里人就相信迷信，说我命大，这是天生的。这我都搞不清楚。

马燕的母亲收下那一千元之后，一部分用来还以前家里欠下的债，一部分用来买粮食，剩下的五百元用作马燕和弟弟上初中的学费。这样，2001年的9月，马燕成为第一个走出张家树村上中学的女孩子。

2002年1月，有关马燕《我要上学》的报道以两个整版的篇幅，刊发在法国《解放报》上。几天以后，法国一家出版社表示，想要出版马燕的日记。巴黎一所中学一年级的学生在老师的带领下，给马燕寄来捐款和很多充满鼓励的信。不久之后，《马燕日记》在法国出版，副题为“一个中国学生的日常生活”。这本售价相当于人民币160元的书在法国成为了畅销书，版权被转售给多个欧洲国家和日本。马燕因此也成为国内媒体关注的新闻人物，这也吸引了来自社会各界的捐款。这些捐款开始资助更多像马燕一样面临辍学的女孩。

王　志：当初你明白出版是怎么回事吗？

马　燕：不明白。

王　志：知道合同是什么内容吗？

马　燕：不知道。

王　志：但是如果这些钱都给马燕自己呢，那不是更好吗？

马　燕：我不知道。我是学生，我现在最想的是上得起学。我不需要那么多钱。钱并不能代表一切。最重要的是，人得有知识。还有人的那种感情，是最主要的。

王　志：大姐你说说？

白菊花：我说他们第三次来的时候，法国一些小朋友，一些人给她来信。马燕说妈妈我怎么身上出了一身冷汗呀。我浑身没有一点力量了。我说怎么你高兴？她说我太高兴了。然后我边做馒头边哭了。妈妈你为什么还要哭呀。你那时候哭我没办法上学，现在你应该高兴，你怎么还要哭？我说那时候，我哭是我太伤心，太悲哀地哭了，现在我是太高兴了。

王　志：那时候，你对女儿的看法有没有改变？

白菊花：这时候我特别高兴，我想我女儿大概她能上学了，以后能选择她自己的人生，选择她自己喜欢的人，选择她的生活，她能自立了，一切一切就跟我不同了。跟我不同也就没有这么苦了。

日记出版之后，马燕每月可以从版税中得到五百元的资助，这些钱不仅足够支付她的学费，也能改善全家人的生活。马燕家因此买了一头驴，添置了彩电，粉刷了房子。在这期间，陆续有三十几个孩子得到了来自社会的资助。

王　志：那你现在个人的生活有什么变化？

马　燕：个人生活？就是能吃饱了。还有就是他们给我买了这块表。他们没戴表，我戴表了。

王　志：原来有吗？

马　燕：没有。

王　志：你喜欢吗？

马　燕：喜欢。是他们送给我的礼物。说书出来了，为了庆贺，送给我的礼物。

王　志：你觉得这块表对你重要吗？

马　燕：重要。

王　志：有什么重要？

马　燕：最重要的，我可以记住那一天。等我长大的时候，我能想起在初二的某一天，我还去过北京，还出过一本书。还见过好多的人，还能记得这一切。

王　志：马燕出书以后，成名以后，你觉得她有什么变化？

白菊花：她的压力有点大吧。她说妈妈你知道吗？我一定好好学习。不好好学习，我将来考不上高中怎么办？有叔叔阿姨这么多人关心我，考不上高中，以后再考不上大学，同学们之间，老师们之间怎么看我？我看她的压力很大。

王　志：有压力吗？

马　燕：我觉得也没什么压力。就是要更好地去努力学习。人生道路是自己走的，不是去靠任何一个人。

王　志：那你现在的目标是什么？

马　燕：反正以前很多，但现在最想的是上学。去考一个很好的大学，去当一名记者，走遍祖国的天涯海角。

王　志：考哪个大学？

马　燕：清华大学。

王　志：为什么要当记者呢？

马　燕：通过这件事，我觉得是记者发现了我们，发现了失学儿童。我觉得当一名记者就能走遍祖国的天涯海角，去关注别的人，关注失学的女童。

王　志：说说你妈妈。

马　燕：我妈妈被资助以后，在我心目中最大影响就是我爸和我妈不经常吵架了。有时候，脸也不拉得那么长了。她也开心起来了。

王　志：你觉得你像你妈妈吗？

马　燕：反正大多数时候对妈妈是佩服的，敬佩的。

王　志：敬佩妈妈什么呢？

马　燕：吃苦耐劳。在我们村里，她是最聪明的。我们村里的人都说她是一个母老虎。这母老虎是对的，就是又能说，又能干。

王　志：大姐，马燕出书上学这件事，在村里有什么反应？

白菊花：有啊，说马燕这个孩子上学了，现在她的故事、文章在法国报纸上出版以后，有这么多的孩子拿到资助，如果不是他们发现马燕这样一个故事，不重视我们村子里这样一个孩子，我们的孩子也拿不上资助，那我们永远也不会让女孩子读书的。村子里小孩都这样说，看马燕姐姐给我们带来多少好处。这一点，从马燕的故事发生以后，现在上学的孩子越来越多了。家长也看得远一点，也让孩子去上学了。

王　志：那你希望以后马燕的路怎么走？

白菊花：我希望，马燕能考上很好的大学，不是希望她一个人，我希望我的三个孩子将来都能考上很好的大学，能自立。这是我最大的心愿。

王　志：你觉得马燕能达到这个目标吗？

白菊花：我觉得我会教育她，她过去是怎么样，现在还是怎么样。她学习特别认真，她不能辜负那么多叔叔阿姨关心她，她一定要好好学习。

王　志：有没有想到过为什么马燕和你的家庭会那么幸运？

白菊花：我想这是巧合吧。怎么我也想不通这一切。他们是怎么来的，我怎么想到把马燕的日记给他们，我也没想到。我那时候给日记也没想到这回事情。怎么也想不通。

王　志：马燕想好了没有？

马　燕：不知道。

王　志：又说不知道了。

马　燕：这本身就是事实。我最大的目标还是上学，学习。再别无他求。

马燕的故事发生后，张家树村确实有更多的家长把自家的女孩送进了学校。整个地区上初中的女孩子，也开始多了起来。马燕的妈妈没有上过学。马燕出书之后，她开始学习写字。现在她不仅会写自己的名字，还会写这样一句话：

“可爱的女儿，你好吗？”

苦难的力量
——马燕采访手记

肖红　中央电视台《面对面》节目策划

当我在北京春天的阳光里开始写这篇迟到的采访手记时，《面对面——马燕：我要上学》刚刚播出。所有有关宁夏西海固的这个普通而又不那么普通的女孩以及她家人的画面、对话，甚至感情的片段重新荡漾在我的周围，时刻提醒我，自己曾经那么近距离地走近过一个叫马燕的孩子，感受她因为偶然的幸运而彻底改变了的命运。

初见马燕

从报纸上知道马燕的故事，起初并没有想到这个脸色红润的农村孩子能成为《面对面》的采访对象，直到制片人赛纳认为这个曾经因为贫困两次辍学，在法国出版自己的日记，甚至在一定程度上改变了家乡女子不读书的风俗的孩子可能正是我们栏目一众人马正在掘地三尺拼命寻找的、无比珍贵的“选题”。而事实证明，虽然我们对于马燕故事的看法经历了若干次变化，但这的确是个值得解读的好题材。

去年十二月，我在北京第一次见到马燕和她的妈妈白菊花，母女俩应邀来上中央电视台的一档节目。在五棵松影视之家的一个房间里，我惊讶地发现，面前的这对已经接受过多次采访的母女显然十分适应与记者的交谈。从马燕的成长经历到家乡的贫困，白菊花的叙述条分缕析，让人难以相信这位三十四岁的母亲没有受过正规的学校教育。与健谈的妈妈相比，马燕不太爱说话却有问必答，虽然很多时候她的回答只有简单的三个字“不知道”。

我一直对白菊花把马燕的日记交给法国记者韩石的原因颇为好奇，白菊花的解释却非常简单，“什么也没想”，一切都是即时的、偶然的行为。对于我们这些习惯了分析前因后果、上下左右的人来说，这样简单而无任何原因和背景的行为和想法已经太遥远了，遥远到以至于我们很难相信这其中居然没有策划、谋略和达到某种目标的企图。

不安的行程

十二月底，带着一些若隐若现的不理解甚至是疑问，我和编导郭佳、摄像王扬开赴宁夏西海固，继续对马燕进行前期采访并为即将开始的实际拍摄做准备。虽然在我做记者的两年多时间里，也颇走过一些祖国的山山水水，但是这么目的明确地到农村采访，还是到号称中国“农村中的农村”的西海固采访，对于我这个在车水马龙中长大的城市动物和刚刚开始电视生涯的人来说，还真是“大姑娘上轿头一遭”。

也许是因为我们要采访的是一个颇具戏剧性的人物故事，采访的过程也充满了偶然、变数和许多至今想起来让人回味无穷的花絮。在去机场的路上，正当我们鸡零狗碎地开着玩笑，因为即将前往一个没去过的地方而滋生出探险般的热情的时候，王扬忽然随口问了一句：“带带子了吗？”

时间距离王扬提出这个问题已经过了很久，我仍然清楚地记得当时自己的反应，绝对地被冷汗从身体里冒出来的速度给惊呆了。身经百战的王扬和拍摄纪录片的高手郭佳也都一脸愕然。没带带子？？？如同即将上战场却突然发现忘了带子弹！可怕！丢人！绝望！这样没有水准的疏忽居然让我们给犯了？

没办法，只好在第一时间告诉赛纳领导，此人在电话里的笑声倒是在很大程度上缓解了我们这个第一次合作的小团队的紧张情绪。随后，可爱的统筹杨梅飞车把带子送到，然后又如无名英雄一样迅速消失在北京的滚滚车流里，那情景让人多少有点唏嘘，以至于我们在随后的采访过程中总是神经质地注意是不是忘了带机器、带子或者什么其他的花花草草。

飞机在晚点N长时间以后，终于赶往西安，我们要在那里转机飞银川。被带子的事一度弄得很紧张的我们，在飞机的轰鸣声中安下心来，睡得很香甜。直到我们到达西安，并绝望地发现要乘坐的飞往银川的飞机已经停止登机。这意味着我们必须在西安住一晚，而已经定好的前期拍摄计划也不得不延期。有了带子的事作为铺垫，我们的心理多少得到了锻炼，决定抱着“既来之，则安之”的态度，先在西安踏实地睡一觉再说。

我和郭佳在对策划案和诸多人生体验做了深入交流后沉沉睡去，虽然还不知道第二天以及随后还要面临什么突发事件。当我们终于抵达银川机场，并顺利地与事先安排来接我们的人会合后，我心里非常高兴，总算带着所有应该带的东西朝着应该走的方向踏踏实实地前进了。

从银川到预旺，越野车足足开了六个小时，肆意绵延的雪原和路边偶尔出现的黑脸绵羊时刻提醒我，自己正在逐渐进入一种陌生的生活状态，虽然早已没有了初做记者时的兴奋，但还是忍不住对于自己将要经历的一切感到好奇。天渐渐黑下来，汽车开始翻爬一个个白雪覆盖的山坡，路上的行人越来越少，周围安静得有些让人窒息。在某一时刻，我开始恍惚，甚至忘记了自己为什么会到这里来，甚至觉得自己正在走向没有尽头的天边，直到我和郭佳、王扬同时看到三个从车边一闪而过的男人，其中的一个手中还很剽悍地拿着一支猎枪。我从梦游状态中迅速醒来，不由转过头去看着那几个人越来越小的背影，心想："如果他们朝我们开枪怎么办？"王扬知道我的心思后大笑不止，很男人地说："开枪咱也没办法！"我由衷地觉得他很睿智并勇敢。在近乎完全没有声响和路人的路上走了很久，终于发现我们所有人的手机信号都已经消失。同在异乡，同为过客，在那一刻，我忽然觉得车里的几个人好像一下子近了很多，这就是所谓的"归属感"吧！汽车在晚上八点钟到达了马燕学校所在的预旺乡。在马燕学校的杨主任的安排下，我们和所有的行李顺利入住当地的"豪华五星级"宾馆——黄河宾馆（后来知道宾馆老板叫苏黄河，如果《新闻调查》的长江来采访的话倒真是挺合适），并在第一时间吃上了新鲜的羊腿。宾馆每人每晚收费15元，晚上由老板夫妇轮流到各个房间给炉子添炭，彻夜不止，以防客人在零下二十几度的天气里被冻僵。宾馆唯一的厕所也很值得一提，由使用者在方便后自行用土掩盖，颇有城里正在流行的DO IT YOURSELF的味道。

把自己放倒在床上后，我迅速地睡着了，只记得最后的一丝意识："明天就能见到马燕了。"

马燕的世界

在被附近清真寺里传来的晨礼声吵醒后，我忽然意识到自己在被子里缩成一团并手脚冰冷，不知道什么时候还把那条超厚的羊毛披肩围在了头上。后来才知道我和郭佳房间的炉子有问题，晚上经常熄灭。而王扬不但幸运地拥有我和郭佳没有的脂肪层，还更加幸运地享受着全宾馆最好的一个炉子，让我们无比羡慕并嫉妒。

吃完美味的羊肉包子后，我们装束整齐地扛着设备去马燕的学校拍空镜。是个好天气，纯粹的蓝天让人心里非常安静。在路人单纯而好奇的目光中，我们小心地走在冰雪覆盖的路面上，生怕把自己或者什么其他的东西摔坏。预旺乡唯一的街道很窄，当天这里有集市，附近村子的人会赶过来，看看热闹或者买点东西。位于街道中心位置的一座城楼让我想起武侠片中的场景，甚至觉得也许这里真的曾经发生过什么。

马燕就读的预旺中学有一千多名学生，大概有七百多人住校，马燕也是其中的一个。学校的教室和宿舍都是很旧的平房，风从一些没有玻璃的窗户闯进去，冷得很。

我们刚刚在教室里架好机器，马燕就出现了。见到我，她一下扑过来，亲热地叫我“肖红姐”，我很感动。和在北京见到的穿着别人给买的羽绒服和红夹克的那个马燕相比，在教室里出现的马燕更加真实，虽然她的头发有点乱，并且胡乱地围着条围巾。我知道，这才是她生活的原态。

王扬在教室里上蹿下跳地拍上课场面的时候，我和郭佳在院子里四处转悠，并被学校的住宿条件给惊呆了。只生着一个小炉子的学生宿舍里拥挤地摆着四张上下铺，据说每间屋子要住十六个人，每张床上睡两个人。孩子们说这样好，暖和。但我还是在几乎每个孩子的手上看到了红红的冻疮。

由于马燕日记里多次提到吃饭、挨饿等字眼，我们决定拍摄学校中午开饭的镜头。在我生平见过的最大的一口锅里，黄米饭冒着热气，而配菜则只有一个：土豆。王扬对着漂着冰碴和土豆条的大盆拍了很久，我在想，这些食物吃起来究竟是什么滋味。下课后，马燕说因为饭票用完了，中午不吃饭了。隔了一会儿，我们却在宿舍里看到她捧着一大碗黄米饭吃得很香，并不时到同学的碗里拣菜。“借的菜，”马燕解释说，“可以不还。”

吃过饭，马燕和几个同学要到集市上给一个辍学并即将结婚的小学女同学买礼物。我们决定跟拍。转眼间，街道上已经挤满了人。我们在人群中艰难地穿行，还得时刻注意在腿边走来走去的羊和小孩子。马燕和她的同学最终每人出五块钱给那个十五岁的新娘子买了盆塑料花。很难从这些孩子的脸上看出她们对于同学结婚这件事的反应，也许因为对此已经司空见惯，也许因为她们还不了解结婚意味着什么，毕竟，我眼前的这些女孩子都幸运地上了中学。

拍完空镜回到黄河宾馆，觉得心里有说不出来的难受。虽然来西海固之前，就知道这个地方人均年收入只有四百元，但是当自己真的踏上这片土地，我还是被赤裸裸的贫困震慑住了。

第二天，郭佳和王扬去马燕在张家树村的家里拍空镜，我则留守黄河宾馆，一边写策划案，一边等摄制组第二批人马的到来。下午，郭佳和王扬回来，兴高采烈地告诉我，为了拍马燕妈妈在院子里的生活镜头，马燕家的驴子幸运地喝上了甜水（当地把雨水和雪水存起来当饮用水），高兴地在院子里打转儿。我则一边纳闷王志、洪奕、阿聪怎么还不到，一边无比费力地手写我的策划案。

晚上，第二批摄制组成员安全抵达黄河宾馆，我们开始商定最后的采访方案。离京前的策划会给这次采访定的基调是突显马燕与命运的抗争，以及性格可以改变命运。在预旺的几天，我和郭佳对于马燕性格中的倔强和好强有了进一步的认知，但是更让我们感叹的还是命运的偶然给这个农村孩子带来的变化，而这变化并不都是那么让人喜悦。当我和郭佳提出要看看马燕最近的几本日记时，马燕却在到了我们的住处后发现原来放在书包里的日记不见了。马燕认定是被人偷走了，因为她曾经听说有人要偷她的日记，而在这之前，她的一条新裤子也不翼而飞。从张家树村赶到预旺乡来看我的白菊花，也觉得自己女儿现在身处的环境非常严峻，因为“有人嫉妒”。

我不知道马燕是不是真的像她自己说的那样“没觉得自己和以前有什么不同”，但是在周围人的眼中，马燕显然是个传奇。同学在谈到马燕时用了很多书面的溢美之词，而马燕村里的人甚至说马燕是他们的“榜样”。在马燕的家里，挂着几个由马燕推荐得到韩石捐助的孩子合送的匾额。虽然我愿意相信赞美者的真诚，但是这种近乎个人崇拜式的歌颂仍然让我有些不舒服，甚至担心所有的一切，包括我们媒体对马燕故事的追逐，将带给这个孩子和她的家人很多压力和麻烦。

也许因为马燕的命运转变有太多的戏剧色彩，她周围的很多人都觉得同样的事也可能发生在自己身上。12月31日，当摄制组全体人员到达张家树村采访时，许多村民都想让我们“照一照”他们的家和失学的孩子。当我问一位中年妇女为什么这么想让记者来家里时，她说：“给你们照一下，可能我们就好了。”我经常感叹各种选择让自己疲惫不堪，而在这里，我看到没有选择能力和可能的生活是多么贫瘠。也许，马燕执意要读书的根本原因就在于她渴望拥有更大的选择权。

结束了在张家树村的拍摄，马燕、白菊花和马燕的两个好朋友跟我们回到预旺乡的黄河宾馆，准备第二天上午接受采访。是夜，我们在黄河宾馆里大摆酒席，庆祝这个特别的新年。正当我们酒酣耳热之际，工会主席阎兴宇同志的慰问电话及时打来，并试图让我们通过非常糟糕的手机信号收听罗大佑围炉音乐会的现场，未果。我只好安慰主席，“没关系，你们在那边围炉，我们在这边围炉，彼此彼此。”于是皆大欢喜，尽欢而散。

2003年1月1日，我们在预旺中学的一间教室里对马燕和白菊花进行了近四个小时的采访。应马燕的要求，我们的拍摄进行了清场，被请出现场的甚至包括马燕木讷的父亲。在马燕的生活中，母亲的影响和权威显而易见，而曾经将女儿的日记卷旱烟的父亲，显然缺少与白菊花的精明和能干相抗衡的力量。

因为怕频繁地给炉子添煤影响音效，所有的人都只能在几乎没有一丝暖意的房间里硬撑着。采访当中，王志忽然提出停一下，并索要面巾纸。我们都以为他是给冻得流了鼻涕，后来才知道他著名的“铁石心肠”在某一刻忽然柔软起来，觉得面前的这对母女实在缺乏我们所一直想着力表现的与命运的抗争，“一切都太偶然了”，所以流下了“鳄鱼的眼泪”。据说，此人从到中央电视台做主持人以来，从未在镜头前流过眼泪，这次也算是破了纪录吧！

离别的时候，白菊花紧紧抓着我的手说：“你们走了，把我的心也带走了。”其实，我知道，如同我们所做的工作给西海固的这些人们留下了很深的印象，在这里经历的一切也将永远留存在我的记忆里。

后来……

从宁夏回来，我浑身的每一个细胞都因为回到了熟悉的轨道而感到舒适。但是，我知道，自己内心深处的一些东西已经发生了永久性的变化。恶俗一点儿并概括地说，是对人生的态度（虽然我也不知道自己对人生应该采取什么态度）。高尚一点儿并具体地说，是从此痛恨吃酒席和各种浪费行为，每次在饭店打包之前都要默念马燕的名字数次，觉得自己罪孽深重，并成功地将这种负罪感传递给与我共同吃饭的兄弟姐妹们！

春节前，给马燕和白菊花打电话拜年，始终没有打通。没想到，却在大年夜那天下午接到了白菊花的拜年电话。她告诉我，胃病又犯了，还是吐血。我很担心却无能为力，只能宽慰她，让她好好保重。3月7日，我分别打电话通知白菊花和住校的马燕，节目将在第二天播出，让她们注意收看。预旺中学的马校长告诉我，马燕已经决定将《马燕日记》稿酬的25％拿出来捐助当地的失学孩子。在和马燕的通话中，我没有向她求证这消息的准确性。毕竟，这是她的生活，她有权做出任何选择，而且，她也有选择的可能。

距离宁夏之行已经有两个多月的时间，回想起来，仍然历历在目。

这篇手记之所以采用流水账式的写法是因为我觉得有关马燕的一切，包括我们的采访过程都只应该通过白描的手法传递给观众和阅读者。马燕和白菊花以及许多拥有类似经历的人们，甚至包括在都市生活里焦头烂额还忍不住沾沾自喜的我们，也许都应该从自身的苦难和挫折中汲取力量，虽然有的时候，与命运抗争的结果只是西西弗斯式的悲剧。

在即将给有关马燕的所有记忆画上句号时，我想起了美国诗人亨利·梭罗说过的一句话："绝望的时候，不采取绝望的行动，是智慧的人生。"

图书在版编目（CIP）数据

马燕日记 / 马燕著. — 南京：江苏凤凰文艺出版社，2016.1（2024.2重印）

ISBN 978-7-5399-8592-3

Ⅰ. ①马… Ⅱ. ①马… Ⅲ. ①日记—作品集—中国—当代 Ⅳ. ①I267.5

中国版本图书馆CIP数据核字（2015）第180293号

书　　名	马燕日记
作　　者	马　燕
选题策划	王抗抗
责任编辑	刘　佳
装帧设计	蔡小波
出版发行	凤凰出版传媒股份有限公司 江苏凤凰文艺出版社
出版社地址	南京市中央路165号，邮编：210009
出版社网址	www.jswenyi.com
经　　销	凤凰出版传媒股份有限公司
印　　刷	三河市中晟雅豪印务有限公司
开　　本	870毫米 × 1280毫米　1 / 32
字　　数	300千字
印　　张	11.25
版　　次	2016年1月第1版
印　　次	2024年2月第14次印刷
标准书号	ISBN 978-7-5399-8592-3
定　　价	28.00元